汉语国际教育专业规划教材

新编应用语言学

郭熙 主编

北京大学出版社
PEKING UNIVERSITY PRESS

图书在版编目(CIP)数据

新编应用语言学 / 郭熙主编. — 北京:北京大学出版社,2020.8
汉语国际教育专业规划教材
ISBN 978-7-301-31325-1

Ⅰ.①新⋯　Ⅱ.①郭⋯　Ⅲ.①汉语 – 对外汉语教学 – 教材　Ⅳ.①H195.4

中国版本图书馆 CIP 数据核字 (2020) 第 094523 号

书　　名	新编应用语言学 XINBIAN YINGYONG YUYANXUE
著作责任者	郭　熙　主编
责 任 编 辑	宋思佳
标 准 书 号	ISBN 978-7-301-31325-1
出 版 发 行	北京大学出版社
地　　址	北京市海淀区成府路 205 号　100871
网　　址	http://www.pup.cn　新浪微博:@北京大学出版社
电 子 信 箱	zpup@pup.cn
电　　话	邮购部 010-62752015　发行部 010-62750672 编辑部 010-62752028
印 刷 者	大厂回族自治县彩虹印刷有限公司
经 销 者	新华书店 650 毫米×980 毫米　16 开本　24.25 印张　384 千字 2020 年 8 月第 1 版　2022 年 12 月第 2 次印刷
定　　价	68.00 元

未经许可,不得以任何方式复制或抄袭本书之部分或全部内容。
版权所有,侵权必究
举报电话:010-62752024　电子信箱:fd@pup.pku.edu.cn
图书如有印装质量问题,请与出版部联系,电话:010-62756370

主　编　郭　熙

副主编　郭　骏　李计伟

编　委（以汉语拼音音序排列）

　　　　郭　骏（南京晓庄学院）　　郭　熙（暨南大学）

　　　　黄红娟（海南大学）　　　　李计伟（暨南大学）

　　　　李　佳（武汉大学）　　　　李洁麟（暨南大学）

　　　　刘　惠（广西师范大学）　　刘　甜（华侨大学）

　　　　饶高琦（北京语言大学）　　童盛强（暨南大学）

　　　　王爱娣（深圳宝安中学）　　王春辉（首都师范大学）

　　　　王海兰（广州大学）　　　　王　洁（安徽农业大学）

　　　　王茂林（暨南大学）

　　　　王　敏（教育部语言文字应用研究所）

　　　　王世凯（天津师范大学）　　王文豪（广州大学）

　　　　尹小荣（新疆师范大学）　　喻　江（暨南大学）

　　　　曾　炜（湖南理工学院）　　张斌华（东莞理工学院）

　　　　张　礼（暨南大学）

目录 Contents

导　言 ·· 1

第一章 应用语言学的基本理论问题 ·· **15**
　第一节　应用语言学的对象、方法和任务 ································· 17
　第二节　应用语言学的一些概念 ··· 31
　第三节　语言观和语言应用观 ·· 43
　第四节　应用语言学和相关学科 ··· 54

第二章 应用语言学视野下的语言社会应用 ································ **65**
　第一节　地域 ··· 67
　第二节　领域 ··· 78
　第三节　主体域 ·· 92
　第四节　功能域 ·· 110

第三章 语言服务 ·· **123**
　第一节　语言科技 ··· 125
　第二节　语言产业 ··· 140
　第三节　大数据时代的语言文字 ·· 153

第四章 语言教育和语言学习 ·· **169**
　第一节　母语教育 ··· 171
　第二节　语言学习 ··· 184

第三节　第二语言教学 …………………………………… 197
　　第四节　双语教育 ………………………………………… 212

第五章　语言规划 ……………………………………………… **225**
　　第一节　语言规划和语言政策 …………………………… 227
　　第二节　语言地位规划 …………………………………… 235
　　第三节　语言本体规划 …………………………………… 249

第六章　语言传播和传承 ……………………………………… **261**
　　第一节　语言传播 ………………………………………… 263
　　第二节　语言接触 ………………………………………… 276
　　第三节　语言传承 ………………………………………… 289

第七章　语文工具的掌握和改进 ……………………………… **303**
　　第一节　语文现代化 ……………………………………… 305
　　第二节　汉语拼音和特殊语言文字 ……………………… 320
　　第三节　词典编纂 ………………………………………… 336

参考文献 ………………………………………………………… **352**

导 言

我们正在进入一个新的时代。

语言作为人类社会生活的一部分，一直随着时间的推移而发展。放眼当今世界：语言生活丰富多彩，语言交流节奏加快；语言接触日益频繁，语言市场空前活跃；语言技术日新月异，语言产业方兴未艾；语言经济蓬勃发展，语言矛盾复杂多样；语言及其应用中的新现象让人眼花缭乱。与之相应，语言和语言应用观的多元、语言功能的扩大、语言传播的加速、语言传承的纠结、语言教学模式的更新等等，无一不促使我们对这些现象与问题进行新的审视。应用语言学从概念提出到现在，已经走过了上百年的历程，报告、论文、著作和教材层出不穷，为应用语言学的建设和发展做出了巨大的贡献。如何顺应新时代的要求，在前人研究的基础上不断前进，成了新一代应用语言学学人的重要使命。

一、语言、语言学和应用语言学

语言是音义结合的符号系统。这几乎是所有语言学教科书都采用的定义。语言存在于人们的使用中，但不同人眼里的语言是不一样的。例如，语言是人类重要的交际工具，语言是思想的直接呈现，语言是思维的工具，语言是民族的纽带，语言是文化的载体，语言是信息的载体，语言是一个层级体系等等。这些表述反映了人们从不同角度对语言的认识。总的来看，人们较多地是从语言职能和符号性质这两个角度看待语言的。语言的神奇和复杂吸引着一代又一代人去探索。然而，我们至今仍难找到一个包罗万象的语言定义。现代语言学的奠基人索绪尔在所列语言研究的三大任务中，把给语言下定义排在最后，或许反映出他难以给语言下定义的苦衷。李宇明（2017a）综合以往的研究，把语言定义为：语言是人类用于交际和思维的最为重要的符号系统；语言是文化最为重要的组成部分，是文化最为重要的负载者、阐释者和建构者,且常常具有民族"图腾"的作用。这个定义很适合今后的应用语言学研究。

语言最初只有口头形式,后来又产生了文字和书面语言,这就扩大了语言的应用范围。时间上,它可以传给下一代;空间上,它又能传到远方;表达上,则逐步形成不同的语体,以满足不同情况下的表达需求。新技术的发展,更是把语言的应用不断提高到新的水平。印刷、广播、电话、电视等发挥了独到的作用。今天的互联网,则把语言的发展推进到了一个崭新的阶段。人们可以通过电脑或智能手机等,处理各种日常事务;微信等新媒体更是使人在虚拟的世界里以前所未有的速度传递着各种信息,把语言的功能发挥得淋漓尽致。不少新的语言现象先形成颇具特色的网络语言,再通过新媒体广泛迅速地传播而为广大社会公众熟知,为语言使用注入了新的活力,而这也使得当今的语言应用更为复杂。

语言学是研究语言的学问(吕叔湘,1988)。李宇明(2018)明确提出,语言学是研究语言及其相关问题的科学。不同学派、不同学者会有不同定义、不同看法。多数学科甚至每个学科皆如此,都不能准确定义自己的研究对象,因为科学的进步往往会直接或间接影响到自己研究对象的内涵或外延,造成研究对象具有一定的模糊性。语言学当然也是如此。跟语言相关的问题更是开放的,随着社会的发展和科学技术的进步,这些问题愈来愈多,所涉及的学科也愈加广泛。语言与所有人相关,与社会各领域相关,是众多学科研究或涉及的对象,故而对语言及其相关问题研究的语言学,也涉及众多人,涉及众多的社会领域,涉及众多的学科。准确地讲,语言学已经不是一门学科,而是一个"学科群"。

语言学有广义和狭义之分,上述语言学无疑是最广义的语言学。人们还把语言学分为传统语言学和现代语言学、理论语言学和应用语言学、共时语言学和历时语言学等等。现代语言学是在传统语言学(又称语文学)的基础上发展起来的。二者的根本区别在于,现代语言学把语言自身当作自己的唯一研究对象,即索绪尔所说的"为语言就语言而研究语言"(索绪尔,1982),而语文学研究则是为了解读古代经典、文献等。

人们对语言奥秘的追寻一直没有停止过。在相当长的一个时期里,人们认为只有为语言而研究语言才能认识语言,才能建立起真正的语言学,把研究重点全部集中在语言本身。于是就产生了科学化、系统化、理论化的现代语言学,且一直处于主流语言学的地位。随着研究的深入,人们认识到语言研究并不像原来想象的那样可以封闭起来进行,对语言的研究应该是开放的、多元的,可以而且应该从不同的角度去观察、描写和分析。从应用的角度研究语言就是其中一个重要的方面。例如,为什么一个人在不同的场合会使用不同的表达方式?为什么明明是两个不同的音有人却听成相同的音?为什么同样的词语会产生不同的交际效果?离开了语言的使用,单从语言本身是无法回答这些问题的。

吕叔湘(1980)对语言研究中忽视语言使用者的倾向这一问题进行了批评。他说:

> 语言是什么?说是"工具"。什么"工具"?说是"人们交流思想的工具"。可是打开任何一本讲语言的书来看,都只看见"工具"。"人们"没有了。语音啊,语法啊,词汇啊,条分缕析,讲得挺多,可多讲的是这种工具的部件和结构,没有讲人们怎么使唤这种工具。

研究"怎么使唤这种工具",就是研究语言的应用。语言应用涉及的面很广,像语言生活本身、语言的使用者、语言使用的领域、语言教育、语言传承、语言学研究成果的利用与转化等等,都可以纳入其中。这就是我们通常所说的应用语言学。此外,还有其他各种各样的"语言学",如社会语言学、心理语言学等,或多或少大概都跟试图化解语言研究单一化的倾向有关。从这个意义上说,应用语言学就是从语言应用角度研究语言的一门学科。

应用语言学总体上是语言学的一个分支。它主要关心的是如何应用语言学理论、方法和成果来阐释其他经验领域遇到的语言问题。应用语言学发展最充分的分支是外语教学,有时这个名称似乎只指这个领域。但是近年来出现更多的应用领域,包括语言障碍的语言学分析(临床语言学)、母语教育中的语言使用(教育语言学)、词典学、翻译学和风格学等等。中国学者更是通过对语言的社会应用的全方位关注,打造了语言生活研究这一品牌。

另一方面,应用语言学与语言学其他交叉学科分支,如社会语言学、心理语言学,分界并不十分明确,特别是因为后者关心的好些问题涉及地道的"应用"研究(如国家语言政策的制定)得出的实际结果。(戴维·克里斯特尔,2000)

语言研究最初并没有应用和理论的区分,但语言研究却是始于应用中的问题。例如,在我国古代,有所谓"读经""解经"问题;在西方,则在关注所谓论辩术。应用中提出问题,导致研究的产生;随着研究的深入,再出现理论方法的追求。语言学也不例外。

总之,语言是社会历史发展的产物,是在运用中存在和发展的。没有语言的运用,就没有语言。因此,要全面认识语言,真正认识语言,必须结合语言的应用来进行;而语言应用中会有各种各样的问题,更需要通过认真研究,提供解决的方法和措施。

二、应用语言学在中国

19世纪末,博杜恩·德·库尔德内提出了"应用语言学"这一概念,但当时并没有得到广泛的注意。

一般认为,"应用语言学"这个术语出现于20世纪40年代。当时,美国为了适应战争的需要,设立了一个"军队特别训练"课程,对派往海外参战的部队进行外语培训。布龙菲尔德(Leonard Bloomfield)、弗赖斯(C. Fries)等语言学家应邀指导军队的外语培训。1948年,弗赖斯等人创办《语言学习:应用语言学报》(*Language Learning: A Journal of Applied*

Linguistics），刊名中正式使用了"应用语言学"一词。1964年，第一届国际应用语言学在法国南锡召开，成立了国际应用语言学协会（AILA）。从此，应用语言学在世界各地蓬勃发展起来。20世纪70年代开始，应用语言学的问题导向日益明显，由此与理论语言学之间才有了较为清楚的界线。

中国应用语言学学科形成要晚一点，其标志是1984年语言文字应用研究所成立和1992年《语言文字应用》杂志创刊。与国外应用语言学研究主要关注教学相比，中国的应用语言学所涉猎的范围更广，国外许多纳入社会语言学研究的内容，在中国都成了应用语言学的主要组成部分。在此基础上，几十年来，中国应用语言学有了很大的发展。其主要成果表现在以下几个方面。

（一）学科建设

在中国语言文学学科和外国语言文学学科下分别设立了语言学及应用语言学学科，从根本上肯定了应用语言学的学科地位。全国多所高校和科研机构招收了该学科的硕士和博士研究生，有的高校还建设了应用语言学系或应用语言学研究院、所、中心，形成了应用语言学人才培养体系，培养了一批专业基础扎实的学科人才，为应用语言学研究的深入打下了良好的基础。在教材方面，出版了一系列应用语言学教材、著作，还出版了应用汉语教材。在学科建设理论方面，也形成了较为系统的认识。于根元（2003）指出，我国应用语言学的学科任务包括三个方面：(1)解决语言应用各方面的实际问题；(2)解决决策问题；(3)促进学科本身的发展。这一认识的指导意义至今没有改变。

（二）语言教学

语言教学无疑是应用语言学中历史最悠久的一个分支。过去一些人认为，只要会某种语言，就可以教某种语言。现在人们认识到，语言教学也是一门科学，教学者应该掌握语言的规律，也应该掌握语言学习的规律，教学也有系统的理论和方法。在我国，语言教学，尤其汉语作为第二语言教学的研究、英语教学研究等方面成果很多,编写了大批的教材、教辅用书。针对母语非汉语者的汉语水平考试(HSK)的推出,以及目前正在进行的面向海外华裔青少年的中文水平测试的研发,都为应用语言学的建设做出了很大的贡献。语言教学是汉语本体研究的"试金石",推动了汉语语法的描写,也促进了汉语研究的深入。除教材外,出版的一大批学术著作,如《现代汉语八百词》《实用现代汉语语法》等,成为母语非汉语者学习汉语的重要参考用书。

(三)中文信息处理

中文信息处理是指用计算机对中文的音、形、义等信息进行处理和加工,是自然语言信息处理的一个分支,更是中国应用语言学的一个重要关注点。它与计算机科学、语言学、数学、信息学、声学等多种学科密切相关。从20世纪80年代开始,中文信息处理进入了快速发展阶段。中文信息处理分为汉字信息处理与汉语信息处理两部分,具体内容包括对字、词、句、篇章等内容的输入、存储、传输、识别、转换、压缩、检索、分析、理解和生成等方面的处理技术。中文的信息化对语言学来说也是极大的鼓舞;同时,也对语言学提出了新的要求,例如机器翻译、语音识别、汉字输入等都需要语言学的研究成果。今天,语言智能、语音识别与合成、语言翻译等快速发展,中文信息处理作为一门交叉学科的独立性越来越强。

(四)语言规划与语言政策

语言规划和语言政策关系到千家万户。以往谈得最多的是语言规范化,涉及各种各样的标准。但是,怎样制订标准?什么样的标准才具有可行性,既符合语言的发展规律,又有利于人们的沟通?教学中如何对待各种标准?21世纪以来,我国应用语言学研究反映了国家语言政策、语言规划和语言规范的水平和成效;不少语言法规的出台,都经过了相应的调研阶段。中国应用语言学界提出了新的规范观念:既重视普通话的推广,也重视民族语言和方言的传承和保护;既重视语言一体化的发展,又重视多样性的培育；既重视微观的本体规划，也重视宏观的地位规划；既重视顶层的语言规划，也重视地方、企业乃至家庭的语言规划等等。当今语言规划更加注重民意、学界和政府的多方互动。构建和谐的语言生活，成为国家语言文字事业的重要内容。一批围绕语言规划和语言政策的刊物陆续出版发行，例如《语言规划与语言政策》《语言战略研究》《中国语言战略》等。

（五）新的理念

中国应用语言学重视接地气的研究。过去几十年的发展中，陆续提出和发展了语言生活、语言资源、语言保护、家庭语言规划、语言规划就是规划语言生活、关注世界各地华语等理念，与时俱进地提出了一些新概念，或对原来的一些概念进行新阐释（例如，母语是指向民族共同语，语言能力是国家资源和安全屏障），形成了所谓"语言生活派"。近年来，陆续出版、发表了大批语言应用问题的论文和报告，其中始于2005年的《中国语言生活状况报告》按年度出版，并逐步以英、韩、日等语种向世界展示了中国语言应用的状况，产生了积极的影响。这些研究对于语言应用观的调整，对于中国语言规划或者语言政策的制定，都有积极意义。例如，语言的主体性和多样性得到普遍认同，语言资源意识、语言和谐观念深入人心，国家语言生活的和谐受到重视。中国语言应用研究涉及的范围非常广泛，除传统课题如语言接触、双语双方言、语言交际、语言规划、语言教育等进入视野之外，城市语言调查，语言景观，语言传播、传承和认同等也进入了语言应用研究的视野，学科论域变得更加宽广。

三、应用语言学的与时俱进

随着社会的发展，应用语言学的重要性越发明显。应用语言学要紧跟时代发展的步伐，顺应时代发展的潮流，接受时代发展的挑战。

(一)关注应用理论创新

Li Wei(2014: 7)指出,应用语言学家应该把应用语言学当作是语言科学的核心学科,要关注现实中的语言问题,努力发展作为问题解决方法的应用语言学。这一认识对于应用语言学来说非常重要。应用语言学的应用性决定了应用语言学的出发点是应用,但这种以应用为出发点的研究并不影响它对理论问题的关注,也不影响它在解决问题方法方面可以做出自己的贡献。

应用语言学有自己的理论,其中包括从应用的角度观察所获取的对语言的认识,也包括语言应用本身的种种理论问题,还包括如何把本体研究成果转化为应用产品过程中的理论和操作方法。应用语言学在以往的研究中已经进行了大量的理论思考,提出了不少重要认识,例如语言的层次观、语言生活的层次、语言动态观、中介理论等等。(于根元,2003)这些理论也已经影响到了应用问题的解决,而且将来还会持续影响。例如,没有语言应用观的更新,可能就没有今天的语言规范的调整;没有语言认同视角,也就没有华文教学和中文教学目标异同的认识。再如,科学的语言规划可以影响、建构社会语言意识形态,可以改造社会。人们不再只是关注语言文字的规范使用,语言资源、语言认同、语言权利、语言保护等都成为社会的聚焦点,语言在扶贫中的作用已经引起了政府和社会的重视。应用语言学的理论及其价值有待进一步地探索和挖掘。

(二)强化问题驱动意识

今天,语言文字已经深入到社会生活的方方面面。范围越广,要研究的问题也就越多。社会各方面的发展也正在促使应用语言学研究向高度和深度发展。应用语言学重视问题驱动,具体说就是两个方面:一是预测问题,一是解决问题。所谓预测问题,就是要在社会发展中及时预测语言和语言学成果运用方面可能会出现的问题,未雨绸缪,做好对策。不同时代的语言应用问题是不一样的。以语言教学为例。中国传统语文教学的任务是教读古书、教写诗和文言文等，采用的"书读百遍，其义自见"的诵读学习法；"五四"以后采用白话作为书面语，新的语言教学模式随之而来。今天，人们进入双语乃至多语时代，外语学习成为必需，而在主流语言之外，还有祖语和方言的保持、传承。语言教学正面临各种新情况。如何解决其中的各种矛盾，建立合适的语言教学模式成了需要面对的新任务。在汉语或其他语言作为第二语言教学的师资方面，培养模式也面临着转型。

（三）"博""深"兼顾，扩大影响

语言使用涉及每个人、每个领域，现代语言通信技术更是把世界各地、各个社会、各个领域的语言使用者联系在一起，世界已经成了"地球村"。应用语言学中学科交叉和领域跨界现象也日益突出，已经从原来较为单一的语言教学、社会规范等，发展到医学、康复、市场、服务等方方面面。这些也给人们带来一些影响，应用语言学做得"博而不精"（Li Wei, 2014），学术档次上不去，甚至有人认为应用语言学重在"术"，而不是"学"。事实上，应用语言学既是"术"，也有"学"。这涉及应用学科本身的性质，也涉及学科的评价标准。应用语言学领域广泛，因应用问题而生，研究深度在学术上自然不能跟传统学科相比，这是客观现实；同时，应用语言学是以应用为出发点的学科，应有另一种评价体系或标准。这些也应该是应用语言学学科建设所应该关注的。

另一方面，应用语言学在本质上是一个学科群，在每个分支领域，都有自己的专业人士和研究方法。原来应用语言学的各个领域有了长足发展，其学科地位得到了不同层面的认可，例如，汉语作为第二语言教学（或对外汉语教学、国际汉语教学等）、社会语言学、中文信息处理等。这样的结果是，各学科有走向独立的趋势。对一些人来说，这既是应用语言学的"喜"，也是应用语言学的"忧"。喜的是它不断取得新的成就，忧的是它的前景：应用语言学未来作为学科还能独立存在吗？事实上，尽管今天应用语言学的各个分支已经各有建树，但这不是应用语言学继续"分"的理由；

与此相反，应该在此基础上，加强"合"，以便更进一步推动应用语言学的纵深发展。

还有应用语言学这个名称的"透明度"问题。除了专业人员，很少有人能说出或明白应用语言学是做什么的。它不像应用数学、应用物理、应用化学那样，让人一目了然，这也在一定程度上影响了学科和社会应用之间的联系。因此，如何让应用语言学更贴近民众，让民众认识到它的地位和作用也应该是应用语言学的工作。

（四）打造新型的应用语言学队伍

要使应用语言学适合时代发展，需要一支适应时代发展的应用语言学队伍。第一代应用语言学者大多是转型学者，他们来自不同的学科，以语言学者居多。事实证明，现实世界的语言问题很少能仅从语言方面来解决，应用语言学的任务绝非单一学科所能完成。应用语言学者需要能涉猎很多领域，需要跨界研究，除语言技能、语言知识和语言技术之外，还需要渊博的相关领域知识和技能。

除了培养专门研究队伍外，还要培养适合社会需要的各种"语言师"。因为除了研究语言应用中的各种问题，应用语言学还要在语言学和一线应用之间搭桥，把理论语言学的成果化为可以操作使用的产品；还要通过不同方式引导社会的语言应用和走向。语言师不是语言学的理论家，也不是应用语言学家，但他们需要广泛的应用语言学理论知识和方法。语言学家更多关心的是语言中的为什么，应用语言学家关心的是怎么办，语言师则是在实践中去操作、去落实。当然，在"怎么办"的问题上也有"为什么"的问题，但应用语言学家研究"为什么"是为了"怎么办"。也就是说，语言师们要提供各种语言服务，应用语言学家则研究需要哪些、哪种语言服务，如何服务。例如，在语言治疗方面，如何治疗；在语言战略方面，如何制定战略，制定什么样的战略，遇到语言问题时怎么应对；在语言教学方面，如何教学，如何编写不同类型的教材，如何解答学生提出的语言问题；等等。应用语言学家还要为语言师和语言用户提供语言指导。例如，如何对待文言文，如何对待汉字，学生家长有很多困惑，都需要给予引导。

总而言之，应用语言学是一个重要的学科，它在未来将会有更多的任务和挑战。在本书中，你会看到应用语言学涉及的方方面面，会看到应用语言学观察视角带来的收获，也会看到未来应用语言学的任务。中国应用语言学具有丰富的成果和实践经验，理应从中概括出具有影响力的研究话语，创造自己的应用语言学知识体系。

我们任重而道远。

第一章

应用语言学的基本理论问题

第一章

第一章 应用语言学的基本理论问题

"语言学"已经进入"语言学=理论语言学+应用语言学"的"并立"模式。本章将重点介绍"应用语言学"作为一门独立学科的研究对象、研究方法和研究任务,厘清应用语言学的一些基本概念,阐述随着语言应用研究的进展而带来的人们语言观的变化以及这种变化反过来对语言研究和语言应用研究的推动;最后,将谈及"应用语言学"与相关学科的关系。

第一节 应用语言学的对象、方法和任务

作为一个独立的学科,应用语言学有其彰显自身学科属性的研究对象、方法和任务。应用语言学为语言应用而生。不同的历史时期,不同的社会环境,不同的科技发展水平,应用语言学在研究对象、方法和任务上也呈现出某种变化性。本节将在全球应用语言学研究的视域中,立足当前中国语言应用的实际情况,谈谈应用语言学的研究对象、方法和任务问题。

一、对象

从总体上讲,应用语言学的研究对象就是人们运用语言和语言学知识的语言生活。人们的语言生活是丰富多彩的,这也就决定了应用语言学"多缘交叉"的学科属性。冯志伟(1999)指出:"应用语言学是一门多边缘的交叉学科,它的研究对象当然是语言。但是,它却不仅只就语言而研究语言,也不仅只为语言而研究语言,它必须结合其他学科,如社会学、心理学、数学、信息论、控制论、计算机科学、教育学、术语学等,面对实际的需要,对语言进行多角度、多方位的研究。"

每门科学的应用都与利用科学知识来计划和设计某种实际的、日常的活动有关,应用语言学也不例外。也正是在这个意义上,我们说语言应用可

以被看作是一种以问题为导向的社会活动。应用语言学因"应用"而生,并且随着时代发展,语言及语言学知识应用的范围也在不断扩大。

应用语言学的研究对象是人们的语言生活,而语言生活是一个涵盖面很广泛的领域。鉴于此,应用语言学的研究对象可以细分为诸多不同的方面。从2011年8月在中国北京召开的第16届国际应用语言学大会(AILA 2011)的议题上,可窥应用语言学研究对象之一斑。本届大会的主题是"多样中的和谐:语言、文化、社会",分议题及具体话题包括:

(1) 语言习得与加工: a. 母语习得; b. 二语习得; c. 识字研究; d. 心理语言学。

(2) 语言教学: a. 母语教育; b. 标准语教育; c. 外语教学与教师发展; d. 语言学习中的自主学习; e. 多语言环境下的语言与教育; f. 教育技术与语言学习。

(3) 不同职业中的语言: a. 商务沟通及专业交流; b. 翻译、口译和媒介作用; c. 语言与法律; d. 语言与职场; e. 媒体语言和公众话语。

(4) 社会中的语言: a. 社会语言学; b. 语言政策; c. 多语言与多语言文化; d. 跨文化传播; e. 亚洲语境下的应用语言学。

(5) 应用语言学与方法论: a. 语篇分析和语用学; b. 修辞学与文体学; c. 比较语言学与错误分析; d. 词典学与词汇学; e. 语篇与文本中的多模态; f. 语言评估与测试。

刘涌泉、乔毅编著的《应用语言学》(1991)是国内较早的一本应用语言学方面的概论性著作。该书将"应用语言学"分为"一般应用语言学"和"机器应用语言学",前者处理面向人的语言问题,后者处理面向机器的语言问题。在该书中,"一般应用语言学"主要包括语言教学研究,标准语,辞书编纂,翻译,术语、人名和地名的翻译;同时涉及言语矫正学、舞台语言研究、建立国际辅助语、制定速记系统等。"机器应用语言学"包括实验语音学、机器翻译、情报检索、汉字信息处理、自然语言理解、言语统计、少数民族语文信息处理等。

当前，世界已经进入以互联网技术为核心的信息时代，中国综合国力不断增强，城市化进程不断加快。在这一新形势下，中国的语言生活又为应用语言学的研究与发展提供了新的话题。

1. 虚拟语言生活

互联网快速发展，虚拟语言生活也随之丰富和重要起来，甚至在许多方面引领现实语言生活的发展。中国虚拟语言生活的网络空间，应当尽可能地适合国人的生活习惯，最大限度地适合中华语言文字的使用习惯，不断提升国人的虚拟语言生活质量。当前，现实与虚拟两个空间的语言生活格局已经形成，这两个空间的语言生活应当相互沟通、相互辅助、相互促进。虚拟语言生活对语言学研究的影响也将是巨大的。首先，新的媒体从来都是语言发展的温床，比如，报纸的出现、广播电视的出现，对语言和语言生活的发展都曾经产生了并仍在产生着巨大影响。其次，信息化技术及其构建的网络空间，为语言研究、语言教学提供了强大的新手段，并能将语言、语言知识转化为生产力，促生新的语言职业和语言产业。

2. 城市化进程中的语言问题

众所周知，农民的语言生活与市民的语言生活有很大不同，这就需要我们对新市民和进城务工人员进行专门的语言培训和指导。而且，在城市建设规划中需要有语言规划和语言景观考量，包括对城市主要使用的语言和外语的规划、对新老市民语言新生活的指导、对特殊群体（不懂普通话的人群，盲、聋、智障等身心语言障碍者）提供语言服务，以及本地语言文化特色在城市建设中的传承等。随着人口的大量流动，西部的语言问题将蔓延到东部，农村的语言问题将涌入城市，这需要我们有解决新的语言问题的对策。

3. 语言生活的主体性与多样性

中国是一个多民族、多语言、多方言、多文字的国家，各种语言、文字关系的处理，常常涉及国家统一和民族团结。普通话和方言的和谐，各民族语言之间的和谐，是国家语言生活的理想状态；语言的相互尊重、相互学习和相互使用，是语言和谐、民族和谐的基础。海外华人社区也在使用汉语汉字（华语文），他们的语言生活状况如何，怎样进行海内外的华语协调等，也是当今中国语言生活的重要问题。随着国家的改革开放，外语的学习和运用成为国人语言生活中一个重要方面，同时到中国旅游、学习、工作甚至定居的外国公民也越来越多，如何提供多元的语言服务，需要我们从语言规划和语言教育的角度展开研究。

4. 信息时代语言资源的保护与开发

语言是许多学科的研究资源，是国家重要的文化资源；更应重视的是，随着信息时代的到来，语言及其知识已经成为信息工业的重要资源。在基于语言资源理念的学术发展中，在面向语言资源开发的技术创造中，要有语言产业和语言职业意识，要根据社会需要和科学技术的发展，促进传统语言产业和语言职业的现代化，并努力发展新的语言产业和语言职业，如语言速录师、语言工程师、自动翻译师、语言治疗师等，将语言资源高速度、高效率地转化为社会的语言经济，收取语言"红利"。

5. 国家语言能力及其国际影响力

"国家语言能力"指的是国家处理海内外各种事务所需要的语言能力，也包括国家发展所需要的语言能力。目前，我国的语言能力还有很大提升空间。美国是移民国家，据其2000年人口普查资料可知，美国拥有语种数量达到380种，具有处理500种语言（包括方言）的能力，能够为公民开设200余门语言课程。我国是外语学习大国，但当前能够开设的外语课程仅约50种，经常可用的外语只有10余种。语种人才分布不合理，在大约三亿外语学习者中，绝大多数都是英语学习者。普通话是中国的国家通用语言，但其国际影响力还十分有限。汉语是联合国工作语言之一，但事实上使用汉语的会员国并不多。

从当前应用语言学的发展看，"语言学"已经进入"语言学=理论语言学+应用语言学"的"并立"模式；并且，21世纪的语言学，是语言研究的历史发展中以应用为特征和特色的语言学，语言学正昂首阔步地进入应用语言学新纪元。

二、方法

我们知道,目前的科学研究有量化研究(quantitative research)和质性研究(qualitative research)两种范式。大体上讲,量化研究主要将演绎法运用于整个研究过程,质性研究主要使用归纳法来探究事物的本质。就应用语言学研究方法的发展而言,量化法于20世纪80年代中期步入成熟期,而质性法于20世纪90年代后期步入成熟期。在应用语言学发展的过程中,一方面,量化与质性两种方法日趋精细,且相互结合;另一方面,借助计算机技术和语料库技术,研究越来越多地采用大样本观察。近年来,随着语言认知神经机制研究成为多学科交叉研究的热点,运用实验方法的研究也越来越多。

(一)量化研究

简单地讲,量化研究就是运用数量、频率和比例的统计来说明各种事实的研究。量化研究的程序基本是:抽样—统计—分析。

抽样就是从一个总体中选取一部分作为样本进行观察。在语言调查的抽样程序中,要处理好以下几个方面的问题:

(1)抽样的范围。研究者在什么范围内研究问题,就应该在什么范围内抽样。例如要观察某方言的语音变化,就应该在使用这个方言的方言区内进行抽样。

(2)样本的典型性。选取的样本对象应基本具备总体对象的性质或特点,能够在较大程度上代表总体对象。

(3)选取合适的抽样方法。抽样方法有多种,应根据实际需要来选用。例如,要对网络流行语在年龄段上的差异进行调查,就要充分考虑年龄段的划分。

(4)样本应有足够的数量。样本的数量会影响研究结果的可靠性,所以，应根据实际情况，尽可能使用大的样本。

在普通话中，u在零声母状态下被写成w，二者的音值没有明显差异。但在北京话中，声母w和韵母u不完全相同，因为声母w有两个不同的音值：一个是元音[u]，一个是唇齿半元音[v]，有些人甚至读成浊擦音[v]。这两个变体出现的条件是：在低元音前读[u]，在高元音前读[v]。胡明扬（1987）说："从我们1981年4月在北京的调查来看，不论新老北京人，绝大多数都有[v]这个音。在一百个调查对象中九十人有[v]，其他十人中一人发音不稳定，九人没有[v]；但是这九个人中一人是蒙古族新北京人，八人集中在西郊人民大学校园内，这似乎不是偶然的。在人民大学校园内绝大多数是外地人，他们的发音对只占绝对少数的北京人的发音会有影响。因此我们认为，即使不是全体北京人，至少是绝大多数（90%）北京人在前高元音前面声母w读作唇齿半元音[v]。"单从这一段叙述来看，该调查在抽样方面还有改进的余地，比如：抽样的方法，可以考虑年龄段甚至性别、教育程度等的差异；样本的数量，可以再大一些，调查点的分布更广泛一点，随机抽样与非随机抽样结合等。这样可以让我们对w音值的变异有一个更深入、更全面的认识。

（二）质性研究

质性研究具有如下基本特征：（1）研究问题设定较为开放和宽泛；（2）研究对象数量相对较少、周期较长；（3）研究情境不经任何设计；（4）资料收集广泛且不具有倾向性；（5）研究者本身就是最好的研究工具；（6）重视对研究结果的深度描写。

质性研究适用的情况往往具有如下特征：（1）研究课题或对象鲜为人知；（2）研究缺乏成熟的理论指导；（3）研究对象的观点至关重要；（4）现象之间的关系错综复杂；（5）现象带有明显的文化特征。

下面我们参考杨延宁（2014），简要介绍质性研究法的三个常见模式。

1. 个案研究

个案研究指使用任何适当的研究方法对个案展开的细节性研究，其常见研究目的是对个案的特征做到尽可能充分的理解。个案是一个界定清楚的对象，这个对象可以是一个个体，也可以是一个群体，比如一个家庭或社会团体，有时甚至可以是一个机构，比如学校或医院。

下面来看一个实例。1986年，加拿大英属哥伦比亚大学教授帕特丽夏·达夫开始"柬埔寨难民在加拿大的第二语言学习过程"的个案研究，历时两年半完成。研究对象吉姆是时年28岁的柬埔寨难民，研究开始时移居加拿大仅两个月。认识一段时间后，达夫萌生了以吉姆为对象开展第二语言学习个案研究的念头。研究目的主要有两个：一是观察吉姆的英语，观察其怎样完成从话题突出表述到主语突出表述的转化，这主要是考虑到吉姆的母语高棉语同很多亚洲语言一样，是话题突出的语言；二是观察吉姆完成不同的表达任务时，语言能力有何差异。达夫不定期和吉姆见面，谈论一些预先准备好的话题，以观察吉姆英语学习的进展。每次谈话都有录音，并转录为文字资料。

研究发现，吉姆的英文水平提升缓慢，很多语法问题一直没有明显的改善，如英文中常用的由形式主语it、there引导的句式，在吉姆的英文表达中比例始终很低。达夫认为吉姆学习英语的过程中出现的种种问题，主要是由于他学习英语时已是成人，受母语影响大。但达夫也注意到，吉姆的英文仍在不断地进步，没有彻底化石化，在完成一些目的性较强的表述任务时，吉姆的语言能力表现得较强。在这项研究完成20年后，达夫进行了反思，她认为当时过于注重研究对象的语言能力，没有对其生活环境和个人经历对语言能力的影响给予更多的关注。

2. 行动研究

行动研究是一种强调行动的研究模式，该模式强调研究过程中的反思，对现实情况采取批判的态度，以改进为目的，强调在行动中研究，为行动而研究。下面介绍香港中文大学谭彩凤教授的一项研究——"学习粤语的行动研究:融合网络自学及课堂情景对话"。

香港回归以后,由内地前往香港各大学读书的学生日益增多。为应对这一变化,香港各大学都开设了针对这些学生的粤语课程,谭彩凤教授就是香港中文大学负责这一课程的教师。谭教授认为每周一次的课堂教学,不能满足学生希望尽快学会粤语的愿望。她自行设计并上传了10个网络学习单元,希望学生可以自行上网学习。不久,谭教授发现使用网络学习的学生并不多,上网学习的随意性较大。鉴于此,她将网络自学和日常教学中的情景对话相结合,建立了一个混合型的课程。

课程实施一段时间后,谭教授决定开展一项针对性的行动研究,找出课程的问题及改进策略。为了完成这项研究,谭教授提出了四个研究问题:教师在设计和实施混合型课程时遇到什么困难?教师在行动中有何反思?学生对网络自学和课堂情景对话有何看法?学生在网络自学和情景对话的过程中遇到什么困难?针对这些问题,该项研究采取多种资料收集的方法:一是借助教学日志、课堂观察和会议记录来了解教师的思维、决策及行动;二是利用问卷调查和面谈的方式收集学生对课程设计的意见;三是选择了几位代表高、中、低学习水平的学生进行了一个小时的面谈,并进行录音。研究者在研究过程中一旦发现课程和教学的问题,就即时做出调整。

3. 民族志研究

"民族志"这个词是从英文单词ethnography直译过来的。在应用语言学领域,该模式适用于对自己尚不熟悉但具有明显文化特征的群体或环境进行深入探索。美国学者Nancy Romig于2009年对"中国派遣汉语教师在美国学校里的文化融入"问题的研究即属于这一模式。

该研究主要关注两个方面的四个问题:

(1)新任汉语教师如何在美国的学校环境中实现文化融入?

A. 文化因素如何影响这些教师的教学,并在教学中得到体现?

B. 在教师融入美国学校这一文化环境的过程中,其教学活动有何改变？

（2）新任汉语教师的知识体系和信念体系有何特点？

A. 这些教师的所知、所信如何反映在教学中？

B. 这些教师的知识和信念在教学中发生了哪些改变？

为了回答这些问题，研究者选择了四位中国派遣的新任汉语教师作为研究对象。这些教师在美国中西部的一所小学任教，全部为女性，年龄介于23岁至27岁之间。她们能够代表中国派往美国的汉语教师这个群体：国际汉语教育专业或相关专业硕士研究生毕业，本科专业多是英语；遴选过程非常严格，一般个性比较开朗外向，能够适应新的生活和教学环境。除了这四位汉语教师，该研究还涉及学校的其他教师和校方管理人员。

研究者在三个学期的时间里，跟踪记录了四位教师的课堂教学情况，并在第一和第三学期，分别为每位教师进行了课堂录像。课堂录像随后被播放给研究对象，并请她们对自己的教学方法做出评价，同时对比两次录像找出教学上的改进措施。研究者还和四位教师通过电子邮件保持联系，了解她们在教学过程中遇到的问题。四位汉语教师的教学笔记、教学总结甚至博客也是研究资料的一部分。资料的分析侧重两点：一是隐藏在大量资料中的文化内容，二是教师在教学进程中做出的各种改变。

研究者首先通过资料整理，获得了中国派遣汉语教师这个群体在教学初期的一些主要特征，比如他们对教学环境有一些先备性的理解，并据此展开自己的教学等。随着教学过程的推进，这些汉语教师的课堂活动呈现出了一些变化，比如：被动强化课堂纪律的方法逐渐被主动的课堂管理行为所代替。研究者还注意到，几位教师的课堂管理活动中有明显的文化因素，比如一位教师要求不守纪律的学生站起来并把双手放在背后，这其实是中国学校里个别老师的做法。但几位教师都能够积极地调整自己的教学方法，以适应美国的校园文化环境。虽然她们的教学风格和教学方法还是深受中华文化的影响，但是她们能够很快认识到哪些做法有效，哪些做法效果欠佳。作为一个非常有特点的文化群体，汉语教师置身于全新的文化环境中时,表现出积极的态度,努力实现文化融入。

需要说明的是,在研究中,质性研究和量化研究常常是互补的,二者的结合已经成为应用语言学研究方法的发展趋势之一。

(三)实验研究

实验是科学研究经常使用的方法。在科学研究中,为了检验某种科学理论、假设或经验观察的正确性,人们可以创造出一个人为的环境,引入可控制的变量,进行一些操作,观察、记录它的变化和结果,并加以解释或推断,这就是实验研究。

举例来说,在第二语言学习中,人们常为学习者的成败参半而感到困惑。这是因为学习者的差异太大,如有智力上、生理上、心理上、学习目的和动力上的差异,也有学习者文化背景、母语迁移、学习环境、教与学的方法等方面的差异。找出这些差异,有助于在教学过程中做出有针对性的调整,而实验的方法有助于研究者把这些差异的因素分开来,使教的一方和学的一方了解学习者存在的各种差异,从而提高第二语言学习的效率。实验通常分为三步,即实验的设计、实验的实施和实验的解释。下面以洪炜(2013)为例进行说明。

在汉语二语学习中,词汇方面的问题十分突出。特别是在进入中级阶段后,随着学习者词汇量的扩大,词语误用显著增加。其中,学习者因无法准确区分近义词差异而引起的词语误用尤其突出。如何帮助学习者提高近义词学习的质量也成为中高级阶段词汇教学中亟待解决的重要问题。

实验的设计方面,洪炜(2013)实验问题有二:一是在课堂上进行近义词显性辨析是否有助于促进汉语二语学习者对近义词的习得?二是接受式近义词辨析模式和发现式近义词辨析模式哪种更有效?实验对象(即被试)是中山大学国际汉语学院的63名中级水平汉语二语学习者,这些被试参加实验时已在校学习一年多的汉语。其中实验组一21人,实验组二23人,对照组19人。为了避免各组被试母语分布不均可能对实验结果造成影响,研究对三组被试的母语背景进行了匹配，使各组中来自汉字文化圈与非汉字文化圈的被试比例大致相等。实验材料是研究者编制的10组近义词辨析材料，每组近义词的辨析材料包括三部分：差异规则说明、例句和练习。规则说明部分从语义、句法和语用三个方面对近义词差异进行了简要说明。为了保证被试能够理解实验材料，差异规则说明、例句及练习中所用的词汇均为学习者熟悉的初、中级词。

实验的实施方面，实验分4个阶段：前测（第1周）；教学处理（第3周）；后测（第4周）；后续测（第7周）。前测在第1周进行。目的在于了解学习者对近义词差异的已掌握程度，并从中筛选出需要进行教学处理的近义词和被试。教学处理阶段从第3周开始，各组均采用在课堂上集体进行教学处理的形式进行。三组被试接受的教学处理如下：实验组一采用接受式教学模式，实验组二采用发现式教学模式，对照组不对近义词差异做任何显性教学处理，但让学习者阅读包含有目标近义词的例句，即只做隐性的教学处理，时间约为20分钟，例句与实验组相同。后测在教学处理结束后1周（即实验开始后的第4周）进行。后测与前测的题目形式相同，考察的差异点也相同，但为了减少练习效应，研究者在同等难度的基础上替换了句中的一些词语。后续测则是在教学处理结束后3周（即实验开始后的第7周）进行。测试方法以选词填空的形式进行，考察的差异点与前测和后测相同。

实验的解释方面，实验结果统计数据表明，采用发现式教学的实验组二在后测、后续测中的答题正确率均高于采用接受式教学的实验组一，特别是在后续测中，两组被试答题正确率上的差异十分显著。这说明发现式教学在教学效果的保持上具有较大优势。因为与接受式教学相比，发现式教学大大增加了学习者的"任务投入量"，即学习者在完成一个特定学习任务时投入的认知资源较多。实验组一，教师不要求学习者先进行选词填空，从学习情感动机上看，该组学习者对近义词的学习需求显然不如实验组二。此外，学习者不必自己对近义词差异进行概括，因此在查找和评定等因素上的投入量也远不如实验组二。由于实验组二中的高投入量激活了大脑中的深层加工机制，信息得以进入长时记忆，因此学习者对近义词差异的习得效果保持得更好。相反，由于实验组一投入量低，信息无法得到充分的深层加工，因此信息遗忘速率较快。

三、任务

应用语言学为"问题"而生，因"应用"而起。简单地讲，应用语言学的任务就是解决语言在人类事务应用中的各种问题。

语言是人类最重要的交际和思维工具，其本身是文化的重要组成部分，同时又是文化重要的负载者、阐释者和建构者，可谓与人类生活密不可分，息息相关。李宇明（2018）将"语言在人类事务中的应用"分为个人语言应用和社会语言应用，个人语言应用属于个人语言生活，通过语言而进行工作，通过语言而获取发展，通过语言而得到身心愉悦。社会语言应用主要在社会各领域进行，构成领域语言生活，产生领域语言学。对这些问题的研究，就是应用语言学的任务。

前边提到，应用语言学研究对象的范围是相当广的，具有明显的开放性，因此无法在这里将研究任务一一列出。下面我们将以语言教学与语言测试、社会语言学、语言信息处理与人工智能等应用语言学核心研究领域为例，举例性地列出其研究任务。

1. 语言教学与语言测试

（1）语言教学的分类：国家通用语言教学、第二语言教学、祖语教育等

（2）语言教学的性质与目标

（3）语言教学的基本过程

（4）教材编写与教材语言研究

（5）语言教育政策

（6）语言教育产业

(7) 语言教学史

(8) 语言教学理论与教学法

(9) 教师教育与教师发展

(10) 儿童母语习得及其过程

(11) 第二语言习得与第二语言习得理论

(12) 对语言学习者的关注：动机、风格与策略

(13) 双语者、祖语者及其语言生成

(14) 语言测试的分类：水平测试和成绩测试

(15) 测试的方法与测试信度、效度

(16) 特殊群体语言教学

(17) 语言诊断与语言康复

2. 社会语言学

(1) 语言和方言人口统计

(2) 群体性双语、双方言、多语、多方言现象

(3) 语言接触与语言混合

(4) 语言的变异

(5) 语音、词汇和语法变化变异的社会因素

(6) 语域和社会方言

(7) 领域语言研究

(8) 普通话与地方普通话

(9) 语言和社会、文化、政治、经济、传媒、科技的关系

(10) 语言的声望、歧视与语言忠诚

(11) 语言规划：地位规划、本体规划、声望规划

(12) 家庭语言规划与语言学习

(13) 语言规划、外语规划与国家语言能力

(14) 语言消费、语言产业与语言经济

(15) 言语社区调查和言语社区理论

(16) 城市语言调查

(17) 城镇化、城市国际化与语言服务

(18) 流行语与语情监测

(19) 语言的传播和维护

(20) 民族语言、濒危语言的保持和失却

(21) 虚拟空间语言变异与语言生活

(22) 信息化时代语言资源的开发与利用

3. 语言信息处理与人工智能

(1) 中文自动分词与词性标注

(2) 句法树库建设与标注

(3) 歧义结构与排歧策略

(4) 句处理中的语义问题与语义理解

(5) 语音合成与语音识别

(6) 语音听写与语音转写

(7) 语音评测与语言水平考试自动评分

(8) 手写识别

(9) 声纹识别

(10) 自然语言理解与自动翻译

思考与练习

(1) 应用语言学是如何发展起来的?

(2) 应用语言学有哪些研究方法?

(3) 如何理解应用语言学同语言学之间的关系?

第二节　应用语言学的一些概念

在明确了应用语言学的研究对象、方法、任务之后，本节将聚焦于应用语言学研究中的几个基本概念，从而为后面章节的学习提供一些便利。这几个概念是：语言生活、语言学习、语言技术和语言服务。

一、语言生活

作为一种社会现象的语言生活，从人类开始使用语言之初就一直存在着。语言生活涵盖甚广，上至一切与语言实际运用相关的顶层语言制度设计，下到日常语言实践中的细枝末节。语言生活渗透在人类所有活动之中，如血肉相连，不可分割。但它作为一个研究术语被提出和界定，并进而成为一个研究领域，还是近几十年的事情。

从国际视角来看，根据郭熙（2016a）的研究，日本是最早使用"语言生活（language life）"概念并展开研究的国家。1948年，日本成立国立国语研究所，其任务是"用科学方法调查研究国语与国民语言生活"，为制定语言政策提供决策依据。国际上大规模的语言生活调查是伴随社会语言学的发展而兴起的。20世纪60年代末，为了帮助发展中国家制定合适的语言政策，美国社会语言学家弗格森（Fergusen）、库伯（Cooper）等学者受福特基金会的资助在非洲展开"东非语言使用与语言教学调查"项目。该项目不仅收集到大量语言材料，还培养了社会语言学本土力量，促进了学科交融。最大规模的语言调查是由美国暑期语言学院实施的，它依托所培养的语言人才陆续对世界各地语言展开调查。随着工作的推进，逐渐发展出一套比较成熟的调查研究方法，如问卷法、小组和个人访谈法、故事复述、直接观察法等。90年代以来，美国语言生活研究走向专题化，特别关注濒危语言状况。近些年来，国外语言生活的调查内容和对象范围逐渐扩大，如体态语、阅读困难症、失读症、难民群体语言使用等都进入视野。

在中国学界，语言生活，有时又称"语文生活"（陈章太，1994），或称"语言文字生活""语言状况"（周庆生，2007）等，大约在20世纪末开始出现在中国的学术文献中。首次对"语言生活"予以界定的学者，大概是眸子（李宇明）。眸子（1997：39）指出，"运用和应用语言文字的各种社会活动和个人活动，可概称为'语言生活'。说话、作文、命名、看书、听广播、做广告、语言教学等等，都属于语言生活范畴"。之后这一说法逐渐发展成了中国语言规划的一个重要学术用语。特别是随着教育部、国家语委自2005年开始每年举办"中国语言生活状况新闻发布会"，随着教育部语言文字信息管理司组编的《中国语言生活状况报告》及其英文版、韩文版的出版，"语言生活"已经成为中国语言规划的基础术语，并开始在海外产生影响。（李宇明，2016）

近二十年来围绕"语言生活"，中国学者初步形成了一个在学术理念、方法模式和研究旨趣上具有高度共识的学术共同体，即"语言生活派"（郭熙，2016a），甚至一个独立的"语言生活学"（胡壮麟，2017）也呼之欲出了。

"语言生活"就像政治生活、经济生活、文化生活、娱乐生活等一样，是用领域来限定生活，是一种领域的社会生活。对语言生活的有效引导和科学管理，制定合适的语言规划，必须对语言生活进行细密的观察和透彻的把握。李宇明（2012a）从我国语言生活状况和语言生活的管理体制角度，将语言生活划分为宏观、中观和微观三个层级。宏观语言生活是指与国家直接相关、需要国家直接规划的语言生活，主要包括两个方面：（1）国家层面的语言生活；（2）超国家层面的语言生活。中观语言生活，上接宏观，下连微观，是各行业、各地区的语言生活。考察中观语言生活，可纵看也可横看。纵看是"条条"，是社会各领域的语言生活；横看是"块块"，是各地域的语言生活。个人和社会的终端组织处在社会的微观层面。微观层面的语言生活，同个人的生存、发展息息相关，同社会基本细胞组织的正常运作息息相关，应当受到关注，得到指导，得到帮助。在此基础上，李宇明（2016）又进一步分析指出，运用、学习和研究是语言生活的三维度，语言生活中的"语言"包括语言文字、语言知识、语言技术三方面。这三维度和三方面构成了语言生活的九个范畴。如表1-1所示：

表1-1 语言生活的九个范畴（来源：李宇明，2016）

	语言文字	语言知识	语言技术
运用	语言运用	语言知识的运用	语言技术的运用
学习	语言学习	语言知识的学习	语言技术的学习
研究	语言研究	语言知识的研究	语言技术的研究

语言生活的发展变化是绝对的。改革开放以来，中国的社会和政治、经济、文化等都发生了巨大的变化，语言生活也不例外。中国近些年来语言生活发生的重要变化至少包括这样一些内容：（1）主体性与多样性相结合的和谐语言生活的形成；（2）普通话在全国正在逐渐普及；（3）社会各界对语言规范化的重视程度有所提高；（4）语言交际和语言接触空前频繁，语言之间的影响越来越大，所以语言变异现象越来越丰富，新出现的语言成分也越来越多；（5）各种语言关系正发生着复杂的变化；（6）网络语言发展变化很快；（7）语言的社会应用比较混乱，因而出现了大大小小的语言问题；（8）弱势濒危语言和弱势群体语言越来越受到社会的关注；（9）"英语热"还在升温，小语种开始受到一定的重视；（10）汉语国际推广发展很快，但是需要研究的问题很多，有些问题亟待解决；（11）语言生活中出现的热点问题引起社会的热议。（陈章太，2011）

可以这样说，无论就研究的深度和广度，还是就研究议题的多样性，中国的语言生活研究在世界范围内都是一个亮点，这与中国的学术传统和社会大环境都有很大关系。

二、语言学习

"语言学习(language learning)"又被称为"语言学得"。在这一领域研究的初期,它基本上指涉的就是对母语之外的第二种或更多语言的学习。比如,"个体获得母语之后,有可能再学习一种或者数种语言,这个过程称为语言学习"。(朱曼殊,1990:450)"语言学习,一般指对一种语言自觉地、正式地、系统地学习,包括学习其语音、语法、词汇、语义、语用等方面的知识及其应用等。语言学习也是一种心理活动和社会活动。"(戴炜栋,2007:464)

但是后来,特别是近些年以来,"语言学习"与"语言习得(language acquisition)"这两个概念的所指呈现出了交叠模糊的状态,即有的学者认为二者严格或部分区分,有的学者则认为二者无异。

20世纪70年代初,受到乔姆斯基的母语习得理论的影响,美国应用语言学家史蒂芬·克拉申(Krashen)提出了二语习得中的监控模式(monitor model)理论。该理论首次将"学习"与"习得"看作两个不同的概念:前者指有意识地对语言知识进行系统学习,后者指通过自然状态下的交流掌握语言使用技能。二者的主要区别不在于语言学习的环境,而在于语言在这两个不同过程中的作用:在有意识地学习过程中,语言是形式和规律的载体;在下意识的习得过程中,语言是交流的工具。(都建颖,2013:2)戴炜栋(2007:459)论述到,一些应用语言学家这样区分"学得"和"习得":"学得"指有意识的学习语言的规则和形式,一般在学校的环境中进行;而"习得"一般指无意识的学习,不一定在学校的环境中进行。朱曼殊(1990:450—452)也指出,语言习得和语言学习是两种不同的过程。语言学习可能以不同形式出现,通常包括两类,一类通过教育实现,另一类通过实际活动实现。正是后一形式造成了语言习得与语言学习的混淆,因为在这个过程中,呈现出某些与儿童母语获得过程的共同点。但两者具有实质性的差异,如年龄和生理差异、认知差异、社会角色差异等。

但是加拿大的语言教学法专家斯特恩（Stern）则明确指出，学习与习得在理论上没有区别。同时，语言是发展的，既不应过于强调学习的局限性，也不应将习得看作对语言的永久掌握。二语习得领域的著名学者拜瑞·麦克罗林（McLaughlin）、凯文·格雷格（Gregg）、米歇尔和麦尔斯（Mitchell and Myles）等人也一致认为克拉申的包括学习与习得在内的五个监控模式理论存在定义不准、界定不清、证据不足等缺陷。(都建颖，2013：2)再比如罗德·埃利斯（2015：4）也指出，第二语言习得有时与第二语言学习不同，它们被认为是不同的过程。"习得"指通过自然接触学会一种第二语言，而"学习"则指有意识地学习一种第二语言。然而对于这是否就是二者之间真正的区别，我们希望持开放态度。又比如戴炜栋（2007：458—459）给"语言习得"的界定是："语言习得系一个覆盖性术语，指四个方面，即：(1) 一个人的第一语言的自然习得；(2) 第二语言或多语言的自然习得；(3) 在正规学习环境下的第二语言习得；(4) 由于语言失调而进行治疗，对第一语言的重新学习。语言习得是语言的基本概念。就上述四个方面来说，语言习得决定在何种条件下、用何种方法、何时和用多少时间来习得语言。语言习得的研究受到当代语言学、心理语言学和社会语言学理论的影响。"这种界定李宇明（1993：4）也曾有过论述并给出语言学习的过程图，见图1-1。

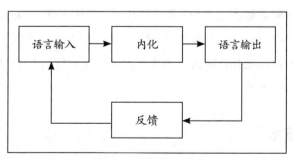

图1-1　语言学习过程

就"语言学习/语言习得"来说，"第一语言习得"和"第二语言习得"是两个最常出现的区分。比如戴炜栋（2007：739）认为，第二语言习得与第一语言习得相对，指人们发展第二语言或外语的能力并能熟练运用的过程。第二语言习得研究的重点是在自然环境下习得一门外语，与通过课堂学习学得的外语相对。罗德·埃利斯（2015：2）也指出，第二语言习得与第一语言习得截然不同；它研究的是学习者在习得母语之后怎样学习另外一种语言。

此外，"外语学习"和"第二语言习得"则是另外一对常见区分。如盖苏珊、塞林克（2011：6）就认为，人们通常对外语学习和第二语言习得做出区分，前者是指在本族语环境中学习非本族语，通常要在教室环境中进行；第二语言习得通常指的是在该语言环境中学习这门非本族语，可以在教室场景中进行，也可以不在教室场景中进行。重要的一点是，第二语言环境中的学习可以大量接触说这种语言的人，而外语环境中的学习通常不是这样的。

语言学习/习得是人类特有的活动之一。第一语言习得，关系到儿童时代的语言能力发展；而第二语言习得，关系到成人语言的发展。曾经，语言学家一直强调先天与后天是语言习得的最重要因素。但最近的研究者们认为生理与环境因素同样很重要。最热门的争论是，生物遗传是否包括语言容量（普遍语法）。几十年来，语言学家诺姆·乔姆斯基（Noam Chomsky）强烈支持这一观点：儿童有先天的语言能力，促进或约束语言学习。其他研究者如伊丽莎白·贝茨（Elizabeth Bates）、布赖恩·马克威尼（Brian MacWhinney）、凯瑟琳·斯诺（Catherine Snow）和迈克尔·托马塞洛（Michael Tomasello）则认为语言学习仅从认知能力和学习者与周围环境的互动因素中得出。

三、语言技术

语言技术（language technology），即自然语言处理技术，又称人类语言技术，包括书面语言文本处理和语音、口语处理两大技术范围。语言技术是当前最重要的智能信息处理技术,联结着各类信息媒体技术(多媒体技术)和知识处理技术,为未来基于数字网络信息的知识服务奠定着重要的技术基础。语言技术的基础理论研究部分称为计算语言学。也可以将计算语言学分为两部分,即理论计算语言学和应用计算语言学,而应用计算语言学基本上等同于语言技术或自然语言处理技术。[①]语言技术的这一界定是狭义的,它广泛运用于教育教学、通信工程、信息管理、科学研究等领域,是当代技术发展的热点之一。

而广义的语言技术还包含与人类语言和言语研究及应用密切关联的一切技术领域。广义的"语言技术"既指对语言进行处理的各种技术,也指对语言交际过程(编码、输出、传递、输入、解码、贮存)进行辅助及处理的所有技术。(李宇明,2017a:145)

语言技术的内涵是以描写语言学为基础,以理论语言学为指导,以应用语言学为枢纽,通过计算机建立表示语言能力和语言应用的模型,再根据这些模型设计各种实用的系统,应用于与语言相关的社会各个领域。可以说是以语言学为体,以计算机科学为用。由于声音和符号是语言的两大基本内容,所以语言技术涉及了两个层面:一个是以文字表示的词汇、语句、篇章、对话为处理对象的文字处理技术,就是通过编辑编程将文字转化成可供计算机使用的电子文本;另一个是以语音信号识别、辨认、模拟、生成为主要目的的语音处理技术,是将人类语言语音发出的信号内容转化为计算机的可读输入,实现更自然的人机交互。

语言技术的外延表现为语言工程科技、语言教育科技、语言研究科技。语言工程科技主要指自然语言移植工程,这也是目前语言技术中最核心、最前沿和最重要的一项内容。它是将人的语言能力移植到计算机中,获得语言能力的计算机可以真正实现人机对话,其目的是为交流提供更有

---

① 参看中国科学技术信息研究所网站:http://www.istic.ac.cn/?TabId=332,访问时间:2019-05-07。

效、便捷、人性化的服务。它不仅是语言学与计算机应用的结合，同时也沟通了数学、认知科学等文理工相关学科。语言教育科技是语言与现代化教育技术相结合，其目的是实现语言教育的现代化、多媒体化。语言研究科技是将语言研究与计算机工具相结合，实现语言研究自身的技术化、科学化。这是将语言学应用于技术最后再服务于语言学的一种表现。（李葆嘉，2002）

张延成、孙婉（2015）以2003—2013年SCI、SSCI、A & HCI数据库收录的主题为"语言技术"的4952篇论文为对象，应用知识可视化软件，使用文献计量学的建模分析方法，绘制出了语言与技术研究主要学科群体与交叉研究领域知识图谱，列述了语言技术涉及的11个主要交叉学科群体以及语言研究关键词演进的知识图谱。应当说，这篇文章以独特的视角和前沿的方法为我们扩展并加深了对语言技术的认知和理解。

语言技术与语言生活和社会发展息息相关。

语音处理方面，从1950年阿兰·图灵（A. M. Turing）提出的"图灵测试"至今，人类已经可以一定程度上实现人机对话，从最初的计算机不能理解人类的语言，到能使用人类的语言进行对话，再到可以听懂人类语言并可以模拟人类的说话方式和人对话。这些不只是语言理论和计算机科技单方面的发展，更是语言技术发展所带来的成果。

文字处理方面，最突出的就是我们的输入法和搜索引擎技术，在互联网发展的早期，网络信息只能像字典、辞典一样按照人工编辑的目录存放在固定的网址当中，然而面对以指数爆发式增长的互联网海洋，人工编辑只能望洋兴叹，这时NLP（Natural Language Processing，自然语言处理）技术提出了按照"词汇"搜索信息的想法，同时提供了词法分析技术和关键词技术，由此诞生了我们现在使用的搜索引擎。

除此之外，语言技术在语言研究、机器翻译、特殊教育方面也有实际的应用，如北京大学的分词语料库的建立，哈尔滨工业大学的语言云（语言技术平台云LTP）的创建；再如应用于语言类口语测试的语音识别技术，以及各类翻译软件和在线翻译平台（2015年国家科学技术奖颁给了百度翻译，目前百度翻译支持702个翻译方向和27种语言的翻译）。这些都是语言技术的现实应用。

虽然半个世纪以来语言技术得到长足的发展，但人工智能和人类之间还是有很大的差距，对于语言技术应用的困难估计不足。自然语言处理方面，计算机只能学习人类语言说话的方式，却缺乏对语义语用深层次的理解，例如，如何识别"我买了苹果5袋"和"我买了苹果五代"里的"苹果"所指代的不同含义。现阶段计算机已经能够进行词性识别、句法分析、甚至是语义角色分析。但语言技术的发展不应止步于此，它还要理解人说话的意图，以及说话的背景和人的情绪。除此之外，我们还要帮助计算机理解语言中的歧义现象，容忍人类语言中的小错误，洞悉语言中的言外之意等等。真正的智能不是被动地解释问题，而是主动地发现问题，这是未来语言技术研究者共同努力的方向。高度的人工智能不仅需要先进的技术支持，还需要深入的科学理论支撑。只有研究者彻底解开了人类语言认知之谜，才能从根本上推动语言技术的发展。所以说理论上的瓶颈是比技术上的瓶颈更难以突破的。同时我们还应该认识到理论追求的是极致与完美，技术追求的是适度与适用，应该找到二者的平衡点，才能推动语言技术持续前进。

技术方面，语言研究本身需要技术支持，现今语言研究方面仅停留在语音研究的技术化，更需开发语言研究的分析性、统计性、比较性和实验性的软件，推动语言研究的技术性发展。可以看出理论与技术是相辅相成的。

语言技术是推动语言发展和语言生活进步的重要力量。经过文字创制、印刷术、广播电视、互联网等四个语言技术发展高峰，人类的"语言装备"和语言生活也取得了极大进步，人类已拥有处理口语、书面语的两套生理器官和一系列物理装备，拥有了现实和虚拟两个空间的语言生活。

语言学的发展伴随着语言、语言生活、语言技术的发展而发展。这些发展为语言学提出了新的研究课题，提供了新的研究素材，开拓了新的研究领域，获得了新的研究手段，甚至还不断更新着人类的语言观和语言研究观。当然，语言学的发展也为语言生活的良性发展、语言技术的发明与应用提供了不可或缺的帮助。

四、语言服务

语言的本质属性是社会性，是人与人交流的工具。服务作为语言交际功能的属性，始终伴随着语言的产生和发展，但"语言服务"（language service）这个概念提出的时间并不长，它与现当代社会人们对语言的特别需求分不开。语言服务产生的最直接动因是"来源于构建和谐语言生活的时代需求"（屈哨兵，2011：27）。

学术界把语言服务作为一个独立的学术概念提出应该是在2005年上海世博会语言环境国际论坛上。在这个会议上屈哨兵等多位先生提出了"语言服务"的说法，响应者众多。此后学界开始有意识地将"语言服务"作为语言学的一个独立分支予以理性分析和研究，逐渐明确了"语言服务"的几个方面的内涵，使"语言服务"从经验层面上升为理论层面。此后该问题不断得到学者们的重视和关注。

关于语言服务概念的界定，目前学术界还没有统一的定义。国内对语言服务研究大致可以分为广义和狭义两大派别。①

狭义的语言服务研究者认为，语言服务是中国翻译行业的全新定位，这点和国外的语言服务概念很相似。（袁军，2012）郭晓勇（2010）认为语言服务业已经远远超出传统意义上的翻译行业，包括翻译与本地化服务、语言技术工具开发、语言教学与培训、语言相关咨询业务等，已成为全球化产业链的一个重要组成部分。袁军（2014）认为："语言服务以帮助人们解决语际信息交流中出现的语言障碍为宗旨，通过提供直接的语言信息转

---

① 更详细的论述可参看仲伟合、许勉君（2016）。

换服务及产品,或者是提供有助于转换语言信息的技术、工具、知识、技能等,协助人们完成语言信息的转换处理。或者语言服务是通过直接提供语言信息转换服务和产品,或提供语言信息转换所需的技术、工具、知识、技能,帮助人们解决语际信息、交流中出现的语言障碍的服务活动。"

广义的语言服务研究者认为,语言服务研究属于应用语言学的范畴,"从应用上来看可以覆盖应用语言学的各个领域"(屈哨兵,2011)。徐大明(2008)认为:"语言服务应该是指国家为人民提供的语言服务,它是国家全部服务的一部分;做好语言服务需要合理地利用和发展国家的语言资源,既注意统筹兼顾,又注意服务领域的优先次序,经济发展和社会稳定往往是最重要的目标,因此语言服务也要优先考虑经济和社会范畴的服务。"屈哨兵(2011)指出,语言服务主要包括四方面——语言翻译产业;语言教育产业;语言知识性产品的开发;特定领域中的语言服务,如工商领域、医疗领域、体育领域、司法领域等。李宇明(2014a)认为语言服务就是"利用语言(包括文字)以及语言知识、语言艺术、语言技术、语言标准、语言数据、语言产品等语言的所有衍生品,来满足政府、社会及家庭个人的需求"。

除狭义和广义的界定之外,还有其他一些学者的研究也很值得重视。李现乐(2010a)认为语言服务应该包括宏观和微观两个层面。微观层面的语言服务主要是指一方向另一方提供以语言为内容或以语言为主要工具手段的有偿或无偿、并使接收方从中获益的活动。微观层面的语言服务的主体多为某群体或个人。宏观层面的语言服务是指国家或政府部门为保证所辖区域内的成员合理、有效地使用语言而做出的对语言资源的有效配置及规划、规范。宏观层面的语言服务的主体是政府部门或相关的学术团体。其核心目的是语言资源的有效配置和语言问题的妥善解决。赵世举(2012)则认为:"语言服务是行为主体以语言文字为内容或手段为他人或社会提供帮助的行为和活动。"

以上是目前学术界关于语言服务概念界定具有代表性的几种说法。

之所以目前学术界对这一概念还没有一个统一的说法，除其产生时间较短外，与语言服务本身的复杂性也是密切相关的。

关于语言服务这一概念的外延，目前学术界也是众说纷纭。屈哨兵（2011）较早主张从产业、职业、行业、基业这几个角度对语言服务进行考察。邵敬敏（2012）提出建立新兴产业——语言服务业，并提出了语言服务的六大门类：语言特色教学、语言翻译系列、特定行业的语言培训、商业用语设计、语言咨询、语文工具书编撰。赵世举（2012）认为，语言服务的类型可以从不同视角来划分，如果从服务内容来考察，大体上可以分为语言知识服务、语言技术服务、语言工具服务、语言使用服务、语言康复服务、语言教育服务六种类型。李德鹏、窦建民（2015）则主张按照服务领域将语言服务分为：语言服务政治、语言服务经济、语言服务文化这三方面。

前面我们讲到了广义的语言服务研究。为了深入理解语言服务这一概念，我们需要界定两个概念，"语言服务"与"语言应用"。所谓的语言应用，指语言以及语言学的研究成果如何应用于非语言的各个社会实践领域，比如语言教学（包括母语、外语、方言、民族语教学等）、人机对话、广告语、法律语言咨询、聋哑人的语言使用等。这两个概念以前常常混淆在一起，给我们带来许多的困惑。确实它们在"社会性""实用性""跨域型"等方面有很多相似之处，二者似乎可以画等号，实则不然。语言服务是以"服务作为一个独立的观察点"，它具有"为他性""实践性""实效性"这三大特色，而这是语言应用所不具备的。

思考与练习

（1）你认为"语言学习"与"语言习得"是一回事儿吗？为什么？
（2）语言技术涉及哪些交叉学科？它的知识图谱是什么样子的？
（3）广义的语言服务是指什么？与生活的哪些方面关系最密切？

第三节　语言观和语言应用观

　　语言的首要功能是交际功能。人们发现在语言的交际过程中存在着许许多多的问题。无论是国家层面还是个人层面，无论是民族之间还是国家之间，无论是不同语言之间还是共同语与地域方言之间，都涉及语言沟通问题。这就产生了"语言问题观"。

　　随着认识的深入，大量的有识之士意识到不能仅仅把语言看成问题，语言也是资源，是人类社会重要的信息资源和文化资源。这又产生了"语言资源观"。

　　语言是演变的、发展的。这是早已形成的"语言发展观"。

一、语言问题观

　　"语言问题（language problem）"作为术语最早出现在1977年创刊的《语言问题和语言规划》（*Language Problems and Language Planning*）杂志的名称中。所谓"语言问题"是指"由语言的多样性引起的交流问题"（刘海涛，2006：57），它是"语言规划"的主要任务。因为语言规划就是"一种试图解决语言问题的活动"（Karam, 1974，转引自刘海涛, 2006：56），就是"通过对制定和评价各种解决语言问题的方法，以寻求最好（或最优，最有效）的决策"（Rubin and Jerrudd, 1971，转引自刘海涛, 2006：56）。

　　既然语言问题是语言规划的主要对象，也就意味着如果不能及时解决这些语言问题，就会给国家和个人带来各种问题。语言问题存在于各个层面，包括国家层面、个人层面、国家之间、不同语言之间、共同语与民族语之间、共同语与方言之间等等。这里仅从国家层面来谈谈语言问题所涉及的内容与案例。

　　从国家层面看，语言问题涉及语言地位的确立、语言政策的制定、语言安全的保障等诸多方面。就语言地位的确立而言，共同语的选择及其规范标准的建设,就是一个国家成立初期首要面临的问题,这个问题如果得不到解决,将会直接影响国家的稳定和民族的团结。

(一)语言问题与语言规划

中华人民共和国建立初期,确定并推广汉民族共同语,着力贯彻、推行国家制定的各民族语言平等等语言政策,进行文字改革,加强现代汉语规范化。语言规划取得了巨大成就,为国家的建设与发展做出了不可磨灭的贡献。

一般来说,新国家的成立或者政局变化需要考虑语言地位规划,如果处理不当或不及时,就会带来语言问题。比如,苏联解体后,原有的加盟共和国纷纷独立,新建立起来的国家需要开展语言地位规划,以确立民族语言的国语地位。因为苏联时期,俄语为国语,处于主导地位,各加盟共和国均使用双语,即俄语与民族语。为解决这一语言地位问题,各国政府采取了一系列的政策措施,但却未能取得理想的效果。下面以哈萨克斯坦把哈萨克语确立为国语问题为例(沙依然·沙都瓦哈斯,1999)进行说明。

苏联解体之前,哈萨克政府就颁布了哈萨克斯坦加盟共和国的《语言法》,规定哈萨克语为国语,俄语为族际交流语言。这在当时并未引起大的争议。但随着哈萨克斯坦独立,1993年通过的第一部宪法正式规定哈萨克语为国语,政府部门要求在政治、科学、文化和生活等领域充分地使用,并作为具有国家社会性质的综合措施来加以实施。随着俄、哈两种语言地位与作用问题的冲突和争论的开始,国语问题成了哈萨克斯坦民族问题的一个焦点。

尽管绝大多数哈萨克人承认哈萨克语为自己的母语,但在实际使用人群(如城市居民、知识阶层、社会上层人士及相当部分工人阶层)中,哈萨克语则成了第二语言,俄语却为第一语言。这样哈萨克民族则成为世界上为数不多的"双语民族"。主要使用俄语的公众群体,与主张将哈萨克语作为国家主体语言的公众群体在观念上形成对峙。

近年来，哈当局意识到语言问题的敏感性，调整了语言政策。1995年通过的第二部宪法对俄语的使用做了补充规定："在国家组织和地方自治机构中，俄语同哈萨克语一样，平等正式使用。"这意味着为俄语确立了第二国语的地位，但哈萨克斯坦的语言问题至今仍未得到圆满解决。

（二）语言问题与国家安全保障

语言问题不仅体现在国家的语言规划层面，也体现在国家安全层面。就一个国家而言，安全是社会生活、经济发展的重要条件与重要保障；语言是社会生活的一个重要组成部分，语言生活状况如何也会直接影响到国家的安全。（戴庆厦，2010：2）

和谐的语言关系是国家语言安全的重要保障。就我国的语言关系来看，主要存在着三种关系：一是通用语言与少数民族语言的关系，二是普通话与汉语方言的关系，三是本国语言与外国语言的关系。如何处理好这三种关系将直接牵涉到国家的安全与稳定。如就我国通用语言与民族语言之间的关系而言，和谐是主流，但也存在着一些不和谐的现象，影响着民族地区的和谐与稳定。这些不和谐现象主要表现在：有的地区未能科学地处理好少数民族语言与国家通用语言的关系；有的地区处于弱势地位的少数民族语言，其使用功能和使用范围在一些地区呈下降趋势，使得一些人担心自己的母语会出现衰变或濒危；有的地区的民族语文在社会生活中已不具备应有的地位，使少数民族在心态上产生了不平衡。（戴庆厦，2010：4—5）

（三）语言问题与国际安全挑战

就国际安全而言，一个国家的语言政策也会涉及甚至影响着其他国家的语言安全。如美国的"国家安全语言计划"给中国的国家安全带来了一系列威胁和挑战。

在"9·11"事件发生后，美国众议院议员于2003年向国会提交了"国家安全语言法案"。2004年6月，美国国防部资助召开了"全国语言大会"。

会后发布了《改善国家外语能力行动倡议白皮书》(*A Call to Action for National Foreign Language Capability*)，号召全美民众行动起来，制定一个能够改善国家外语能力的国策和计划。2006年，美国政府正式推出"国家安全语言计划"(National Security Language Initiative)，明确提出鼓励美国公民学习国家需要的8种"关键语言"。在这8种关键语言中，汉语列在第二位。这标志着美国"关键语言"战略的形成，也标志着语言问题被安全化。在这种情况下，我们有必要对美国"关键语言"战略给我国国家安全带来的威胁和风险进行审慎的评估和探讨，并及时提出应对来自内部和外部威胁的安全对策。我国有关专家（王建勤，2011）建议：一要加强外语语种规划，维护国家利益和安全；二要制定国家应对国际事务和突发事件的关键语言政策，全面提升国家的外语能力；三要加紧制定国家的对外语言战略，以应对美国"关键语言"战略的军事渗透和政治渗透。

二、语言资源观

（一）语言资源的内涵

"语言资源"(language resource)的概念，20世纪80年代才在中国出现，较早使用这一概念的是邱质朴(1981：112—113)。这一概念是在社会对语言大范围大规模需求的背景下形成的。

进入新世纪，"语言资源"正式成为一个学术话题。由于语言资源是一种特殊的社会资源，语言学界对其内涵的理解存有一定的差异。张普（2012）认为语言资源可分为语言资源、言语资源、语言学习资源。陈章太（2008）则将语言资源分为广义和狭义两种。广义的指语言本体及其社会、文化等价值；狭义的指语料库、语言数据库、词典等。李宇明(2008a)认为语言资源可分为语言学资源、文化资源、经济资源。不同的理解给我们提供了不同的观察视角。下面以李宇明(2008a)的分类为例，进行简要说明。

第一，语言是语言学资源。透过语言了解语言的特点。每一种语言都是一种特殊的语言样品,是其他语言无法替代的。如汉语有平、上、去、入的声调系统;哈萨克语有着十分丰富的和"马"有关的词语:形容马的毛色的词语有350多个,形容骏马的词语有100多个,形容马特征的词语有600多个。透过语言了解语言的历史。如汉语方言的分化,原始汉语如何分化出了粤方言、闽方言、客家方言、赣方言、吴方言、湘方言和官话方言等;再如汉语方言声调的调类南多北少现状是如何形成的。透过语言了解语言接触的历史与特征。如就现代汉语的百年发展而言,词汇和语法曾受到了英语、日语、俄语等语言的较大影响。普通话词汇又受到了粤方言、吴方言和北京方言的影响。通过不同语言样品的比较分析,可以帮助我们再现不同语言的发展历史,探索不同语言的接触情况,构拟出不同语言的形成过程。

第二,语言是文化资源。民族的语言与文字表现着民族的智慧,同时还常常成为民族的象征。语言包含着人类文化发展的基因,语言的多样性与生物的多样性一样重要。如果一种语言消亡,那么它所包含的文化样式也就随之消失。世界上没有文字的民族,其文化主要是口耳相传,如我国的鄂伦春族、羌族、东乡族、保安族、畲族等。2006年,国务院批准的第一批国家级非物质文化遗产名录,共计518项,要求切实做好非物质文化遗产的保护、管理和合理利用工作。名录中的传说、故事、号子、歌谣、戏曲等等,都是以语言文字为载体而得以保留的。

第三,语言是经济资源。当今时代,一些新的语言职业(比如:文字速录师、计算机字库提供商)和语言产业(比如:语言教育产业、语言翻译产业、语言文字信息处理软件产业)逐渐形成,语言已经进入经济和高新科技领域,成为经济发展的重要资源。随着信息时代的快速发展,语言作为经济资源的特质越来越凸显,其经济价值也越来越显著。如美国的"品牌命名",作为新兴语言产业,起源于20世纪70年代末,繁荣于20世纪90年代中期。虽然历史并不长,但它受到了企业界、语言界、经济界、广告界的广泛关注,在当今美国经济生活中发挥着越来越重要的作用。Rivkin调查公司自1991年以来就对全美企业的命名状况做了跟踪调查,结果显示1999年间美国的所有品牌命名总量为600万次,命名公司完成总量的12%,广告公司完成27%,产值总计150亿美元,占同年美国广告业总值的6%。(贺川生,2003:41)

语言资源观的提出,提醒人们不能仅仅把语言看成是"问题",语言还是社会资源,是人类社会重要的信息资源和文化资源。中国政府和语言学界十分关注语言资源的监测与保护,同时也开始着手语言资源的开发研究。2004年,教育部语言文字信息管理司创建了国家语言资源监测与研究中心。2007年,北京语言大学召开了"国家语言资源与应用语言学高峰论坛"。2015年国家启动了中国语言资源保护工程,如今已在全国各省(市、区)全面铺开,计划用5年时间,开展1,500个地点的调查,其中少数民族语言300个,汉语方言900个,濒危语言方言200个,语言方言文化100个。(曹志耘,2017a)

(二)语言资源的议题

中国的语言规划正从"语言问题观"向"语言资源观"转变,不再把语言现象特别是"多语多言"现象视为问题,而是看作资源。既然语言是资源,那不仅存在如何爱护和保护,防止破坏和流失的问题,还存在一个如何掌握、配置、利用和发展的问题,这就是语言资源的管理。如何对语言资源加以管理,这是语言资源研究必须要涉及的议题。徐大明(2008:13—15)将语言资源管理所涉及的议题概括为如下九个方面:

第一,国家语言资源建设、监测与研究。语言资源不仅仅局限于标准语资源,还应包括所有具有沟通和认同作用的语言资源,即包括各种口头的和书面的语言变体。由于这些语言资源本身处于不断发展变化之中,所以适时监测至关重要。在确认这些资源时,要实事求是地测定其规模和分布,了解其现有的和潜在的社会功能(即沟通功能和认同功能),还要从国家语言战略的视角来加以观察,分析评判这种资源的占有和使用状况是否符合国家利益,其发展趋势是否符合国家目标等问题。

第二,国家语言资源与语言服务。这里的"语言服务"应指国家为国民提供的语言服务。这就决定了要从全民的立场来合理地利用和发展国家的语言资源。既要照顾到个人和群体的利益,也要优先解决大多数群众所面临的紧迫问题,还要区分服务领域的优先次序,即优先考虑经济和社会范畴的服务。

第三,国家语言资源与语言规划。对语言资源进行管理就是对语言资源进行规划。就国家层面而言,语言规划与语言资源管理是一回事。但是,我们在对语言资源进行管理时需要分清:哪些语言资源是政府直接掌控的,哪些语言资源是保持在民间的。对于政府需要直接掌控的语言资源,要进行直接管理和优化发展;对于保持在民间的语言资源,则宜采取间接的方式加以引导、扶助和支持以促进其发展。

第四,国家语言资源与语言文字规范。语言文字规范的建设是语言资源优化的一项重要内容。语言文字规范的制定和实行是实现国家的语言服务和国家的基本政治经济目标的手段。国家通用语言文字的规范建设涉及为全民服务的问题,地方的语言建设涉及地方方言为更多本地人服务的问题,民族地区的语言建设涉及少数民族语言为本地少数民族服务的问题。

第五,国家语言资源与语言文字社会应用。和谐社会离不开和谐的语言生活,国家对语言资源的管理是构建和谐的社会语言生活的关键。政府应代表民众既要对公共领域中的语言使用进行干预和管理,也要对社会语言生活的和谐程度进行调查研究和持续监测,建立稳定、公认的语用规范,以提高社会交际的效率和增强社会语言生活的和谐度。

第六,国家语言资源与母语教育。母语资源是语言资源中最宝贵的资源。母语资源的浪费和流失即意味着国家语言资源出现了重大损失。因此,必须要保护和发展母语教育,包括各民族的母语教育。而要保护好母语资源,就必须要摆正母语教育与外语教育的位置。虽然外语教育对于发展当代中国教育、丰富国家语言资源、促进经济发展和提高国际地位都有着十分重要的意义,但仍必须坚持母语教育优先的原则,外语教育必须在整体上不危害母语教育的前提下开展。

第七，国家语言资源与汉语国际推广。汉语国际推广既是中国文化走向世界的一部分，也是整个中国走向世界的一个有机环节。它对促进我国的国际交流、对外经济活动以及扩大在国际领域的话语权起着十分重要的作用。汉语的国际推广应与国家的对外经济战略紧密结合，与国内的语言政策密切相关，成为政府语言服务的一个重要组成部分。

第八，国家语言资源与民族地区的普通话教学。国家通用语是国家宝贵的语言资源，而民族地区又急需加强普通话教学。鉴于此，国家应大力资助民族地区的普通话教学，积极改善其学习条件。在充分尊重民族自治、民族文化的前提下，根据广大群众的需要提供普通话教学推广服务，发展"添加型"社会双语，既不影响少数民族语言文化的传承，又能提高少数民族群众的社会经济地位。

第九，国家语言资源与语言信息处理。"语言信息处理"指使用机器对语言信息的处理，特指应用现代技术对语言信息的处理。特定语言的信息处理技术能直接影响该语言在虚拟空间中的流通率及相应的话语权。因此，在语言资源的开发时，要支持和促进语言技术的发展，要考虑到新技术所带来的新的交流信道的影响和作用。国家在开展语言资源管理时，要区分语言技术本身的问题和与语言技术相关的语言社会问题。与语言技术相关的语言社会问题才是国家语言资源管理的重点。

三、语言发展观

语言发生变化是自然的事，"而且也是不可避免的、连续不断地发生的"。这种变化说明语言是进步了还是退步了呢？回答是："语言跟潮汐一样涨涨落落，就我们所知，它既不进步，也不退化。"（简·爱切生，1997：277、282）

谈到"语言发展"，自然就要涉及"语言变异"和"语言变化"。语言变异无所不在。特鲁吉尔(Trudgill)解释道:"在日常生活中,人们使用的语言呈现出多样性。个人的语音、词汇和语法也都不会完全相同,特别有意义的是不同的社会群体之间的语言差异,这种现象叫作语言变异。"(转引自徐大明,2006:412)陈章太(1988:44)从宏观和微观两个角度对"语言变异"做了详细解释:从宏观上说,指一个言语社区因受到各种因素的影响,其语言状况发生了变化;从微观上说,指同一个内容因使用者、语境、话题、目的等的不同而引起的语言变体。一般来说,语言变异是从语言的共时层面而言的,而语言变化是从语言的历时发展而言的。当然,语言的历时发展始于共时的语言变异。

(一)语言发展的内涵

语言发展可以从三个角度来认识。

从语言本体的角度来看,语言发展是指语言体系内部结构(包括语音、词汇、语法)的演变与发展。从语言发展的速度来看,语音、词汇、语法三者的演变状况存在着不平衡性。相对而言,词汇变化速度快、变化比例大,语音与语法相对要变化得慢些。以现代汉语为例,改革开放尤其进入新世纪之后,随着新事物、新概念的不断出现,反映新事物、新概念的新词语大量涌现。

从语言习得的角度来看,语言发展是指学习和运用语言水平的变化。拉波夫将人们的口语习得过程划分为六个阶段(Chambers,1995:153):(1)孩提阶段,通常在父母和家人的影响下习得基本语法;(2)习得土语阶段,5—12岁阶段,受到街坊邻居和学校中的同龄人的影响习得土语;(3)社会知觉发展阶段,开始于14或15岁,受到成人语言交际的影响,对语言的主观反应变得与父母更相似;(4)语体发展阶段,可能大约始于14岁,开始调整自己在特定社会语境中使用某些特定变式的频率;(5)一致标准时期,大约在成年早期,他们在工作或大学的广泛交往中获得只要情景允许就使用一致的标准语言形式的能力;(6)全方位习得阶段,在大多数社区中只有少数人能够达到这个阶段。

从语言使用的角度来看,语言发展是指语言使用状况的变化与发展。如语言使用领域的扩大与缩小、语言使用频率的提高与降低等。在我国,政府积极推广普通话,"推普"工作形成一次又一次高潮。人们的语言生活由单语(言)变成双语(言),即由汉语方言或少数民族语言变成普通话和汉语方言,或者普通话和少数民族语言,普通话在社会语言生活中逐渐得到普及。国家语言文字工作委员会于1998—2004年组织完成了"中国语言文字使用情况调查",2010年又立项开展了"普通话普及情况调查"(谢俊英,2011)。从"中国语言文字使用情况调查"公布的数据可知,我国能用普通话交际的人口比例已经达到了53.06%。2010年河北、江苏、广西等三省(区)"普通话普及情况调查"数据表明:能用普通话交流的比例已达70%—80%,河北、江苏、广西分别增长了20.72%、15.14%、30.36%。俞玮奇、杨璟琰(2016)于2015年完成了上海市的黄浦、静安、徐汇、闸北、虹口、杨浦、长宁、普陀、闵行和浦东等10个区38所中小学的学生语言使用、语言能力、语言态度的调查。研究者将调查所获得的数据与2000年前后开展的"中国语言文字使用情况调查"中的上海学生数据、2005年"上海市学生语言使用情况调查"中的中小学生数据以及2007年上海大学文学院课题组对上海本地学生的调查数据加以比较发现:上海市青少年大多数人由从小首先学会方言逐步转变为从小首先学说普通话,上海话逐步为普通话所代替;无论是公共领域还是家庭领域,由主要使用方言逐步向主要使用普通话转变,青少年的方言能力在不断下降。

(二)语言发展的动力

社会发展是语言发展的原动力。社会因素涉及两个方面:一是使用某种语言的社区、地区乃至国家;二是使用某种语言的个人或说话者。从国家层面来看,国家对语言使用状况的干预、对语言的保护和推广等行为都会对语言的发展产生促进作用。如普通话在国家层面上的推广,有力地推动和促进了普通话使用率的提高和使用面的扩大。从语言使用者来说,使用者的各种社会因素也会影响语言的使用与发展。说话者影响语言使用的社会因素主要有年龄、性别、阶层等。应该说与语言发展最相关的社会因素是年龄:某一变式的出现,在最年长的一代人的话语中是少量的;在中间一代人的话语中,出现频率有所提高;在最年轻的一代人中,出现频率仍然会不断提高。(Chambers et al. 2002: 274)男女语言差异不仅是生理原因造成的,更重要的还是社会性别因素所致。在语言规范上,男女也有不同的态度和表现:男子往往不守规范,言语显得较为粗俗;女子则言谈优雅,显得更为标准。在语言变化上,研究表明女性往往领先男性整整一代。(徐大明,2010a: 27—28)社会阶层一直都被当作一个重要的影响因素,一般用经济地位、教育程度、收入水平等指标来划分。美国纽约百货公司英语发音调查(Labov, 1966)发现,r音变项有着明显的社会分层现象:比较高档的商店的售货员发 "-r" 变式的频率要高于比较低档的商店的。

　　语言因素也影响着语言发展。当两种语言接触时,相互间会产生影响,尤其是弱势语言与强势语言接触时,一般来说弱势语言要受到强势语言的影响。弱势语言在受到强势语言的影响时,并不是全盘接受强势语言的成分,而是有选择地接受其语言成分。能接受哪些成分?如何接受?这是由弱势语言自身结构系统所决定的。也就是说,语言的发展除要受到社会因素的制约外,还要受到语言内部自身结构系统的制约。

　　在我国,随着普通话使用率的不断提升,普通话对方言产生了很大的影响,各地方言均呈现出向普通话靠拢的发展趋势。但方言向普通话靠拢要受到原有语音系统的制约,大多是通过调整原有系统内部成分的分布来实现的。溧水 "街上话" 个案研究(郭骏,2009)表明:方言向普通话靠拢,对普通话语音成分的接受主要是通过方言系统内部调整来进行的,系统内部调整是方言向普通话靠拢的主要演变模式。通过系统内部的调整使原有语音系统发生了重大变化,具体表现为:改变了系统内部的音位聚合与音位组合，同时也改变了字音归类。方言向普通话靠拢的过程是一个系统内部不断调整的过程。

思考与练习

（1）该如何认识语言问题？在语言运用方面，你认为目前主要存在哪些问题？

（2）如何看待"语言问题"与"语言资源"两者之间的关系？对中国的语言资源开发有哪些积极的建议？

（3）目前，就全国语言使用情况而言，普通话的使用率快速提升，方言的使用率有所下降。鉴于此，有人担心许多地方方言很快就会成为濒危语言。请就此问题谈谈你的看法。

第四节　应用语言学和相关学科

应用语言学将研究触角伸向社会生活的多个（甚至每一个）领域，由于研究队伍的不断壮大和研究成果的日益增多，应用语言学的一些下位分支领域独立性逐渐增强，甚至发展成独立的学科。下面就与应用语言学相关的社会语言学、话语语言学、语言教育学等学科做简要介绍。

一、社会语言学

社会语言学作为一门独立的学科诞生于20世纪60年代，是语言学和社会学结合的产物，它研究语言和社会的关系：既可以联系社会研究语言，也可以联系语言研究社会。因此，社会语言学跟应用语言学之间有密切的联系,一些应用语言学著作把社会语言学作为应用语言学的一个领域。

　　社会语言学本身的特点决定了它的研究范围广泛。它几乎覆盖了语言和社会相关的各个方面。例如,就社会因素而言,涉及性别、年龄、阶层、社群、职业等;就语言生活而言,包括语言政策、语言心理、社会用语、广告、命名、翻译、法律、政治等;就文化领域而言,包括文学、艺术、民俗、宗教、历史、地理、心理等;就语言种类而言,包括共同语、方言、民族语、外语等。显然,其中不少都是应用语言学所关注的内容。

　　近些年来,社会语言学研究取得了不少成就,出版了一大批社会语言学著作,发表了大量的论文和调查报告。从这些研究成果可以看出,社会语言学的研究热点主要有:语言规划、语言识别、语言濒危、语言接触、语言活力、语言服务、言语交际、双语双方言、行业语、语言与文化、语言生活调查等。这些研究不仅具有较高的理论价值,还具有极高的实践应用价值。其中,社会语言生活、交际能力和文化教学等方面的研究内容,与应用语言学的交集越发凸显,对应用语言学的影响也日益显著。

　　社会语言学对应用语言学的核心领域——语言教学的重要作用,越来越受到语言教学研究者的重视。郑通涛(2001)指出,在对外汉语教学中,要重视汉语的交际规律和语言使用规律,把汉语教学置于生活的环境下,回归到汉语产生和使用的社会环境中来,要用社会语言学的理论方法来指导对外汉语教学。

　　社会语言学认为,语言不只是符号系统,也不只是交际工具,它还是身份的标志。通过它可以把人区分为不同的群体,而人也据此把自己归入不同的群体。我们应该十分重视语言在不同层面的认同作用,包括国家认同、民族认同、文化认同、地域认同和群体认同等等。中国历来有通过语言实现群体认同(包括宗亲、地域、民族等)的传统。诗句"乡音无改鬓毛衰"、俗语"老乡见老乡,两眼泪汪汪"等体现的都是人们对乡音的特殊情感和认同。最能体现语言认同建构的是客家人,客家话是现代汉语方言中唯一以人群命名的方言,从中可见认同的力量。认同需要建构,而教育是进行认同建构的重要途径,因此,通过语言进行认同建构应该是语言教育的一个重要目标。此外,言语社区理论、教材内容的选择、教学中对各种语言变异的态度、对社会实际语料的采用等,都有社会语言学的考量。

社会语言学和应用语言学都关心语言的社会方面,但就目前的情况看,社会语言学更关心理论的探讨,而应用语言学则把更多的注意力集中在解决实际应用中的问题上,因此,社会语言学与应用语言学的联系今后将会更加紧密,自然也会对应用语言学产生积极的影响。例如,就国家通用语言和民族语言、标准语和方言的关系来说,既要推广国家通用语言,又要保护少数民族语言和方言,这在社会生活和语言教学中如何处理?在全球移民现象越来越突出,政治格局急剧变化,经济、技术、文化逐渐一体化的当今社会;语言现象也比以往任何时候都更加复杂和多元。社会语言学的研究思路符合现代语言学越来越重视使用者的大趋势,它紧扣时代步伐,随着社会的发展而不断发展,具有广阔的发展前景。

在中国,社会语言学作为一门学科真正起步是在20世纪80年代,时间不长,但研究成果丰硕。第一,在我国成功举办了一系列国际、国内学术研讨会;成立了专门从事语言规划和规范化的机构,培养了一批从事社会语言学研究的中青年骨干。第二,出版了大量著作和教材。继陈原《社会语言学》出版后,一批社会语言学著作纷纷问世,较系统、全面且及时地反映了中西方社会语言学的研究成果。第三,社会语言学在中国从边缘逐渐走到中心,尤其是在交际能力和文化教学方面,其作用越发凸显。

国外社会语言学的发展历史比较悠久,有不同社会背景、文化背景的人共同探索这一学科,所研究的范围更广,程度更深,方式更多。自社会语言学诞生以来,一直处于较快的发展趋势,尤其是近二十年的西方社会语言学的理论发展和研究内容呈现出更鲜明的跨学科、多元化、微型化等趋势,在研究思想、研究内容、研究方法、教材出版、期刊、国际会议等方面取得了新进展。伴随着社会语言学的蓬勃发展,越来越多的人开始从事该领域的研究,新增了一定数量的专题研究学术期刊。值得一提的是,国外社会语言学在研究方向上也越来越重视汉语，拓展了社会语言学研究的内容板块。

随着中国社会语言学在语言应用研究上的不断深入，中国的语言规划问题受到了更多重视。开展语言规划对于华语在所在国家或地区的维护、发展和传播具有重要的理论和实践价值。同时，华语不只是中国的国家资源，也是其所在国家或地区的重要资源。华语规划论的语言观是充分考虑华语使用者所处的社会环境、华语的现实以及当今华人需求的结果。从跨国跨境的角度考虑语言规划问题，也启发我们重新认识语言规划理论，认识到华语视角下的语言规划不应只是中国的事情，有必要从全球华人社会的角度考虑，全球华语规划需要我们努力共同开发和利用华语资源，是语言工作者今后一个时期的重要任务。另外，不容忽视的是国际性的汉语热的兴起，这就需要我们在积极开展对外汉语教学的同时，也要关注域内外汉语的使用问题。而域外汉语的发展涵盖两个方面，一是汉语的传播，一是汉语的维持和发展。前者的研究在以往已经得到了足够的重视，也已经形成了一支强大的队伍，而后者的研究则刚起步。要正确认识域内外汉语的差异，要积极开展协调工作，当前的主要任务是确定协调的原则、调查域外汉语的分布情况、建立相关的语料库等等。

语言景观是社会语言学中一个新兴的研究领域，着重考察公共空间中各类语言标牌的象征意义。现实世界中的语言景观通过语言与空间的互动反映并塑造族群的权势和地位。国内的语言景观研究尚处于起步阶段，研究总体呈稳步上升趋势，其间略有波动。国内的语言景观研究整体上初步实现术语规约化，理论视角具有跨学科多元化特点；但问题取向日益多样化，理论基础较薄弱，理论更新和创新不足，且大多为零散研究，研究深度有待发掘，研究方法存在研究设计不严谨、研究结果重描写轻分析等局限。近年来，国内的语言景观研究重心开始由翻译视角转向社会语言学视角，未来的研究亟需加强国外理论体系及研究动态的引介和批判性借鉴，从而丰富研究视角，拓宽研究深度和广度，要更加重视质化和量化相结合的实证研究，在壮大语言景观研究队伍等方面取得突破。

当代社会变化和现实的需求以及社会理论的发展，促成了社会语言学整合发展的趋势，包括人类学、社会学、心理学和语言学等学科整合，形成了变异社会语言学、交往社会语言学、交际民族志、会话分析、符号交往、语言社会学等分支的发展。社会语言学在语言、社会和文化研究中，与相关学科在理论和方法上开始整合，在语言结构、社会交往和文化意识等领域的研究得到了深入。在今后的研究中，社会语言学会更加关注国家重大社会语言问题，以实证调研为基础探讨社会语言生活中的热点难点问题，探索对策机制；重视语言国情，多角度、多领域做好语言规划和语言战略研究，在服务社会发展中实现自身的发展。同时，探讨学科建设问题也是一个重要内容。社会语言学当前和未来的发展趋势，一方面是"语言"与"社会"在社会建构主义观照下的"超学科"整合创新，一方面是基本概念和所研究的问题在后现代主义的解构性挑战中获得多元发展空间。未来的中国社会语言学应该是一门学科理论体系完整、研究方法科学完备、实践价值明显的学科，它将在中国的语言学中占据越来越重要的地位，并在社会生活中发挥更大作用。

二、话语语言学

"话语语言学"（Textlinguistics）这一名称最先由德国语言学家H. Weinrich于1967年提出。话语语言学有广义和狭义之分，广义话语语言学又被称为语篇或篇章语言学，兴起于20世纪60年代末；狭义话语语言学则是指以话语结构及其产生条件为研究对象的语言学理论，它以连贯性话语为基本研究对象，探讨话语的组织特征和使用规律，同时从语言的交际功能以及说话人和听话人双方的认知能力等角度出发，对话语的有关特征做出具体解释。

话语语言学在学科独立之前，通常被划归于社会语言学，并且有"言语交际""会话分析""语篇分析""话语分析"等不同的名称。社会语言学的研究对象及研究方法基本与话语语言学的研究对象与研究方法一致，即便是在目前，有关社会语言学的论著仍然将之列入本学科的研究范畴。话语语言学与社会语言学的研究经常会有交叉的内容，即社会语言学的研究有时从篇章话语入手，在这样的情形下研究内容难免重合，不易也不可能划清界限，而社会与文化又是学者们关注的重点，因此，从社会或者文化方面研究话语又是话语语言学研究的又一热点内容。其中，不同文化的思维方式和表达方式对话语和交际有着重要的影响，因此跨文化交际研究异军突起。关于话语的热点研究主要有：话语与文化的关系阐释、话语与种族、话语与权力、话语与性别、话语与社会语体、话语与意识形态、话语与跨文化交际等，这些关于话语篇章的研究均与社会语言学密切相关甚至相互交叉。这些同样也是关注语言生活并以研究语言生活为己任的应用语言学研究的内容之一。所不同的是，话语语言学更注重理论研究，而应用语言学更侧重于应用研究。

我国学者对话语分析理论的介绍和研究起步较晚，20世纪80年代后，随着世界话语语言学的蓬勃发展，话语语言学在中国也绽放新蕾。刘焕辉（1986）的《言语交际学》是中国第一本以语言的交际功能为研究中心的专著，标志着中国的话语理论研究从此迈向实践领域。此后，黄国文的《语篇分析概要》、王福祥和白春仁合编的《话语语言学论文集》、张寿康和王福祥主编的《日本文章学论文集》等，充实并丰富了我国话语语言学的研究成果。话语语言学的命名来自西方，但在我国，历史悠久的文章学研究与话语语言学产生了关联，在话语修辞、话语连贯等方面形成了古今中外的对话，如《文心雕龙》中对"句段"组合的相关论述便是很好的例子。

话语语言学的研究范围非常广泛，有对话语现象（如互文、元话语、焦点）、话语话题、回指、话语层次结构、话轮转换系统、言语行为理论、系统功能语法等理论的研究，有对具体语体（包括口语体和书面语体）和具体语域类别（包括政治话语、官方话语、法律话语、学术话语、医学话语、科技话语、媒体话语、广告话语、文学话语、课堂话语、儿童话语等）的话语研究,有面向社会生活各领域(目前主要有话语与外语教学或汉语作为第二语言教学研究、话语与翻译研究、话语与语言习得研究等)的应用研究,也有与文学、计算机科学、认知科学等学科的交叉研究等等。

目前国际流行的话语研究方法论,可以追溯到西方修辞学、科学主义、结构主义(语言学)等。这种话语研究方法可以从研究的对象(定义)、目的和背后的理论概念等角度分为三种:

(1)语篇方法论:将言语的形式和内容("语篇")作为研究对象,因为语篇被认作意义的载体;(2)语篇功能方法论:将言语与语境两者作为研究对象,因为语境被认为影响语篇;(3)语境构建方法论:同样将语篇和语境两者作为研究对象,但强调语篇对于语境的构建作用。

话语语言学在中国需要也有必要进行"本土化"改造,有学者在这方面做出了积极的探索,对中国话语研究方法的形成提出了新见解,如认为应遵循中西结合、古今融会的基本原则,提出如下方法框架:(1)整体全面地研究;(2)辨证统一地研究;(3)客观与主观、理性与经验相结合地研究;(4)在本土或全球跨文化地研究;(5)历史地研究;(6)持续对话性地研究。这些对话语语言学研究方法的思考与探讨、对于应用语言学探索学科发展的中国化道路也具有很好的借鉴作用。

话语语言学作为一门新兴的学科,系统、全面的理论框架还有待进一步构建,其重点仍是从应用方面或是通过具体话语探讨话语理论。目前针对理论建设本身的研究相对较少,中国话语语言学研究任重道远,要走出植根于本土的话语语言学理论探索,还有很长的一段路要走。这其中,中国应用语言学的研究成果必然会给话语语言学提供滋养和借鉴。

三、语言教育学

语言教育学,顾名思义,是语言学和教育学的交叉学科。在各类研究文献中,针对语言教育学这一专业术语,有多种与之意义或概念相近的说法。刘珣（1998）强调语言教育学科的重要性，指出："语言教育学既要研究所教的语言（教什么），也要研究学语言和教语言的方法（如何学和如何教），还要研究教学活动的主体（学生与教师的心理）。它是综合学科、交叉学科，有很多支撑理论，特别是语言学、心理学、教育学等都对其发展有极大影响，而且也自然成为该学科研究所涉及的内容。"由此可以看出，无论是研究对象还是研究方法，语言教育学都未走出应用语言学关于语言和语言教学的研究范畴。

郭熙（2003）认为"对语言教育学这个术语的切分应该是'语言教育+学，而不是语言+教育+学'，也不是'语言+教育学'。语言教育的目标是使受教育者最大限度地获得某种语言的交际能力，其中语言是核心，其他都是为学习和使用语言提供帮助的"。2010年，中国教育语言学研究会的成立是语言教育学中国化走向成熟的标志，但其主要关注点仍在加强中国语境下的大学英语教学学科属性的研究上。2012年，中国教育语言学研究会组织召开的学术论坛圆桌会议则预示着我国语言教育学走上了独立发展的新道路。

语言教育学从性质上看分为：第一语言（母语）教育、第二语言（外语）教育、双语教育等门类；从层次上看可分为：学前（幼儿）语言教育、小学语言教育、中学语言教育乃至成人语言教育等类别；从研究方向上看可分为：学校语言教育、家庭语言教育、社会语言教育、职业语言教育、审美语言教育等。应用语言学的定义有广义和狭义之分，其中狭义的应用语言学一般指语言教学，特别是第二语言的教学或外语教学。尽管语言教学不完全等同于语言教育，但从中可见，语言教育学与应用语言学的关系，即语言教育学在成为独立学科之前，曾是应用语言学研究的一部分，甚至全部。即便是在应用语言学得以迅猛发展的今天，其研究触角已延伸到社会各个领域中的语言实际运用，但语言教学研究仍是该学科的核心内容之一。下面简要谈谈语言教育学与应用语言学的关系。这涉及母语教育、外语教育、二语教育等方面。

1. 母语教育

母语教育是孩子一出生就接受的一种教育,但很有趣的一个现象是,语言教育学较多关注的并非是以母语为研究对象的语言教育,而是以外语为对象的。就这一点而言,国内外没有太大差别。比如Rod Ellis在 *Second Language Classroom: Research on Teaching and Learning* 一书中,对英语作为第二语言的语言教学展开了研究。而在中国,英语教育在我国的地位也相当重要,这就促使相关英语教育的学术研究日渐繁荣。比如对语言要素(听、说、读、写)所展开的教育实践的研究、语言政策与教师群体关系的研究等。因此,国内外关于语言教育学的各项研究多集中于外语,而相对忽视母语。近年来,母语教育的研究也逐渐被提上日程,其研究更多的是基于教学理念和教学手段的研究,即偏向于教育学研究。以汉语为母语教育为例,尽管当代语言教育论及不多,但传统语文以及语文教育研究的成果并不缺乏,有丰厚的研究基础,在汉语本体研究方面尤其突出。随着国家教育政策对母语教育的重视,母语教育研究应产出更多成果,以语言教育为研究内核的应用语言学不会再把目光偏狭地集中在二语(外语)教学上。同时,有了应用语言学研究者介入的母语(语文)教育,长期存在的重"文"轻"语"等问题将会受到重视并寻找到有效解决途径。

2. 外语教育

我国当代外语教育研究主要集中在英语教育上,这方面的成果颇丰,通过长期教学实践摸索和探索出来的经验性成果尤其丰硕。有关外语要素教与学、有关听说读写各项语言能力培养、有关外语教学法的运用等方面均有大量论著,也有关于学习策略、学习动机、教育策略、教师素质以及教育政策对于外语教育的影响等方面的研究。外语教育在我国既有可贵的成功经验,也有惨痛的失败教训,已引起语言教育研究者与教学实践者的深度关注。双语教育曾被视作外语教育的一部分,随着国家重视度的不断提高,研究也不断走向独立和自觉。在全球化、国际化形势的催生下,双语教育逐渐被提上日程。2001年,教育部提出:"为适应经济全球化和科技革命的挑战,本科教育要创造条件使用英语等外语进行公共课和专业课教学。"2007年,教育部提出"将把双语教学的开展情况作为高校的一项评估指标"。2009年,《教育部关于进一步深化本科教学改革全面提高教学质量的研究意见》出台,对双语教学提出更高要求。《国家中长期教育改革和发展规划纲要》(2010年)又明确提出"适应国家经济社会对外开放的要求,培养大批具有国际视野、通晓国际规则、能够参与国际事务与国际竞争的国际化人才"。双语教育在我国,也是实践先行,政策和研究跟上,同时反过来指导实践。

3. 二语教育

我国的二语教育,更多指的是汉语作为第二语言的教育,主要包括针对中国少数民族的普通话教学、针对海外华人的语言教学,以及针对外国人的汉语教学等。由于中国国际地位的提升,汉语受到前所未有的关注。汉语学习者人数之多、地域之广、层次之多,也是前所未有,因此作为第二语言的汉语教育事业蓬勃发展,相关研究成果亦蔚为可观。作为新兴学科,在其建设和发展的过程中,会有一些根本性的问题需要解决。刘珣曾指出:"对外汉语教育学是语言教育学的分支学科,而语言教育学又是一门分科教育学。因此对外汉语教育学与教育学的关系是分支学科与总学科、下位学科与上位学科的关系。这是一种最直接的关系,体现了教育学理论对对外汉语教学的重要作用。但无论是我们国内还是在国外的第二语言教学界,这一点似乎并未得到足够的重视,因为在一定程度上影响对外汉语教育学的发展。"历经数十年,汉语作为第二语言教学从学科定位、学科范围、学科研究方法等方面都已与母语教学有了明晰的界定。国外关于这方面的研究大都集中在非英语国家的英语教育研究,从理论、方法到教学,研究涉及方方面面。

从语言教育学的提出到学科的不断发展壮大,有越来越多的学者加入到这一学科的研究队伍当中;从学科定位、学科发展、学科研究范式、分支学科研究、在教学实践研究中的应用等方面都不断有新的研究成果,语言教育学学科在各个方面取得了长足的发展。但是学科相关研究还是存在许多不足,并制约着它的发展,如:语言教育学关注语言教育问题,但不应该仅局限于课堂语言教育,还应该更多地把眼光投向教育政策的制定和管理、语言教育的政治性等外围因素。因此,推动语言教育学向前发展,任重道远。从应用语言学走出来的语言教育学应该充分汲取应用语言学学科养分,在语言教育服务民众、服务国家上发挥更大的作用,同时,应用语言学应该继续做好原本属于学科研究内核的语言教学和语言教育,将"应用"这一原则贯彻到底。

思考与练习

(1) 社会语言学为什么要关注语言生活?试谈《中国语言生活状况报告》丛书的意义与价值。
(2) 话语语言学研究适用于哪些领域?你怎么看"话语语言学"的命名?哪些方法适用于话语语言学研究?
(3) 汉语作为母语教育的研究基础有哪些?
(4) 你如何理解"语言教育学"这一学科的内涵?

第二章
应用语言学视野下的语言社会应用

时有古今，地有南北。物以类聚，人以群分。因应着时空的变化与语言使用主体社会属性、社会活动的差异，语言也被分成了不同的类。这些不同类的"语言"，在人们的社会生活中各有自己的领地，让人们的语言生活丰富多彩，但它们也会碰撞、交融，甚至造成人们社会生活和语言生活的不和谐。本章将从应用语言学的角度来审视这些不同"域"的语言的社会应用。

第一节 地域

"地域"是我们理解人类语言变化和多样化的一个重要因素。人类语言到底是单点起源，还是多点起源，目前尚有争论。但不管如何，由于人类迁徙所带来的语言扩散及语言在不同生态环境中不平衡的发展，是今天人类语言如此多彩的主要原因。

明朝的陈第在其《毛诗古音考·自序》中说："盖时有古今，地有南北，字有更革，音有转移，亦势所必至。"这就是将"时间"与"地域"视为造成语言变化的两大原因。本节我们将主要结合中国的语言，介绍与"地域"密切相关的"共同语""方言""民族语言"等概念，同时涉及这些概念对我们语言生活的影响。

一、共同语

共同语是民族或国家内部共同用来交际的语言。比如，现代汉民族共同语就是以北京语音为标准音，以北方话为基础方言，以典范的现代白话文著作为语法规范的普通话。同时，普通话也是中国各民族的共同语，也即国家通用语言。《中华人民共和国国家通用语言文字法》明确指出："本法所称的国家通用语言文字是普通话和规范汉字。""国家通用语言文字的使用应当有利于维护国家主权和民族尊严,有利于国家统一和民族团结,有利于社会主义物质文明建设和精神文明建设。"

下面主要结合中国的实际情况,谈谈共同语的形成与命名。

(一)共同语的形成

民族共同语通常是在某种方言的基础上形成的,在一个多民族的国家内,某个或某些民族的共同语可以被选择而成为整个国家的共同语。毫无疑问,共同语是为了满足不同方言区、不同族群之间相互沟通了解而出现的。被选择成为共同语的语言或方言,往往在使用人口、文明程度、经济发展等方面具有优势。

华学诚(2003:5)指出,如果以传说中的黄帝入主中原以后形成的黄帝族语言为源头,最迟至夏禹时就形成了华夏族的部落联盟共同语——华夏语,这是汉语的史前母语,也可以称之为"原始汉语",其发源地为黄河流域;原始汉语形成之后,其内部既进一步统一,也不断出现分化,其外部则与其他民族语言不断接触,直至同化。

有文献证明,汉语早在春秋战国之时,就在"分化"而又"统一"的基础上形成了民族的共同语——"雅言"。《论语·述而》所说的"子所雅言,诗、书、执礼,皆雅言也",便是书证之一。中国古代有一本名叫《尔雅》的书,它成书于战国时代,是我国现存最早的分类综合词典。关于"尔雅"这个书名,汉代的刘熙在《释名·释典艺》中解释说:"尔,昵也;昵,近也。雅,义也;义,正也。五方之言不同,皆以近正为主也。"所以一般认为,"尔雅"就是以雅言(标准语)解方言、以雅言(今语)解古语的意思。

中国历来是一个多民族的国家。在春秋战国时代,汉民族的共同语同样也为其他民族所学习、掌握。《左传》记载,襄公十四年,鲁、晋、齐、宋、卫、曹、吴等十四国会盟于吴国向地,姜戎(西戎)首领驹支也过来参加,晋国的范宣子担心驹支是异族,有可能对外泄漏晋国的秘密,不让他参加会盟。驹支立即进行了反驳,他说:"我诸戎饮食衣服不与华同,贽币不通,言语不达,何恶之能为?不与于会,亦无瞢焉。"尔后,"赋《青蝇》而退。宣子辞焉,使即事于会,成恺悌也"。这个故事在一定程度上反映了春秋战国时代的语言生活,当时在晋国南部有不少姜戎移民,他们的语言跟中原华人不能沟通,但自称"诸戎"的驹支竟然能够背诵《诗经·小雅·青蝇》,使得范宣子听到诗句后立即向他道歉。另外,《孟子·滕文公下》提到楚人陈良的文化身份彻底"北方化"的例子:"吾闻用夏变夷者,未闻变于夷者也。陈良,楚产也。悦周公、仲尼之道,北学于中国,北方之学者未能或之先也。"这表明当时的汉民族语言是被其他民族学习的,平田昌司(2016)称之为"华夏通语"。

共同语在发展过程中,会随着社会局势、民族关系以及政权的变化而发生分化、基础方言变化乃至更替。在中国的历史上,汉语共同语在南北朝时期,就随着南北的长期战争、对峙以及晋室南迁,而逐渐分化为北朝通语和南朝通语。北朝通语使用于黄河流域,以洛阳话为标准,而南朝通语使用于淮河以南以及江南北部,以金陵话为标准。南北朝后期的杰出学者颜之推在《颜氏家训·音辞篇》中说:"南染吴越,北杂夷虏。"据鲁国尧(2002,2003)考证,"南"指"南朝通语","北"指"北朝通语",南朝通语受吴越地区的方言影响,而北朝通语则受到北方少数民族语言的影响,北朝通语发展为今天的现代北方官话方言,而南朝通语发展为今天的江淮官话。隋唐时期汉语共同语进一步发展,东都洛阳以其文化的繁荣,而长期被人们视作汉语共同语的基础与标准,直至宋代依然如此。

自永乐十九年(1421年)以来,明清两代的首都虽然一直在北京,但明朝至清中叶,汉语共同语依然有南北的区分,北人用"北音",南人用"南音",泾渭分明,以北京话为标准的北音并未成为全国的共同语。例如:长期活动于中国南方的利玛窦等传教士就很重视南京话,日本的"唐通事"为接待浙闽等南方商人的方便而学习的依然是南方官话,而常有机会赴北京贡物的朝鲜人则很注意学习北京官话。到了清朝中叶以后,北京官话逐渐成为强势语言。

1912年之前，历朝历代都没有正式给标准的口语共同语下过定义，也没有形成严格的规范语法和词典。后来，伴随着新文化运动，国内的变革思潮风起云涌，"言文一致""国语统一"的呼声浩大。经过多次讨论、争论，在二十世纪二三十年代，才明确确定以北京话作为中国共同语的标准。1926年1月的《全国国语运动大会宣言》中有这样一段话：

> 这种公共的语言并不是人造的，乃是自然的语言中之一种；也不就把这几百年来小说戏曲所传播的"官话"视为满足，还得采用现代社会的一种方言，就是北平的方言。北平的方言，就是标准的方言，就是中华民国公共的语言，就是用来统一全国的标准国语。这也是自然的趋势，用不着强迫的：因为交通上、文化上、学艺上、政治上，向来都把北平地方作中枢，而标准的语言照例必和这几项事情有关系，然后内容能丰富，可以兼采八方荟萃的方言和外来语，可以加入通俗成语和古词类；然后形式能完善，可以具有论理上精密的组织，可以添加艺术上优美的色彩。这仿佛是一种理想的语言，但北平的方言，因环境和时代的关系，实已具备这种自然的趋势，所以采定北平语为标准国语，比较地可算资格相当。[引自黎锦熙（2011：16）]

中华人民共和国成立后，我们的共同语被命名为"普通话"。

（二）共同语的命名

语言的命名有不同的方式。一种共同语，因自身历时发展和族际、国际关系等的变化，可能会被人们从不同的角度来命名。这种现象，在汉语作为共同语的称呼上表现得最为明显，也最为复杂。

中华民族的共同语在不同的时代以及域外，有不同的称说方式，先秦称"雅言"，汉代称"通语""凡语""凡通语""绝代语"，明清称"官话"。日本曾将中国的共同语称为"唐话""中国话""清语""北京官话"，朝鲜曾称为"汉儿言语""官话""京语""清语""华音"等。就在当今世界，汉语作为共同语，依然有"普通话""国语""华语""中文"等称谓。

下面重点说说"国语"和"华语"。

"国语"起因于中国现代国家意识的兴起。在民国时期，以"国"为上字的词语很多，老舍先生在其写于1934年的《牛天赐传》中，有这么一句："提倡国货，提倡国术，提倡国医，提倡国语，都得是小学生提倡。"在写于1933年的《离婚》一书中，有这样的话："孙先生是初次到北平，专为学习国语，所以公事不会办，学问没什么，脑子不灵敏，而能做科员，因为学习国语是个人的事，作为科员是为国家效劳，个人的事自然比国事要紧的多。孙先生打着自创的国语向老李报告：'吴太极儿，'他以为无论什么字后加上个'儿'便是官话，'和小赵儿，哎呀，打得凶! 压根儿没完，到如今儿没完，哎哟，凶得很! '"这里面，"国语"就是"官话"，而"官话"是明清时期汉语共同语的称呼。

"华语"与"华人"密切相关。庄妙菁（2005）总结了"华人"与"华语"的历时演变，如下：

表 2-1　"华人""华语"的历时演变（来源：庄妙菁，2005）

	华人	华语
南北朝至清朝	华夏族	华夏族的语言
清末至中华民国	中国人	中国人的语言
20 世纪 50 年代起	海外华人	海外华人的共同语

在民国时期，"华语"是"中国人的语言"，这是与"外国人"对立而言的。《娱乐周报》1935年第1卷第3期上有一则题为《会华语的女星》的报道："好莱坞有一位懂得华语的女星，可是不是黄柳霜，而是环球公司的葛罗莉·史杜爱（Gloria Stuart）。据说她从小在中国长大，父亲是在中国当律师的。她除了懂得华语外，还懂得华文，报纸也会看呢。"《司法公报》1926年

第229期有《人工缮写不如华文打字机》一文,其中"华文"与"西文"对举:"惟本馆所制华文打字机,颇能兼具二美,各界乐用,历有年所,近复锐意改良,制造完备,使用灵便,竟与西文打字机并驾齐驱。"1942年12月25日,张恨水在重庆《新民报》的杂文随笔专栏"上下古今谈"中发表了一篇散文,题目叫《由英人学华语想到国语》,该文第一段话是:"看到英国人学习华语的消息,让我们发生一点儿感想,就是我们自己的国语运动,还嫌不够。"英国人,要用"华语";自己,就要说"国语"。

郭熙(2004a)指出,1949年以后,中国大陆"国语"被"普通话"取代,而在台湾地区,继续使用"国语","华语"也同样受到冷落。

大约在20世纪50年代以后,东南亚发生了天翻地覆的变化,马来西亚、印尼、越南等殖民地纷纷摆脱殖民政府的统治,成为独立自主的国家。此时,当地的华侨就必须在侨居国和中国之间进行"国籍"上抉择。中国政府也意识到了这个问题,周恩来总理在1955年参加万隆会议时宣布,中国政府放弃双重国籍政策,不再把东南亚的华人视为中国的海外公民了。自此之后,马来西亚等国的华人放弃了华侨和中国人的身份,开始自称"华人"。既然华人成了其所在国家的一个族群,就有了"华族";有了华族,也就有了"华语"。当然,这并不是说"华语"这个词产生于20世纪50年代以后,而是由于有了"华族","华语"再一次变更其内涵,不再是"中国人的语言",而是"海外华人的共同语"。到了2016年出版的《全球华语大词典》,"大华语"的定义又有所变化,被改成了"是以普通话/国语为基础的全世界华人的共同语"。这种定义的变化,一方面反映了我们对华语尤其是华语形成过程认识的深化,另一方面也体现了学者们面向"大中华"建构、推进全球华人语言认同的努力。

有趣的是,20世纪80年代后期,隐退了30多年的"国语"一词重新回到人们的语言生活中。不仅学界对这个问题展开一系列讨论,政策层面似乎也有所松动、变化或发展。"国语"在大陆的复苏起因于港台歌曲和影视作品。随着中国的改革开放,两岸关系解冻,港台歌曲和影视作品开始流入大陆,

"国语歌曲""国语电影""国语电视剧"等不断地唤醒"国语"这一名称。

随着时间的推移,"国语"使用的层级不断提高。2017年4月27日,《新疆日报》头版刊发《五问维吾尔青年》一文,作者是新疆维吾尔自治区团委的四名少数民族干部。其中第四问的标题就是《我们有什么理由不学习国语?》,文章说:

> 我们的伟大祖国由56个民族组成,每一个民族都是中华民族大家庭不可或缺的成员。我们拥有共同的中华文化,拥有共同的国语——汉语。只有掌握好国语,才能够更好地了解灿烂辉煌的中华文化,促进民族之间的沟通交流,学习更多的科学文化知识,获得更好的就业、经商机会,认识更多的人,学习他们的长处,不断完善自己。……同胞们,我们想一想,党和政府实施了15年免费教育,开办了网上夜校,村里也在发放双语教材,驻村工作队的干部们也在教国语,我们还有什么理由不学习呢?

至于"中文",在美国、加拿大,以及中国香港使用较多。但据印尼的华文教师反映,近年来越来越多的印尼非华族学生进入原本主要面向华人的华文学校学习。非华族学生进入华文学校学习华族的华语,于情感上多有不便,但将"华文学校"改为"中文学校"就不存在这个问题了。

由此可见,共同语名称的多样性,源于不同的视角、不同的时代,使用环境各不相同,且体现着个人或者群体的情感认同与价值判断。

共同语的选择、命名与建设,是语言规划的核心话题。

二、方言

方言,一般分为地域方言(regional dialect)和社会方言(social dialect)两种。这里主要讲地域方言。

先说"方言"及其内涵。一提及"方言"这个词,人们会自然想起西汉扬雄的《方言》一书。据鲁国尧(1992)考证,直至19世纪末,汉语里的"方言"意指各地的语言,它既包括现在意义的汉语各方言,也包括中国境内的少数民族语言,甚至被用来指称国外的语言。后来词义缩小了,仅指各地的汉语土话。在20世纪,随着中国现代语言学的兴起,专家们袭用传统词,赋予"方言"以新的定义,指"一种语言中跟标准语有区别的,只在一个地区使用的话"。研究方言的学问,就是方言学。

西方的传统方言学是植根于历史比较语言学的。历史比较语言学认为,历史上某一种内部一致的原始语,由于人口迁徙等原因,散布到不同的地域,久而久之分化为不同的语言。各种不同的语言再次分化的结果,就产生同属一种语言的若干种不同的方言。这好像一棵树由树干分化成树枝,由树枝再分化成更细的枝条。这些有共同来源的方言称为亲属方言。

再说汉语方言的区划与分类。汉语方言在地域上的区划,一般分为三个层次:区——片——点,例如官话区——西南官话片——成都话(点)。如果有必要,可以增加到四个层次,即:区——片——小片——点。方言地理学上的层次跟方言分类学上的层次可以相对应,即:区——方言,片——次方言,小片——土语群,点——土语。就第一层次区分而言,因采用标准的不同,分区有差异。一般将汉语方言分为七大方言区,即:北方方言、吴方言、湘方言、赣方言、客家方言、闽方言和粤方言。侯精一(2002)将汉语方言分为官话、晋语、吴语、徽语、湘语、赣语、客家话、粤语和闽语九大方言区,而游汝杰(2004)则分为十大方言区,即除了上述九种之外,又分出了平话方言。根据游汝杰(2004)的划分,汉语各大方言的使用人数如下:

表2-2 汉语各大方言的使用人数(来源:游汝杰,2004)

方言区	官话	晋语	吴语	赣语	湘语	闽语	粤语	客家话	平话	徽语
人口数(万)	66224	4570	6975	3127	3085	5507	4021	3500	200	312
名次	1	4	2	7	8	3	5	6	10	9

需要指出的是,方言也往往随着移民而播迁到世界各地,甚至因远离故土,久而久之可能演变为新的地域方言。比如在东南亚、北美、南美等

地,粤语、闽语和客家话均有不少使用者,个别地区甚至比普通话还要通行。如在印尼的山口洋市,客家话甚至被印尼本地人学习而成为整个城市较为通用的语言。

方言与共同语的关系。我们要充分认识到:(1)从语言的发展渊源看,汉语方言与汉民族共同语都是汉语历史发展的产物,它们之间可比作兄弟姐妹的关系;(2)从语言的性质和内涵看,方言和共同语都具有语言三要素——语音、词汇、语法,都是具有作为一个语言所必须具备的完整体系的语言,换句话说,方言和共同语都是能够独立运用的语言工具;(3)从语言的社会功能看,方言和共同语是互补的,公共场合与公务场合的语言生活以共同语(普通话)为主,但方言在特定场合、特别领域发挥作用,并因其具有独特的文化价值而受到重视;(4)方言是普通话自身不断丰富发展的源头之一,比如普通话词汇中的"尴尬"来自于吴方言,"埋单"来自于粤方言,"有+VP"结构来自于闽方言和粤方言,"不带+你+这样(VP)的"来自东北等地的方言等。

最近,由于语言资源观的深入人心,人们越来越意识到方言作为一种语言文化资源的重要性,重点针对方言的"语保工程"开展得如火如荼。方言与共同语在使用场合、功能上的互补性,也让基于方言的"语言服务"工作得到重视,比如基于方言的基本用字整理及其信息化、强势方言区针对外来人口的基层语言培训等,都是语言应用研究应该持续关注的课题。

三、民族语言

语言是民族的一个重要特征,民族的发展变化对语言的发展变化起着重要的制约作用。世界上很多国家都是多民族国家,不同民族之间要和睦相处,国家要稳定发展,共同语的选择以及各民族语言之间的友好和睦关系至关重要。

中国是一个多民族的统一的国家。在广袤的土地上,分布着56个民族。据2010年的统计,汉族人口约占总人口的91.51%,各少数民族占8.49%。

各少数民族之间的人口数也很不平衡。1000万人以上的民族有2个：壮族、满族；500万—1000万人之间的有7个：回族、苗族、维吾尔族、土家族、彝族、蒙古族、藏族；100万—500万人之间的有9个：布依族、侗族、瑶族、朝鲜族、白族、哈尼族、哈萨克族、黎族、傣族；50万—100万人之间的有4个：畲族、傈僳族、仡佬族、东乡族；10万—50万人之间的有13个：拉祜族、水族、佤族、纳西族、羌族、土族、仫佬族、锡伯族、柯尔克孜族、达斡尔族、景颇族、毛南族、撒拉族；1万—10万人之间的有13个：布朗族、塔吉克族、阿昌族、普米族、鄂温克族、怒族、京族、基诺族、德昂族、保安族、俄罗斯族、裕固族、乌孜别克族；1万人以下的有7个：门巴族、鄂伦春族、独龙族、塔塔尔族、赫哲族、高山族、珞巴族。56个民族在长期的历史发展过程中，在经济、文化各个方面互相依存，取长补短，谁也离不开谁。

在56个民族中，除汉语外，目前已经识别的少数民族语言有120余种。从语言谱系上来讲，这些语言分属于汉藏、阿尔泰、南亚、南岛和印欧五个语系，其中大多数语言属于汉藏语系和阿尔泰语系。关于语系分类的层次，一般区分为语系——语族——语支——语种（具体语言）四个层次。中国是使用汉藏语系语言人口最多、语种最多的国家。中国境内的汉藏语系语言，除了汉语及其方言之外，还有壮侗语族、苗瑶语族和藏缅语族的七十余种语言。

关于汉藏语系语言研究，还有一些未能解决的问题，那就是现代分布如此广泛的汉藏语言是如何在历史上迁徙扩展而成的呢？也就是说，汉藏语的故乡在什么地方，汉藏语的共同时期是什么时候？目前学者们尚未取得一致的看法。根据最早的汉民族文献记载，中华民族的源头（炎黄）起自于羌，而羌应该来自于东亚大陆的西北地区。汉藏语假设所指的时期应该在夏朝以前乃至更早的新石器时代中、晚期，距今4500—7500年。

中国语言状况的复杂性主要表现在以下几个方面：

1. 同一个民族使用不同语言，彼此差别非常大。例如，蒙古语属于阿尔泰语系蒙古语族，但少数新疆的蒙古族使用的图瓦语属于突厥语族，云南蒙古族使用的卡卓语则属于汉藏语系藏缅语族彝语支。回族使用的回辉话属南岛语系印度尼西亚语族占语支,另一部分回族使用的康家语则属于阿尔泰语系蒙古语族。藏族使用的嘉戎、尔龚、木雅、尔苏、史兴、贵琼等语言属于藏缅语族羌语支。彝族使用的彝语属藏缅语族彝语支,而部分彝族使用的布甘语则属于南亚语系越莽语族等。

2. 有的民族使用的语言虽然内部差别不像上面所说的那样大,但是它与该民族使用的母语已经远远超过了该语言已知方言差异的程度,很难再算作该语言的方言。例如,部分藏族使用的白马语远远超出了藏语几个方言之间的差异程度,怒族使用的柔若语远远超过了怒苏语三个方言之间的差异,临高语与壮语之间的差异也大大超出壮语两个方言之间的差异。

3. 有不少少数民族跨境而居,语言也跨境分布。有一定数量的语言在境外是某一民族使用的独立语言,在使用这些语言的人迁徙到境内以后,由于人口不多,长期被包围在人口较多的民族里面,与当地的主体民族和睦相处,且不要求成为独立的民族,但他们使用的语言,在学术上是非常有价值的,我们应该了解和保护。

4. 各民族长期和睦相处,使用的语言在长期的接触过程中互相影响,形成了你中有我,我中有你的局面。有一些语言结构差异很大的语言由于深度接触,语言结构产生了质的变化,形成了非甲非乙的新语言。或者说词汇上基本保持了甲语言的材料,语法上吸收乙语言的框架,这样的语言被称为"混合语"。例如四川甘孜藏族自治州雅江县一带的倒话,是汉藏语言混合而成的,青海同仁县的五屯话则是汉语、藏语和保安语混合的结果。

在中国,与民族语言相关的应用语言学课题,主要有:

1. 少数民族语言文字的创制与信息处理;
2. 少数民族语言国情调查;
3. 少数民族母语使用、语言态度、双语能力及语言教学;
4. 濒危语言的记录与保护。

思考与练习

(1) 什么叫共同语?
(2) 简述汉语共同语发展的历史。
(3) 共同语与方言之间是什么关系?

第二节 领域

语言的功能和价值,最初是在日常的口语交际中实现的。随着人类文明的发展、社会分工的细化和传播方式的演进,语言的使用域日趋扩大,形成了诸多在各自领域内大展身手的"领域语言"。从社会语言学的角度看,"领域语言"即不同交际领域或社会领域内的语言变体(郭熙,2004b)。这是一个涵盖面很广的范畴,主要包括:某些专业性的社会活动领域内的语言,如法律语言;某些特定语言传播领域内的语言,如网络语言;与专业性的社会活动和特定的传播领域均有关的语言,如广告语言。这些语言变体具有突出的应用价值,一直是我国语言应用研究的重要对象。21世纪以来,应用语言学界倡导关注"领域语言生活",建立"领域语言学"(李宇明,2008b),领域语言研究的视野更加开阔,研究的应用意识显著增强,涌现了以《中国语言生活状况报告》"领域篇"为代表的一大批相关成果。

一、文学域

(一) 文学语言和文学领域语言

古往今来,文学自身及其所处的环境在不断地发展变化,但在语言的创造性、个性化使用上,文学始终是最为重要的领域。布拉格学派的代表人物雅克布逊认为,"诗学功能"是语言的六大功能之一。发挥"诗学功能"的不是日常语言,而是文学语言。当作家、写手们在文学创作中遣词造句、谋篇成章时,便形成了瑰丽多姿的文学语言世界。文学语言是风格多样的话语形式,它以审美为主要目的,以情趣想象为构建策略,以二度规约为主要手法。(高万云,2001)文学语言不仅在语言要素、结构组织上特色鲜明,还是使文学成为文学的关键性因素,因此受到语言学界和文论界的共同关注。

需要指出的是,领域语言和语体语言是既有联系又有区别的两个范畴,文学领域语言和文学语言也并不是一回事。如文学语言通常归入文艺语体,而文学评论语言则属于评论语体(刘大为,2015);后者不是文学领域语言的主体,但也应被纳入文学语域研究的范围[①]。

自20世纪80年代以来,应用语言学视角下的文学语言研究硕果累累,但也面临着研究的"瓶颈"。郭熙(2015a)指出,十年来《中国语言生活状况报告》成果丰硕,覆盖到了诸多语言生活领域,却缺少对新时期文学语言问题的讨论。立足于应用语言学的理念和方法,同时综合相关学科,拓展和深化文学语言研究,是当前领域语言研究的一项重要课题。

(二)文学语言研究概述

文学语言研究涉及哲学、文艺学、语言学、心理学、逻辑学等多门学科。其中,文艺学和语言学方向的研究尤为繁荣。应用语言学和其他学科(或分支学科)对文学语言的研究,都有自己的研究子域和学科方法,但彼此之间不应壁垒森严,而应互补互促。

20世纪80年代以来,文学语言发生了重大演变。曹文轩(2003):"八十年代的中国作家,对语言的意义、价值有了超出以往作家的理解……它(八十年代文学语言)的质量,是过去(五十年代初至七十年代末)的文学

[①] 《中国语言生活状况报告(2017)》从语言生活的视角对"中国诗词大会"进行了盘点,其中谈及的嘉宾点评语也可作为口头文学评论纳入文学语域研究。

语言系统无法相比的。"加之当代文艺学的"语言学转向"思潮,"文学语言""文体研究"逐渐成为文艺理论界的关键词,相关成果迭现。例如,文贵良(2009)发现,阿城的《雪山》《湖底》等作品的叙事短句基本没有指人代词、名词充当的主语,并运用文艺学方法论证了这类短句体现了阿城的美学追求:着力突出意象的生动,呈现象外之意。王彬彬(2014)则以《棋王》为例,将阿城的小说语言分为三类:"文言意味浓重的表达""白话书面语"和"很口头很凡俗的语言",随后进行了文艺学阐释,认为这种语言上的雅俗交融与小说人物的外雅内俗、外俗内雅和亦雅亦俗构成深层的呼应。文艺学视角下的文学语言研究,擅长联系文本整体把握作品语言特征,并挖掘其蕴含的思想情感和美学意蕴,而文本的解读是任何文学语言研究都必须重视的。

语言学视角下的文学语言研究,则长于对作品语言的结构特征、运用手法、表达功能进行实证分析。语言学的分支学科中,最关注文学语言的是修辞学和语言风格学,修辞学方面的成果尤为显著:其中从宏观上对文学语言基本属性、表现形式等的研究,归入本体语言学为宜,如《文学语言的多维视野》(高万云,2001);对具体作家作品语言的修辞学研究,属于应用语言学范畴,如《王蒙小说语言研究》(于根元、刘一玲,1989)、《小说语言的线状显象和面状显象》(谭学纯、唐跃,1995)。相比于其他语言使用领域,文学语域更容易形成个人风格。因此,文学语言是语言风格学的重要研究对象,其中的宏观研究可归入本体语言学,而具体作家作品的语言风格则是应用语言学的研究论题。文学语言的规范问题,在20世纪90年代曾形成理论讨论热潮,这方面的研究需要更紧密地与应用结合。

优秀的文学作品历来是本体语言学尤其是语法学的重要语料来源。近年来,语法学者开始以丰富的文学语言为材料,运用当代语法学的理论方法,探讨文学语言特征和语言本体规律之间的关联,这对于应用视角下的文学语言研究也有重要启示作用。如覃业位(2016)以焦点理论解释现当代诗歌中介宾状语后置的语用动因,并论证该现象虽然突破了普通话的具体句法规则，但没有违反现代汉语句法中属于普遍语法的一般原则。沈家煊（2017）对小说《繁花》的语言进行了深度分析，以鲜活的材料揭示了汉语语法层面的本质特点。

（三）应用语言学视角下的文学语言研究

1. 研究意义

文学作品是广受大众喜爱的精神食粮，文学作品的语言对受众的语言使用会产生不可低估的影响。就应用语言学而言，在关注文学语言时，应充分考虑文学语言研究对于大众语文生活的意义。黎运汉、李剑云（1992）曾谈到，研究作家作品语言，"不仅可以供文学创作者采花觅汁、吸取营养，而且有益于提高全民族的语言运用和语言鉴赏水平，从而促进精神文明建设和四化建设"。就目前的研究来看，文学语言研究和大众语言运用之间的结合还不够紧密，而这恰恰是应用语言学需要着力为之的。

例如，网络青春小说颇受青少年追捧，而其中的语言超规范现象也很普遍，这反映了某种语言"原生态"，同时也影响着青少年的语言使用。对于这种现象，刘火（2015）和廖令鹏（2015）基于同一篇文本（《你可以让百合生长》）给出了截然相反的评价。这也表明，上述超规范现象对日常语言生活的影响，还有待于应用语言学具体的调查研究。

2. 研究对象

应用语言学视角下，文学语言研究的传统对象主要是现当代通过纸媒传播的"纯文学"语言。但自20世纪90年代以来，互联网、电视、手机等新媒体的迅猛发展改变了文学创作、传播和接受的方式，推动了文学形态的多元化，这为语言应用研究带来了许多新的课题。例如，许多作家深感文学的困窘现状，纷纷与影视业联姻，于是在小说创作时就将小说剧本化，其主要代表人物是王朔和海岩。有些电视剧的创作未经过小说这一环节，但台词的文学性超越了一般的剧本化小说，如《大明宫词》，以其风格华丽的抒情对白和充满诗意的人物旁白，给观众带来了一场"语言盛宴"。对于这些电视文学语言的特点、得失,目前尚缺乏深入研究。张军(2010)讨论了方言影视剧的题材特点、方言类型、接受度等问题,徐娟(2013)列举了电视剧中的语言不规范现象,提出了改善建议,这方面的研究也很有意义。网络文学、手机文学的异军突起,流行音乐歌词风格的多元化,也都为语言应用研究带来了机遇和挑战。

3. 研究方法

谭学纯(2008)指出,和一般语言研究不同,文学语言研究的阐释路径是从语言到文本,文学语言研究需要语言学和文艺美学的双重经验。这一看法是颇有见地的。应用语言学视角下的文学语言研究,要突破当前的"瓶颈",加强与文艺美学的融通。谭学纯(2002)提出的"话语建构—文本建构—人的精神建构"的广义修辞学方法,便是旨在实现融通的有益尝试。

在文学语言研究中,文艺学较多采用细读感悟和思辨法,而定性研究和定量研究相结合则是应用语言学的特色方法。王培基(2008)谈到,关于语词、句子、辞格、音律、章法等语言风格要素的考察统计分析,是文学语言风格研究的重要环节。这方面的研究仍有很大的拓展空间。以军旅作家李存葆(2002)的散文集《大河遗梦》为例,该作品体现了自觉的语言追求,显现了语言上的精雕细刻,如:

> 山山林林的鹿鸣狼嗥虎啸猿啼,岩岩石石的蜥行虫跳蝎藏蛇匿,江江海海的鱼腾虾跃鲸驰鲨奔,土土缝缝的菇伞霉茸蚓动蚁爬,坡坡岭岭的蔬绿稻黄果香瓜甜,花花树树的蜂飞蝶舞鸟啾禽嘲……

> ……但见百米外的海面上,约有两千余头海豚隐兮现兮,游兮跃兮,水族之军,列阵成方,耕涛犁浪,隆隆倒海,訇訇排山……

作者试图在语言上古为今用,讲求铺陈对称的语言结构,密集使用工丽典雅的语词,属意营造大气磅礴的语势。其中有大量并列四字格:有些是成语,如"虎啸猿啼";有些是四字习用语,如"蜂飞蝶舞";还有许多作者自造的四字语,如"鸟啾禽唰""耕涛犁浪"。分类统计其出现频率、位置,分析其表达功能,有利于更加具体地认识、评价这种"赋体散文"的语言风格。

文学语言研究的发展,还需要加强对语言学理论方法的综合运用。例如,修辞学、语法学对文学语言的研究多集中于句子、句段层面,从篇章语言学角度研究作品语篇的成果尚不多见。在解读文学作品中的方言使用时,社会语言学的语码理论可以发挥更大的作用。

二、法律域

法律是公民最基本的行为规范准则,也是社会有序运行的重要保障。现代社会是法治社会,围绕法律所进行的各项事务,如立法、司法、执法等活动,都对法律文本的语言和相关人员的语言使用提出了更高的要求。法律领域语言研究,具有推动社会主义法治建设的重大意义,无疑是领域语言研究中的重头戏。

邢欣(2003)对"法律语言"做出了如下界定:"在诉讼活动和非诉讼活动法律事务这一领域中应用的语言。"实际上,"非诉讼法律事务"是一个法律术语,泛指一切诉讼程序之外与法律适用有关的事务,一般是律师接受委托,通过诉讼外程序处理的。(袁怀军,2012)因此,上述界定大致相当于"司法语言",不能涵盖立法语言、执法语言等法律语言的次范畴。概括地说,法律语言是语言运用于各种法律活动领域时产生言语的总和。宋北平(2012)将法律语言分为五类,比较全面地涵盖了各类法律活动及其主体:(1)立法语言——制定法的言语总和;(2)司法语言——司法语言活动的总和,如审判语言、检察语言;(3)侦查语言——侦查机关以及检察机关的侦查部门在侦查活动中的言语总和,如讯问语言、司法鉴定语言;(4)执法语言——行政执法机关执法活动的言语总和;(5)用法语言——公民应用法律的言语总和。其中,立法语言和司法语言的应用研究最为集中。

(一)立法语言研究

立法语言是指法律、法规、条约、条例等规范性法律文件使用的语言，多表现为书面文本形式。立法语言具有权威性和规范人们行为的法律效力，因而其自身的规范性、严谨性、可读性尤为重要。立法语言的规范完善问题，是立法语言研究的核心问题。

在我国，应用语言学对立法语言规范完善的研究，最初主要是从纯语言角度，如语法、修辞、逻辑语义等方面入手的，这方面的研究仍在进行。如宁致远(1999)对我国《刑法》《刑事诉讼法》中的一些语言不规范现象进行了分析，提出了建议；张旭桃(1999)以《新法规》月刊为语料来源，分析了因逻辑问题、歧义问题和搭配不当形成的三类法规病句；周晓林(2002)就四部行政法律中的语病进行了解析；谢英(2012)梳理了法律文本中的特定表达格式，并对这些格式在使用中出现的问题进行了探讨。

这些研究对于优化立法语言、增强立法工作中的语言规范意识，都具有积极意义。但也存在较为明显的局限：一是研究视角单一，且多就法条论法条，缺乏宏观层面的建议对策；二是研究中存在将语病现象扩大化的情况。例如，周晓林(2002)认为"当事人对决定不服的，可以申请复议"主语残缺，董秀芳(2003)指出这种看法源于错误的层次分析，即将"当事人对决定不服的"切分为"(当事人+对决定不服)+的"，而实际的层次结构是"当事人+(对决定不服+的)"，其中"的"字短语做后置关系小句，全句合语法。可见，语言应用研究必须以扎实的语言本体研究为基础。

21世纪以来，学界逐渐认识到，立法语言的规范完善不仅是普通语言层面的规范完善，还是法理层面、术语系统层面的规范完善，相关研究自觉加强了语言学和法学、术语学等学科的交叉融合，取得了长足的进展。例如，陈炯(2005)尝试从立法起草的角度构建立法语言学体系。邹玉华、杨阳(2009)提出，应从人本意识、立法技术等方面推动立法语言建设，首倡为《中华人民共和国立法法》专设"立法语言规范化表述"一章。尤为可喜的是，近年来最高立法机关采取了一系列的措施，为法学家和语言学家的沟通搭建对话平台，让他们共同参与立法语言的规范实践。例如：全国人大法工委（即全国人民代表大会常务委员会法制工作委员会）于2007年专门设立立法用语规范化专家咨询委员会，聘请语言学家担任立法用语规范化专家咨询委员会委员。自此，每一部法律公布实施之前都有三名咨询委员会委员对法律草案进行审读。立法机关还出台了关于立法用语的规范性文件，如2009年、2010年全国人大法工委相继出台了《立法技术规范（试行）（一）》和《立法技术规范（试行）（二）》，详细规范了立法用语的使用规则和表示形式。这些举措切实促进了法律语言研究成果的转化，有效提高了立法文本的规范化水平。

在立法语言研究领域，还有一些问题亟待关注，如法律文本的少数民族语言翻译问题。赵晓敏、邹玉华（2010）谈到，在蒙古文中，"担保、质押、扣押"都用同样的词语表达，很难用蒙古语词将它们之间的区别界定清楚。董晓波（2015）也指出，很少有学者研究汉语法律文本转化成我国境内民族语言的传播问题。此外，立法语言语料库的建设也有待加强。

（二）司法语言研究

司法活动是法律发挥作用的主要途径，司法活动中的语言运用水平，直接影响司法效果，关乎司法公正的顺利实现。司法语言研究的基本目标，正在于促进法律工作者在司法过程中更加科学、规范、得体地使用语言，从而为推进我国的法治化进程服务。

司法语言是指法律工作者在司法过程中按照法律规范的要求使用的公务语言。（华尔庚等，1995）司法语言的核心是法庭语言，包括法庭口语和法庭书面语。前者如庭审过程中使用的询问和讯问语言，法庭辩论阶段公诉人、律师使用的控辩语言；后者主要指各种法庭上使用的司法文书语言，如起诉书、判决书、鉴定文书等。

王洁(1997)较早讨论了法庭语言,并引入"言语链"这个术语分析司法人员在法庭上使用的书面和口语文本,具有一定的开创性,论述中也很注重对法律语言实际运用的指导;但研究采用的第一手语料不够丰富,对法庭语言的"问—答"结构及其互动性关注较少。廖美珍(2003)在收集整理大量第一手法庭口语材料的基础上,运用会话分析、言语行为理论展开研究,给出建议,在本体层面和应用层面都很有价值。例如,作者统计了"打断"这一言语现象在自己整理的语料中的出现次数:民事审判中打断总计74次,平均为9.25次;刑事审判中打断总计163次,平均为32.6次,以此说明刑事审判的互动比民事审判更具有冲突和对抗的性质。

随着语言应用研究服务社会的意识不断增强,法庭语言的规范化问题逐渐成为司法语言研究的热点。廖美珍(2009)根据法庭语言使用主体的不同,分别讨论了公诉人、辩护人和法官及其相应司法文书的语言规范问题,重点针对某些语言使用不能充分体现甚至不符合法律精神的情形展开分析,并提出建设性意见,超越了对单纯语言文字毛病的关注,彰显了对法庭语言规范标准的深入认识:符合法律宗旨,体现法律精髓,适应司法改革要求。

普通话不是我国司法领域使用的唯一语码,司法语言生活中存在许多双语双言现象。杨凤仙等(2008)的调查发现:在河南等地的调解活动中,法官常常使用当地话以更好地化解纠纷;在西藏地区,案件涉及的双方当事人既有汉族也有藏族时,法庭语言就要用到藏汉双语;调查认为地方法官应该具备双言或双语能力。赵晓敏、邹玉华(2010)通过调查指出,我国双语法官严重不足。例如,在内蒙古自治区,蒙汉兼通的双语法官只占法官总数的7.5%。

侦查语言研究也是法律语言研究的重要组成部分。我国侦查语言研究的系统化、科学化是从20世纪80年代开始的,其突出标志是邱大任《语言识别》一书的出版。近30多年来,侦查语言研究在理论建设、实证分析和技术研发等方面都取得了长足的进步。例如,岳俊发(2007)指出,侦查语言学应研究和解决侦查全过程中的语言学问题，具体包括言语识别、笔迹鉴定、言语鉴定、询问言语、讯问言语、文书语言等多个方面，这对于侦查语言研究更好地服务于公安实践有重要意义。张婷婷（2016）以真实讯问语料为基础，分析了"隐性不当取证语言"的具体表现，如有罪预设、诱导性提问、逆向同义改述等，指出讯问语言的规范化有利于预防冤假错案的发生，提升司法公信力。公安部物证鉴定中心与北京阳宸电子技术公司合作开发的VS99语音工作站，公安部与清华大学、北京得意音通技术公司联合开发的"司法语音自动识别和鉴别系统"，体现了我国的声纹鉴定技术日新月异的发展。

三、商务域

现代社会须臾离不开商务活动，在社会主义市场经济大发展的背景下，我国的商务事业日益兴盛，商务领域的语言生活也愈加丰富多彩。加强商务领域语言的研究，对于进一步规范市场、繁荣经贸都具有积极意义。商务领域语言的具体表现形态很多，如店名、商标名、商品名、广告语言、叫卖语言等等。下面主要讨论其中的广告语言和产品说明书语言。

（一）广告语言

1. 研究对象

改革开放以来，"广告语言"一直是语言应用研究的一个热点，但不同学者在使用这一术语时，所指往往有广狭之分。最广义的广告语言指广告活动中形成的各种语言文本和非语言文本（如图像文本）的总和，多用于广告学领域；较广义的广告语言指体现广告活动动态过程的语言文本总和，包括广告策划书、广告预算书、广告文案等，多用于写作学领域；较狭义的广告语言指广告创作活动的文本成果——广告文案，或在广告文案基础上形成的广告成品中的语言；最狭义的广告语言指广告标语（广告语）和广告标题。应用语言学领域主要关注较狭义和最狭义的广告语言；其中，对广告标语的研究尤为集中。

于根元(2007)对广告语言的内涵和构成要素作了具体说明:广告语言是广告成品中用于传播广告信息的语言,是介绍商品或者服务的个性化语言,包括商标、广告标语、广告标题、广告正文、广告附文和广告警示语等构成要素。不过,从是否以语言形式在广告成品中呈现、是否具备个性化的角度考虑,广告正文中的某些部分(如电视广告文案中的镜头描写语言)、广告附文等似乎就不是语言应用研究的对象,但它们同样是广告作品形成的语言要素,并能体现某些广告域语言的变体特征。因此,语言应用研究应将广告成品语言和广告文案语言都纳入研究范围。

广告语言的本体特征、创作方式与所使用的媒介密切相关。从传播媒介的类型看,广告语言可分为报纸广告语言、杂志广告语言、广播广告语言、电视广告语言、户外广告语言(如标牌广告、车体广告等)和新媒体广告语言。对于这些广告语言类别的研究并不平衡,如电视广告语言长期以来是研究热点,刘艳春(2004)对电视广告语言进行了较全面的专题研究,张武江(2015)深入讨论了电视商业广告的语体特征,而对于当代语言景观的重要组成部分——户外广告语言,研究方兴未艾。

2. 研究思路

应当说,我国应用语言学界已取得的广告语言研究成果蔚为大观。屈哨兵(2012a)对此进行了清晰的梳理:一是立足于传统的语言本体诸要素对广告语言进行观察研究,如分析广告语言的语音、词汇、语法、修辞等方面的表现,讨论广告语言的规范化;二是借鉴一些较新的本体语言学理论来进行广告语言的观察研究,涉及语用学、系统功能语言学、认知语言学等学科门类;三是运用社会语言学、文化语言学、模糊语言学等边缘学科的理论进行观察研究,如邵敬敏(1993)对广告语言运用中民族文化心理因素的探析。

但是,广告语言研究的应用价值还远未得到充分实现,广告语言研究仍需加强与广告学、市场营销学等学科的融合,增强服务意识,进一步创新、开阔思路。邵敬敏(1993)就曾指出,语言本体角度的赏析式、纠错式广告研究,"多了点学究气,少了点实用价值,太拘泥于一词一句的微观得失,而不够重视语言在广告创意上的宏观控制"。牟章(2005)也谈到,我国广告语言的研究还远远赶不上广告业发展的步伐,不少研究对广告创作中语言表现的指导意义不明显,或者无直接作用。屈哨兵(2014)认为:"广告语言的研究不能老是像马后炮,在成功的广告出来之后才来进行赏析评价,而应该具有预测与前瞻建议功能。"并基于语言服务的理念,具体阐述了"前瞻性""个案性""谱系性"三大研究思路。"谱系研究"提出,将商品品类作为广告谱系建设的基本单位,例如基于饮品系列的酒、茶和水,基于家电系列的空调和洗衣机。再根据商品的性质功能及相关语义系统,结合消费者的选弃意识,从广告语料库中分拣广告语言单位构建谱系,为广告设计提供参考。这代表了广告语言研究强化应用性、追求实证性、增强与业界互动的研究趋势。当然,传统的研究思路也面临亟待研究的新问题。如户外广告中随处可见的"钜惠"一词,便存在字形不规范的问题。①如何引导商家使用规范的写法,值得研究。

(二)产品说明书语言

产品说明书是商务领域的一种常用文体,也是和日常生活高度相关的一种文体。消费者通过阅读产品说明书获知产品的基本信息和使用方法、注意事项等,其语言文字质量直接关乎消费者权益。随着语言生活调查研究的拓展,产品说明书成为语言应用研究的重要文本。

《中国语言生活状况报告(2006)》收入了《产品说明书语言文字使用状况》。该调查表明,我国已颁布关于产品说明书的标准与法规,但不少产品说明书里还存在不少问题,如:汉语缺失、多语种说明书里中文排序在后、使用繁体汉字、语言表达质量不高、信息缺损等。在某些行业,问题说明书的比例仍比较高,如某次随机调查显示药品说明书中,存在问题的占

---

① 根据《通用规范汉字表》,"钜"仅用于姓氏人名、地名,其他意义用"巨"。

43.4%。调查建议在相关法律或规范总则的框架内,制定指向性更强的产品分类说明书。屈哨兵(2007)在该调查的基础上,列举分析了现有说明书规范在内容和表述上存在的不足,呼吁应全面提升说明书语言服务的质量,倡议建立说明书语言使用语料库。以语言服务的理念推动产品说明书研究,有广阔的应用前景。

此外,银行语言成为近年来商务领域语言研究的新课题。如李现乐、沈佩(2015)围绕银行语言服务状况问题进行了问卷调查和实地访谈。调查反映了不少银行语言服务的短板,例如:对于银行员工就理财产品或金融服务所做的业务解释,客户表示"有时有听不明白的情况"的占51.7%;在听不明白的原因中,最主要的是"使用专业术语"(占46%);59%的银行员工认为"几乎不能"或"完全不能"提供特殊语言服务。针对这些短板,调查提出了框架性建议。

四、其他领域

21世纪以来,语言应用研究在医疗、体育等领域也获得了长足进展。

(一)医疗域

徐大明等(1997)较早论及社会语言学在医疗行业中的应用,认为"研究医生如何和病人谈话尤为重要",但长期以来,应用语言学界对我国医疗行业语言缺乏足够的重视。近年来,这一局面有了明显改观,有学者积极通过语言应用研究,为改善医患关系、提高医疗服务质量提供实证支持和具体建议。例如,于国栋(2011)运用会话分析的研究方法,对真实情境下发生的医患交际进行了全面深入的分析,涵盖了"生活方式交流""医疗风险交流""忧虑表述与回应"等语境,深化了对于医疗领域言语交际策略的认识。李现乐等(2014)运用社会语言学的研究方法,对医务人员和患者分别进行了大规模问卷调查,具体了解了医务人员口语服务和书面语服务的整体状况及患者的相关评价。调查显示,医患双方对医务人员礼貌用语和不良语言行为的认识评价差距较大,如70.9%的医务人员认为自己每次都用或经常使用礼貌语言,而认为医务人员经常使用礼貌用语的患者只占52.8%;病历看不清、看不懂的问题较突出,64.1%的被调查患者表示每次或经常遇到这种情况,这些实态数据对于医疗行业提升语言关怀能力具有重要参考价值。医疗术语规范也是该域的重要研究课题,如医疗美容领域存在不少利用虚假专业名词欺骗消费者的情形。2017年3月,由医学名词审定委员会编著的《医学美学与美容医学名词》出版,为医疗美容行业的语言规范提供了重要依据。

(二)体育域

这些年来,中国体育事业的蓬勃发展举世瞩目,同时为应用语言学提出了新的研究课题。例如,体育用语发展迅猛,但体育报道、体育解说的语言质量还有许多有待改善之处;国际级体育赛事的举办,更是对赛事领域的语言服务提出了全方位的要求,这些都有力地推动了体育域的语言应用研究。其中,关于运动员和运动项目指称系统的规范化研究就是一大亮点。《中国语言生活状况报告(2007)》收入了《关于规范我体育团组人名译名的通知》《世界著名运动员人名译名对照》;2008年,全国科学技术名词审定委员会和国家语言文字工作委员会联合出版《奥运体育项目名词》一书。2018年12月,北京语言大学语言资源高精尖创新中心研发完成冬奥术语平台V1版,并交付北京冬奥组委使用。该平台由国际体育领域专业语言服务团队把关、维护和管理,共收集整理冬奥术语数据近8万条,将为语言智能服务提供有力支撑。广义的赛事领域语言服务还包括地名、交通、餐饮等方面的语言服务,这些方面的语言规范也在不断完善,例如为配合奥运会、亚运会的举办,北京和广州曾分别出台《公共场所双语标识英文译法》和《公共场所双语标识英文译法规范》,北京还发布了《中文菜单英文译法》,这些规范的制定和实施,直接推动了国家标准《公共服务领域英文译写规范》(GB/T 30240)的研制和发布。

思考与练习

(1) 如何理解应用语言学视角的文学语言研究与文艺学视角的文学语言研究之间的关系？

(2) 为什么说立法语言规范、司法语言规范都不是单纯语言文字层面的规范？

(3) 说到"酒"，消费者会产生不同的联想，如与亲人相聚的温馨，与朋友痛饮的酣畅，盛酒的杯子透明酒满的情状等，尝试收集一些酒品广告并进行联想归类。

(4) 某则电饭煲说明书对于预约功能，是这样表述的："按'预约/定时'键，预约灯亮，预约时间可以2—24小时设定。"但并未界定"预约时间"；另一则电饭煲说明书写道："本产品预约时间为烹调完成时间，例如现在为中午13:00，想在下午18:00吃饭，只需要设定为5.0，到18:00就可以享用香喷喷的米饭了。"试对这两句表述加以评析。

第三节　主体域

语言的研究在很长一段时间里关注的是"同质"的语言，是"一个完全同质的语言社团中理想的说话人-听话人"的语言（Chomsky, 1965）。结构主义语言学区分"语言"和"言语"，转换生成语言学区分"语言能力"和"语言运用"，这两派均关注前者，而将后者置于一旁。吕叔湘（1980）指出，我们虽常说语言是"人们交流思想的工具"，可是打开任何一本讲语言的书，都只看见"工具"，"人们"没有了，没有讲人们是怎样使用这种工具的。随着语言研究领域的拓展及研究视角的变化，魏茵莱希（或译作"文莱奇"）、拉波夫等学者（Weinreich and Labov, 1968）提出"语言是一个有序的异质体"。"异质是说我们所能观察到的语言是有差异的,有序是指语言成分的分布是有规则可循的。"(祝畹瑾,1992:8-9)

从语言使用者的角度来看,语言的"异质性"主要体现在三个方面:一是同一种语言或变体内部个体之间的异质性,如每个人的发声特点和讲话习惯等;二是操不同语言或语言变体的使用者之间的异质性,表现为整个言语社区不同语言使用者的一致性;三是介于上述二者之间的异质性,如使用某种语言的全体成员因某种社会条件而形成的社会次文化集团之间的差异,这种差异是有规律可循的。社会语言学主要研究第三种差异,本节将在社会语言学视角下从主体域范畴讨论语言的运用。

人作为语言的使用者,如果在性别、年龄、所受教育程度、职业、生活所在地区、阶层、种族、所处的社会网络等任一方面有共同的社会特征,他们就会构成一个不同于其他人群的社会次文化集团。每一个社会次文化集团,都可能有一套区别于其他社会次文化集团的语言变异系统。(陈松岑,1999)对于同一事物或者同一意义,存在着若干种不同的说法,说话人采用这种说法而不采用另一种说法,跟说话人所处的社会次文化集团有关。例如,在大学校园里男同学之间的昵称与女同学之间的昵称有别。女生倾向于"亲爱的"等亲密可爱的字眼;男生则倾向于"哥们儿"这类有阳刚味儿甚至贬义的词。再如,受过良好教育的人受书面语的影响更大,相比未受过良好教育的人,其语言更文更雅。有一点需要注意的是,个体处于复杂的社会网络当中,每个人可以同时属于多个不同的社会次文化集团。例如,一个在北京从事语言教学的年轻女教师,就同时属于女性、青年、教师等多个次文化集团,从而在言语中同时表现出这些次文化集团的特点。语言使用者所呈现的这些语言变异现象,对内起到认同作用,对外具有区别作用。

一、性别

男女在语言上的差异,为大家所熟知的如男性声音低,女性声音高等。这是因为男性声带长而厚，女性声带短而薄。这种因主体的生理因素等引起的语言性别变异不是本节所关注的内容，我们关注的是主体在社会化过程中形成的语言性别变异。语言的性别变异在各种语言或方言中都存在，表现在文字、语音、词汇、语法、语用等各个方面。

男女在语言使用上的差异很早就为人类学家、历史学家和语言学家所关注。罗博尼福特（Chales de Robnefort）在1665年所著的《安地列斯群岛的自然和道德史》一书中记载了加勒比印第安人男性与女性使用不同的语言。（祝琬瑾，2013：135）布龙菲尔德（1997）列举了男女在用词上的差异。例如，美国加利福尼亚北部雅那印第安人使用不同的词语描述同一现象。"火"，男子称'anua，女子称'auh；"我的火"，男子说'aunija，女子说'au'nich'；"鹿"，男子称bana，女子称ba'。在玻利维亚的奇基托语（Chiquito）里，男女有各自的亲属称呼语。如："我的父亲"，男子称ijai，女子称išupu；"我的母亲"，男子称ipapa，女子称ipaki。加拿大蒙特利尔的很多男人说法语时，il, elle, la, le等代词和冠词中的l都不发出来。在泰语中，男子自称为phom，女子自称为chan。

（一）女性语体

20世纪30年代美国出现妇女解放运动高潮，引起语言学者极大的关注。人们开始探究男女话语中存在的音位、用词、句法方面的差异及其原因。70年代大量论述语言性别差异的研究成果出现。莱考夫（Lakoff, 1975）在《语言与女性的位置》中提出了"女性语体"这一说法。她认为女性说话所用的语体比男性委婉、犹豫、含混。莱考夫认为这些差异与社会上男性占主导"权力"和女性相对"没有权力"直接相关，是男女社会地位不平等的体现。具体特征有：（1）更多地使用附加问句，如"John is here, isn't John?"这种句式更寻求听话人的认同；（2）常用闪避词"sort of"（有点儿），"I guess"（我觉得），"I think"（我想）等；（3）常用强化词so, very, really, absolutely等；（4）更多地使用礼貌语言please, thank you, you are so kind等，以及复合祈使句如"Will you please close the door？"等客气的句式；(5) 英语中表示"好极了"可用great, terrific, neat等男女通用的形容词，但妇女爱用charming, sweet, lovely, divine这类修饰词。

莱考夫所分析的女性语言使用特征，虽然不是通过大量的样本定量分析而得，但却提供了衡量女性语言特色的标准。许多语言学者参照此类标准做了大量的研究，获得了大致相似的结论。值得注意的是，女性语体实际上是"无权"者的"无力"体，并不限于女性使用。

(二) 汉语的性别变异研究

汉语的性别差异，在语音上典型而又普遍的就是"女国音"。20世纪20年代，黎锦熙先生曾提到北京女子中学的一些女生把北京话中的[tɕi]、[tɕ'i]、[ɕi]发成发音部位更靠前的[tsi]、[ts'i]、[si]，例如，把坚[tɕiæn]读成[tsiæn]，把"学"[ɕyɛ]读成[syɛ]等等。黎先生把这种女青年中特有的读音称为"女国音"。胡明扬(1988)进而指出，在几十年后的八十年代，"女国音"已经成了一个全国现象。除了"女国音"之外，在元音音位方面男女之间也存在差别。据赵元任(2011)，吴语苏州方言中au韵字（好、俏），女子发音较男子靠前。

语言的性别差异在用词上表现最为明显。如语气词、詈语（骂人话）、强势词、颜色词、感叹词、称谓的使用，均表现出明显的性别差异。对汉语词汇的性别变异现象较早进行研究的是曹志耘，他对口述实录文学《北京人》中语气词的使用频率进行统计研究。在篇幅字数基本相等的男女话语材料中，女性在疑问句和祈使句中使用"吗、呢、吧、啊"等语气词的频率均高于男性，疑问句平均句次比为72%：33%，祈使句平均句次比为48%：28.5%（曹志耘，1987）。再如，日常生活中我们发现，男性使用詈语更直接、更广泛、更经常，而女性往往只是间接地、有限地使用。女性更倾向于使用"最""特别""绝对"等强势词，传递主观夸张的情感，更喜欢用感叹词"哎呀、妈呀"等表示惊讶。（赵蓉晖，2003）另外还有一些口头禅如"讨厌死了""人家"（用以指称"我"）等是具有女性专利色彩的词语。《中国语言生活状况报告（2011）》基于350个男性博客用户与350个女性博客用户的词汇使用情况的对比分析显示，男性用户关心的话题更多与政治、社会等相关；而女性更关心生活、情感、娱乐类话题。

文字方面的性别变异，典型的例子是"女书"。"女书"是在湖南省江永县发现的一种专供女人使用的文字。基于现存的近20万字的女书原件，可以整理出来1000多个单字，代表当地土话的300多个音节。其中源于方块汉字而加以改造的占80%，暂时还不明来历的占20%，学术界把女书看作方块汉字的变异。与汉字不同的是，女书不是表意文字，而是一种单音节表音文字。当地农家妇女多用女书做成七言诗，将自己的苦难身世、结交姐妹的情谊、祈祷祝福、乡间逸事、历史事件、唱本故事等写在自制的扇面、手帕、布面本或纸片上，表达妇女的心声。女书濒临失传，国内外学者正在深入考察研究。（赵丽明、宫哲兵，1990）

（三）语言性别变异的制约因素与语言性别变异的原因

语言中的性别差异，要受到场合、身份、年龄、话题等因素的制约。语言的性别差异在日常生活中表现得更为明显，在正式场合中的性别差异会小一些。因为在正式场合中说话者优先考虑的不是自己性别身份的塑造，而是特定场合中超越性别的特定角色。在身份上处于权势关系上方的语言使用者，其男性化的言语风格特征会更突出。同性之间的谈话往往表现得更随意，而异性之间的谈话则会更委婉和礼貌。不同的年龄阶段，语言性别变异程度也不一样。语言性别变异从模仿、强化建构自己的社会性别开始逐渐形成，在青春期达到高峰，随后趋向平稳，进入老年期后开始降低。男女在兴趣方面的差别导致他们的不同话题选择倾向，而不同的话题分别对应着人类社会生活的不同领域。男性更喜欢谈体育、政治；而女性更喜欢谈论生活和子女，在谈论性时尽量采用回避态度。

探究语言性别变异的成因是一项复杂而艰巨的工作，研究者试图从生理、心理、历史、社会和文化等方面寻求解释，但到目前为止还缺乏一致的看法。从社会层面来看，社会在语言使用上对男女有不同要求，而这些要求主要与其所处的社会地位、所扮演的社会角色相关。人类跨入阶级社会以来，女性就处于附属地位，弱者的心态表现在言语上就是委婉谦恭。从社会分工来看，长期的"男主外女主内"模式让男性有更广阔的表现空间，而女性却只能依靠自身的仪表谈吐来标示自己的身份，语言则成为了女性的"象征性的财富"。过去人们对女性的言语、行为都有不同于男子的要求，如：女子说话要文雅，不许讲某些粗俗的词语，声音要低柔，语气要谦恭委婉等，即使到了今天人们仍然有这样的观念。总的说来，社会文明程度越低，男女社会地位差异越大，男女语言差异也就越大。随着男女社会地位差异的缩小，语言的性别变异也在逐步缩小。

从语言变化发展的角度看，对"女性语言"应给予充分的重视和研究。因为女性的特殊角色（母亲、日常生活活动的主要组织者和承担者、教师等）使女性语言具备了极其顽强的生命力，它的影响和渗透力远远地超过了"男性语言"。从某种意义上讲，"它代表了语言的规范和语言未来发展的方向"（赵蓉晖，2003）。

二、阶层

人们由于生活、工作环境以及文化程度、社会地位的不同形成不同的阶级或阶层，不同的阶级或阶层在使用全民语言时总会把自己的一些意识、爱好或偏见强加给全民语言，从而使语言带上所在阶级或阶层的印记，形成语言的阶级变体或阶层变体（以下统称"阶层变体"）。"阶层变体"这一提法早先是指阶级习惯语，即指不同阶级的人在表达同一意义时词语选择有别。我国古代社会等级制度森严，相同的意义不同的阶级有不同的说法，如对"妻子"的称呼、"死"的说法等。

天子之妃曰后，诸侯曰夫人，大夫曰孺人，士曰妇人，庶人曰妻。……

天子死曰崩，诸侯曰薨，大夫曰卒，士曰不禄，庶人曰死。

——《礼记·曲礼》

语言的阶层变体与语言的全民性不是对立的。语言的全民性指的是语言属于社会的全体成员，而不为哪一个阶层所独有。而语言的阶层变体是全民语言范围之内的有限度的选择，一旦超出了全民所能接受的范围，就会受到大家（包括这个阶级内部成员）的抵制。

（一）国外语言阶层变异研究

语言的阶层差异较早的系统论述，是Bernstein（1962）关于复杂语码（Elaborated Codes）和局限语码（Restricted Codes）的研究。伯恩斯坦将言语体系分为复杂语码和局限语码，并建立了不同的语码体系与社会阶级之间的联系。局限语码具有高结构预测性，即说话者句法可选择的范围大大缩小，正确预测的可能性很大，且词汇也选自一个很窄的范围。局限语码出现在监狱、军队的战斗单位、罪犯等封闭团体，也出现在儿童和青少年伙伴之间以及结婚多年的夫妻之间。凡是社会关系形式是以其成员自觉维护的许多共同性为基础的地方，都会出现这种语码。复杂语码具有低结构预测性，即说话者的句法选择范围很大，用以组织他的典型言语的意义时所用的句法选择很难预测，词汇范围也广，在运用复杂语码时听话者不容易正确估计他在某一时刻可能采用的组织成分。只要对方的个人意图不能被视为理所当然，运用复杂语码的倾向就会出现。中产阶级及其附属阶层中生活的儿童，拥有复杂语码与局限语码这两种语码，而在工人阶级的某些阶层，特别是下层工人阶级中生活的儿童囿于局限语码。随着儿童学龄增长，如果想取得成功的话，朝着复杂语码发展就成为至关重要的了。（祝畹瑾，1985）

微观变异研究的经典案例是美国语言学家拉波夫（William Labov）1962年对纽约市百货公司r音的社会分层研究。该调查基于这样的假设：语音变素r在car, card, four, fourth等词中（元音后的辅音r）存在发音与不发音两种情况，纽约市本地人中有任何两个集团在社会分层的阶梯上处于高低不同的地位，那么他们在发r音上也会表现出相应的声望高低差异。为验证这一假设，拉波夫采用了在同一职业集团中寻找分层的细小实例，选择了萨克司、梅西斯、克拉恩斯三家公司，分别代表高、中、低三个阶层。采用"快速隐秘观察法"获取语音变体的使用情况，在说话人不易觉察的情况下进行调研。具体做法是：调查人假装成顾客，走向调查对象询问该商场中位于四楼（Fourth floor）的某商品部的具体方位。在获得预期的楼层信息"Fourth floor"回答之后，调查人假装未听清，请求对方再说一遍，从而获得Fourth floor这两个词的强调读音。询问完毕之后，调查人走到说话人看不见的地方记下调查的独立变项：公司、楼层、性别、年龄（估计数）、职务、种族、口音情况等。具体情况如下表所示：

表2-3　纽约市百货公司r音分层的总貌（来源：Labov, 1966）

	萨克司	梅西斯	克拉恩斯
部分发 r 音或无 r 音	62%	51%	20%
全部发 r 音	30%	20%	4%

调查结果表明：r音的出现频率和说话人所属社会阶层成正比，即社会层次越高，他们使用r音的比率越大。各公司全部发r音的百分数，社会分层特别明显，具有显著的社会分层作用。在调查中还有一个有意思的现象，萨克司职员的随便发音和强调发音间的变化不如梅西斯明显，即萨克司职员的语音面貌更稳定，"语言安全感"更强。梅西斯职员在发强调词尾r时的百分数接近萨克司职员，随便发音和强调发音之间的变化明显，他们的语音面貌不稳定，在语言上力求向更高阶层靠拢，具有"语言不安全感"。

特鲁吉尔（Peter Trudgill）1972年在诺里奇市的调查进一步证实了拉波夫总结出来的变异模式。特鲁吉尔在英国诺里奇市抽取了60个随机样本进行语音调查。调查他们在念词表、读短文、正式说话、随便说话四种语境中语言变项使用的社会分层情况。结合职业、教育程度、收入、住房条件、居住地区和被调查人父辈的职业六项社会因素,特鲁吉尔将样本划分成五个社会阶层:中中阶层、下中阶层、上工阶层、中工阶层、下工阶层。研究的语言变项之一是动词现在分词的后缀ing的发音。标准形式是[iŋ],用(ng)-1表示,记1分;非标准形式是[in],用(ng)-2表示,记2分。把样本单位的得分加在一起用(ng)的总数相除得出平均分。从平均分中减去1,并乘以100,就得出最后的分值。这样,一贯使用标准读音(ng)-1得到0,一贯使用(ng)-2则得到100。统计结果见下表:

表2-4　诺里奇市各阶层不同语体中(ng)指数计分(来源:Trudgill,1972)

	念词表	读短文	正式说话	随便说话	人数
中中阶层	0	0	3	28	6
下中阶层	0	10	15	42	8
上工阶层	5	15	74	87	16
中工阶层	23	44	88	95	22
下工阶层	29	66	98	100	8

从上表可看出,就每种语体来看,计分从中中阶层到下工阶层逐级上升;而对每个社会阶层来说,计分从念词表语体到随便说话语体是逐步上升的。即阶层越低,使用非标准形式越多;语体越随意,使用非标准形式越多。

麦考利(Macaulay,1995,2002)对埃尔(Ayr)访谈和格拉斯哥(Glasgow)对话中形容词的使用情况进行了研究。结果表明,中产阶层说话者形容词的使用频率高于下层阶层,埃尔访谈中的频率分别为22.41次/千词和11.74次/千词,格拉斯哥对话中的频率分别为34.16次/千词和24.74次/千词。其中评价类形容词的阶层差异,既表现在频率高低上也表现在具体选词上。中产阶层使用评价形容词的频率高于工人阶层,分别为12.88次/千词和8.67次/千词。工人阶层话语中52%的形容词是用于赞同或反对的常用单词，如good, bad, nice等；中产阶层话语中只有36%的此类常用形容词，而更倾向于选择horrendous, horrible, hellish, chauvinistic, unattractive, messy, impressive, interesting, tremendous, fantastic, substantial, impeccable等非常用形容词，而这些形容词在工人阶层的话语中均未出现。Macaulay(2002)重点研究了埃尔访谈和格拉斯哥对话中带-ly词尾派生副词的使用情况，论证了词语与言语策略选择上的阶层差异。

表2-5 派生副词-ly使用频率的阶层差异（来源：Macaulay, 2002）

	埃尔访谈				格拉斯哥对话			
	下层阶层		中产阶层		下层阶层		中产阶层	
	次数	频率	次数	频率	次数	频率	次数	频率
方式副词	28	0.40	82	1.61	11	0.22	32	0.93
时间/频率副词	41	0.58	70	1.38	19	0.38	33	0.96
程度副词	47	0.67	121	2.38	35	0.69	42	1.22
全句副词[①]	76	1.08	174	3.42	92	1.82	197	5.74
really	55	0.79	106	2.08	93	1.85	104	3.03
总计	247	3.52	553	10.87	250	4.96	408	11.88

（频率=次/千词）

如上表所示，在埃尔访谈和格拉斯哥对话语料中各类派生副词使用频率都呈现一致的阶层差异，中产阶层派生副词使用总频率约为下层阶层的3倍。其中差异最大的是方式副词，其次是全句副词。另外，据Macaulay(2002)可知，这种阶层差异不仅表现在成人的言语中，在青少年中也有一致的表现，中产阶层的青少年使用-ly派生副词的频率是工人阶层青少年的

[①] 即sentence adverb，英文中修饰整个句子的副词，比如在"Luckily, I won the awards."中，luckily就是这一类副词。

2倍以上。文章指出，上表的统计数据包括"really"和程度副词这些常用词语，所以不能直接与伯恩斯坦（Bernstein, 1962）的结论相比较。

麦考利认为词语选择的阶层差异的原因在于：中产阶层和工人阶层采用了不同的言语策略，反映了不同阶层的说话者对听话人的不同态度。中产阶层采用的是两种互补策略：一种是用副词和形容词作强调陈述，使他们的观点和态度更明晰；另一种是用各种模糊限制语使自己的陈述更委婉。相反，工人阶层则选择呈现大量的细节和对某些特定成分的专注。两个阶层的言语策略差异不是伯恩斯坦所区分的复杂语码与局限语码之间的差异，而是说明工人阶层比中产阶层的话语更直白。

（二）中国的阶层划分与语言阶层变异研究

中国的阶层划分情况显然与西方根据社会经济标准划分阶级、阶层不同。在历史上，中国的阶级是分明的。1949年前的中国就有地主阶级、资产阶级、无产阶级等，在今天的港台地区仍然有资产阶级和无产阶级的存在，而今天的大陆地区，由于特定的历史背景，一般不用"阶级"这个政治概念。

中国社会阶层发生分化后的范畴如何确定还是悬而未决的问题。在改革前，个人的社会地位并不完全由职业决定，主要受到政治身份，特别是单位因素的影响。但随着改革的深化，单位壁垒的意义逐渐弱化，职业的社会经济地位含义凸显出来。（边燕杰等，2006）研究分层的学者认为，职业是一个决定和反映个人社会地位非常好的综合性指标。因为一个人的职业不仅直接决定其经济收入，也能反映受教育水平，乃至享有的社会声望和地位。在社会分层操作方式未达成一致的情况下，中国社会语言学界多年来采用的是按职业划分阶层。

各职业间的语言差别人们很早就注意到了。中国有句俗谚"三句话不离本行"，就是职业语言的反映。语言职业差异主要表现在词汇上。做同样工作的人互相接触的机会要多一些，因而他们在用词上出现了一些区别于其他工作的人的差别。例如，医生的语言中出现更多的医学术语，而股民的语言中则出现更多的股市和经济类术语。

有关汉语阶层变异研究的案例，较早的是陈松岑（1986）对北京话中"你"和"您"的使用规律的研究。世界上有不少语言，单数第二人称代词都有通称（T）和尊称（V）两种形式①。通过对现代北京话写的八个剧本中的人物对话的分析，探讨第二人称代词通称形式"你"和尊称形式"您"的使用规律。结果表明，"你"和"您"的使用与说话人本身的社会特征、交际双方的社会关系、具体话语语境相关。具体统计结果如下：

表2-6　北京话剧本人物使用第二人称代词形式的阶层差异（来源：陈松岑，1986）

剧中人	人数	尊称（您）	通称（你）	合计	尊称占比
体力劳动者	30	120	181	301	39.8%
脑力劳动者	12	14	226	240	5.8%

从上表可知，体力劳动者（即社会底层）比脑力劳动者（即社会中上层）更多使用尊称式"您"。体力劳动者对与自己年龄相仿，甚至年龄比自己小、关系不密切的同性使用尊称式"您"；只对与自己关系密切、年龄比自己小很多或辈分比自己小的人才使用通称式"你"。这种差异可能是由于：第一，旧社会体力劳动者处于受压迫、受轻视的地位使得他们处处谦卑恭敬，形成了用尊称式指称大多数听话人的习惯；第二，北京话的尊称式"您"最早出现于通俗文学而不是经、史、子、集，"您"比"你"更具北京方言色彩，体力劳动者较少受书面语的影响而倾向于说地道的北京话，因而在指称时更倾向于使用方言色彩的"您"。

进入21世纪，关于我国社会分层结构的学者们曾提出过多种理论。其中陆学艺（2002）以组织资源、经济资源和文化资源的占有状况为标准，将

---

① 参见美国罗杰·布朗（Roger Brown）、阿伯特·吉尔曼（Abbott Gilman）（1960）《表示权势与同等关系的代词》，《社会语言学译文集》，祝畹瑾编（1985），北京大学出版社，北京。

中国社会划分为"十大阶层",这一划分得到社会学界的广泛认同。这"十大阶层"是:(1)国家与社会管理者阶层;(2)经理人员阶层;(3)私营企业主阶层;(4)专业技术人员阶层;(5)办事人员阶层;(6)个体工商户;(7)商业服务业员工阶层;(8)产业工人阶层;(9)农民阶层;(10)城乡无业、失业、半失业者阶层。这十大阶层与语言运用之间有什么直接对应关系,目前未见相关报告。

郭熙、曾炜、刘正文(2005)的广州市语言文字使用调查,尝试使用这种阶层划分探讨普通话语码和方言语码的选择与社会阶层的关系。根据职业把调查对象大体归为三个阶层。阶层一:政府机关公务员、大学教师、外企白领、企事业单位经理主管、工程师、医生、艺术家等。该阶层是今天社会中经济和社会地位都比较高的或很高的群体。阶层二:中小学教师、企事业单位办事员、普通技术工人、个体工商户、私营企业主。该阶层的经济和社会地位一般,大多属于通常所说的工薪阶层。阶层三:农业劳动者、产业工人、维修工、商业服务员、保安、临时工、无业人员。该阶层属于低收入甚至无收入的群体。

调查数据表明,无论是在正式场合还是非正式场合,广州市第一阶层更倾向于使用普通话;第二阶层更倾向于使用粤语;第三阶层更倾向于使用自己的母语。这是因为第一阶层来源更广,接触的社会面更广,使用通用语言的人也更多。而第二阶层中母语为粤语的人占多数,他们是植根本土的。第三阶层的来源也广,但是由于自身条件限制,从事相对简单封闭的工作,导致他们只能固守自己的母语,而不能融入粤语与普通话这个更广阔的世界。

就目前中国社会语言学的研究来看,使用"阶层"这一主体社会因素作为变量的研究也并不多见。研究者往往从实际情况出发,特别关注与"阶层"相关的"职业""受教育程度""工作类型""经济收入"等变量。也有学者关注社会中的某一阶层的语言情况,如工薪阶层、白领阶层、农民工(或外出务工人员)、草根阶层等。

拉波夫等揭示出了阶级、阶层之间有规律的语言差异，指明了具有不同社会声望的语言变体在不同阶级、阶层之间的分布概貌。调查表明，社会经济地位高的阶层并非人人都使用高声望变体形式，社会经济地位低的阶层也非人人都使用低声望变体形式；在语言使用者的阶级地位和语言表现形式之间不存在绝对的对应关系。就单个说话人来看，使用高声望形式或低声望形式也不是始终如一的，所谓的语言阶层变异规律只反映客观存在的概率。

三、年龄

儿童与成人在语言上的差异，最明显的是音色的差异。这种因主体的生理因素而引起的语言年龄差异不是本节所关注的内容，我们关注的是主体在社会化的过程中形成的语言年龄变异现象。语言的年龄变异可以表现在语音、词汇、语法、语用等各个方面。

语言的年龄变异最明显是词汇方面。孩子们有一套属于自己的词汇，这些词大多是口语词，成年人只有在与孩子们对话时，才会用到这些词。例如小孩子经常把单音节的名词重叠一下再说，如"狗狗""凳凳""糖糖"之类。名词重叠之后，赋予了小、可爱、亲切等色彩意义。儿童在习得母语的过程中，还会出现特定年龄段才出现的语法错误类推。随着儿童母语能力的提高，此类语法错误就会消失。

等孩子到了学龄期，跟大人的接触减少，和伙伴们一起玩耍成了他们重要的社交活动，孩子们会表现出与其父母及其他成年人不同的语言特征。跟小朋友交流我们会发现，每个学校的学生都会有自己的流行语或者口头禅，甚至每个年级的流行语、口头禅或者童谣都是不同的。当然，成年人也有自己的话语系统。日常生活中我们都遇到过这样的情况：饭桌上父母在交谈，孩子们从头到尾地听，却一个劲地问"谁""什么""怎么了""什么意思"等等。

一种方言或语言的内部差别中,年龄差异比较明显。当下中国社会普通话的大力普及与社会流动的加剧,使得方言变化速度加快,新的形式并存在旧的形式中,表现为不同年龄段的人方言发音上有差异。以上海话为例,据许宝华等(1982)的研究,上海市不同年龄段的人使用的方言就有不小的差异,就整个语音系统而言,上海的老派、新派以及少年派各有不同,如下表所示:

表2-7　上海老新少三代的语音系统(来源:许宝华等,1982)

	声母	韵母	声调
老派	32个	48个	6个
新派	33个	42个	5个
少年派	32个	36个	5个

李荣、刘丹青(1995:4—5)指出,南京话内部诸差别中,年龄的差别最为突出。语音方面的差别遍及多数韵母、部分声母、个别声调及半数连读变调和几乎全部儿化韵母。有音值的不同,又有音类分合的差别。差别之大,足以令不明背景的人听起来像是不同的方言。刘丹青把这些有差别的人分为四派:最老派——城南80岁以上的老者;老派——55岁到80岁之间的城南方言;新派——25岁到55岁之间的城南方言;最新派——25岁以下城南人的方言,城北中年以下及外来居民改说南京话的也接近这一派,中小学生基本通行这种口音。

青年人的语言状况,不一定代表整个社会语言演变的方向。因此在语言的年龄变异中,要区分两种类型的变异:一种是年龄级差,一种是语言进行中的变化。

1. 年龄级差

年龄级差指同一代人在不同年龄阶段表现出来的语言变化(徐大明等,1997),是指在特定的年龄阶段才会出现的一种语言现象,随特定年龄而出现并随特定年龄而消失的语言差异,具有"改口"和"重复"的特点。例如，钱伯斯（Chambers）在加拿大安大略省南部调查时发现，很多孩子（12岁少年中有三分之二的人）将英语字母z读成"zee"，该读音被受过教育的安大略成人认为是美国音且属于错误的发音。但是当这些孩子长大以后，大多数人都改变了原有读音（20岁以上的成年人只有不到十分之一的人发"zee"音），读成了加拿大本地音"zed"。两个不同年龄群体在字母Z发音上的差异，就是年龄级差现象。再如"女国音"现象，随着女性年龄的增长，到成年以后"女国音"现象逐渐弱化以至消失，呈现改口的现象。

2. 语言进行中的变化

不同年龄阶段的语言使用者在某一变项的使用上存在差异，并且其中老年人的使用情况与以前的历史记录相符，青年人代表这一变项的发展趋势，那么这一变项就处在变化当中，这种不同年龄段的语言差异就是语言进行中的变化。要证明某一变项是否为进行中的变化，最好先调查一个特定的言语社区，10年或20年之后再对该社区进行一次调查。这种利用时间上的间隔从同一对象获取语言材料进行研究的方法称为"真实时间"研究。真实时间研究是在一定的时间后对以前进行的调查再次进行重复性调查研究。较为科学的真实时间研究应是前后几次的调查方法、调查人和被调查人都相同，然而目前较多的真实时间研究都是后人重复前辈学者的调查，只有研究方法一致，而调查人和被调查人都不一样。

代表性的真实时间研究是马岛语音变化研究。马岛是位于美国东北部大陆海岸线外3英里的一个小岛。在马岛人的发音中，right, wife, house, out等词复元音/ay/、/aw/中的元音舌位会有央化的趋势。1963年拉波夫来到这个岛上调查/ay/、/aw/这一组语音项目的变异情况。通过对岛上不同地区、职业、年龄和族群的居民语料的定量分析，拉波夫发现元音央化是一个正在进行中的变化；而且代际比较数据证明，随着年龄的递减，元音央化程度逐步升高。并且认为，如果这种趋势随着时间发展下去，看来一两代人之后那种无央化的发音似乎就要绝迹了。随着时代的变迁，岛上央元音变化情况如何?40年来尚无一项跟踪研究提供马岛语言和社会结构的变化情况。为此,布莱克和乔西(Blake and Josey, 2003)再次来到马岛,重新进行了元音央化的变异研究。为了进行前后对比,作者基本继承了拉波夫起初的研究方法和研究内容。结果发现央化的年龄差异虽然还存在,但是一个显著的变化是:整个年龄组央化的比例越来越低,尤其是青年组央化比例更低。马岛前后40年的调查充分说明,真实时间研究能为我们提供对语言变化和语言面貌的较为全面、深刻的认识。

真实时间研究方法虽然科学,但是操作起来难度很大。研究者通过比较同一时间内特定群体老、中、青不同年龄段语言使用者的语言差异来研究语言演变,这种方法称为"显像时间"研究。显像时间研究是通过比较变项在不同年龄段上的分布差异来了解语言变化的过程,预测其变化趋势。如付义荣(2008)对安徽无为傅村"父亲"称谓的研究。

表2-8 安徽无为傅村"父亲"称谓分布表(来源:付义荣,2008)

年龄	大大		阿爷		爸爸		总人数
	人数	百分比	人数	百分比	人数	百分比	
10—14	2	6.9	0	0	27	93.1	29
15—24	11	36.7	4	13.3	15	50.0	30
25—34	47	68.1	21	30.4	1	1.5	69
35—44	31	59.6	19	36.5	2	3.9	52
45—54	18	72.0	7	28.0	0	0	25
55—64	18	69.2	8	30.8	0	0	26
65+	13	72.2	5	27.8	0	0	18
总人数	140		64		45		249

从上表可知,今天的傅村"父亲"称谓正在发生变化,"爸爸"在年轻一代中最为流行,而"大大""阿爷"也只是在年龄较大的群体中较为流行。傅村"父亲"称谓所显示的年龄分布情况便是"进行中的语言变化"。"阿爷""大大"的形式将逐渐被"爸爸"替代。

造成语言演变和变异的社会动因有很多,但其根本原因在于语言使用者。说话人除因性别、阶层、职业、受教育程度、年龄等差异会造成语言使用上的变异以外,社会关系网络、言语社区、种族、民族等因素也会造成语言使用中的变异现象。随着研究的深入,人们或许能发现一些会影响到语言演变和变异的新的社会范畴;或许也会发现我们所说的一些所谓社会范畴对语言某些部分的演变或者变异根本就没有影响,或至少说没有大的影响。(郭熙,2013a)

思考与练习

(1) 结合实例说明如何看待"语言是一个有序的异质体"。
(2) 如何理解语言的全民性与语言的性别变异、阶层变异、年龄变异之间的关系?
(3) 语言的性别变异,除了表现在口语中的语气词、感叹词、强势词之外,在书面语中是否有体现,请结合材料进行定量分析。
(4) 随着社会流动的增强与普通话的推广,各地方言与民族语都发生了一定的变化,请以你所熟悉的方言或民族语言为例,说明哪些语言项目正在发生变化。
(5) 语言的共时变异优先体现在语音、词汇等方面,请结合实例说明在语法上是否存在性别变异、阶层变异、年龄变异。

第四节　功能域

语言具有多方面的功能，通常被认为是交际的工具、思维的工具、认同的工具、积聚知识和信息的工具、表达感情的工具等。交际功能是主导，受到较多关注。韩礼德（Halliday, 1978）归纳出语言的三个元功能，即概念功能、人际功能、篇章功能。刘润清、文旭（2006）提出了语言的七种功能，分别是寒暄功能、指令功能、信息功能、疑问功能、情感功能、表达功能、施为功能。语言功能观虽有不同，但都从不同角度揭示了语言与非语言因素之间的互动关系。

功能域是应用语言学领域一个较新的概念。丁金国（2004）认为它是使用中的语用类型赖以存在的空间范围，"域"有言语交际发生的场景和功能两个主导性成分，"功能"蕴含着交际意向及由意向所决定的话题。郑荣馨（2006）把功能域概括为语言在运用过程中形成的与其功能相适应的交际领域，大体分为日常交际功能域、社会交际功能域、科学交际功能域、艺术交际功能域。李熙宗（2006）指出功能域不等于社会交际领域，也不仅仅只指空间范围，它包括语言运用、相关的各种功能性因素、与由功能性因素制导而形成的功能分化的语言特点体系的依存互动关系等要素。虽然看法不完全一致，但从中可以发现，语言的功能分化和社会的功能分化存在一定的对应关系，某些语言体式与某些类型化的语境之间存在较强的适应关系。基于功能视角，本节就口语与书面语、正式语体与非正式语体、文言与白话等语言生活中常见的话语体式进行重点介绍。

（一）口语与书面语

口语和书面语是从语体的角度划分出来的语言运用的两大类别。所谓语体，是指"运用民族共同语的功能变体，适应不同交际领域的需要所形成的语言运用特点的体系"（袁晖、李熙宗，2005）。整体来看，口语通俗、质朴，书面语规范、谨严，两者具有显著的区别性特征。

口语和书面语跟口头表达、书面表达分别有着深刻的关联。口头表达借助语音语调传递信息，书面语诉诸文字符号；口语交际的双方往往共时地出现在同一语境中，而运用书面语交际的受话者（读者）一般不会共时出现，甚至其为何人也未必就十分明确和确定；口语交际的说者和听者往往交替互换角色，在应时即景中沟通交流，思考时间十分有限，而书面语交际则具有延时性，表达者有较为充分的时间谋篇布局，组织语言。由于这些原因，口语和书面语各自形成了相对独立的话语体系。

从句子方面来看，口语句式简短、灵活、松散，经常省略句法成分或一些介词、连词等，句法结构简单甚至简陋，语序、词语搭配较为随意，插入语的使用比较常见，话语修正、补充、重复等现象十分普遍。刘德联、刘晓雨（2005）编有《汉语口语常用句式例解》，收录汉语口语常用短句和固定句式500余条，结合运用实例讲解其含义、用法等，从中可以看出汉语口语句式的基本面貌和主要特点。相对而言，书面语的句子一般较长，字数较多，关联词语的使用较为完备，句与句之间的关联度高，复杂的句法结构、修饰成分、并列成分等经常使用，呈现出规整、严密、凝练的特点。冯胜利（2003）还分析了书面语特有的句法运作"双+双"格律模式和特有的"单+单"构语模式，从韵律的角度反映现代汉语书面语语法具有相对独立性的特点。

从词语方面来看，口语中包含着大量全民通用的口语词、惯用语、谚语、歇后语，某些特有的粗俗词语、方言土语，以及很多带有表情成分的叹词、拟声词、语气词、儿化词等。《现代汉语词典》（第7版）对典型的口语词以〈口〉标识，约1000条。施光亨（2012）《汉语口语词词典》精选了人们口头上普遍使用的现代汉语普通话中的词和短语近200条，加以释义并通过例句显示其使用时的语境和语法功能。冯胜利（2003）列举对比了名词、代词、动词、形容词、副词、介词、连词、助动词中很多互相对应和区别的口语和书面语词汇形式。口语词汇平易生动，具有浓厚的生活气息，而相对的书面语词则认真正式，具有鲜明的书卷气息。马明艳

（2017）统计了北京语言大学北京口语语料库和国家语委现代汉语语料库中"啊""吗""吧""呢"等语气词的词频，发现书面语远远低于口语。她指出语气词是区分汉语口语和书面语语体差别的指标性功能。书面语词汇主要包括文言词语、文学词语、专业术语、公务用语等等，散见于浩如烟海的文章著作，更集中于数以千计的辞书词典，数量也十分庞大。

此外，口语和书面语的辅助表达手段也有差异。口语交际主要借助于体态语，包括面部表情、身势、手势以及轻重音、声调等。很多文献都引用过美国著名心理学家、传播学家艾伯特·梅瑞宾提出的著名的沟通公式，即"人类在沟通中全部的表达信息=7%的语言信息+38%的声音信息+55%的肢体语言信息"，从中可以看出体态语在传情达意中所发挥的重要作用。而在书面语中，除文字符号的形体大小以外，起辅助作用的主要是图片、表格、公式等。

口语和书面语有着较大的区别，这是语言长期运用的结果，与此同时，各自也与不同类型的交际领域形成了较强的适应关系。林裕文（1957）、张弓（1963）、郑远汉（1998）、黎运汉（2000）、袁晖和李熙宗（2005）、吴礼权（2009）等阐释了口头语体、会话语体或随意谈话体的表达特点，这是口语的典型运用。同时也有选择、有侧重地描写了公文语体或事务语体、科学语体、文艺语体、新闻语体、政论语体等，这是书面语的典型运用。当然，在不同的交际领域中，书面语的具体运用形式也不尽相同，如公文中的条款式表达和结构复杂的"的"字短语、论文中的专业术语和多重限制性定语、文学中的押韵和审美话语等等。

口语和书面语虽然迥异，但在实际语言生活中，由于特定的交际目的、交际对象等原因，常常你中有我我中有你，交错使用，形成语体要素的渗透现象或融合性语体。比如访谈类电视节目、记者采访、招聘面试、信息咨询、法庭辩论、商业谈判、会场演讲等，由于交际双方、话题或内容等有一定的限制和要求，说话人在用词造句方面往往会更加注意，语流中那些没有实在意义、仅起填补空白作用的"这个""那个""嗯""呃"等词明显减少,书面性的词语如专业术语明显增多,句子也明显加长,在展现口语特点的同时也带有书面语的性质。再如一些面向少年儿童的科普读物,也会注意尽量选用短一些的句子,用口语词替换专业术语等,书面语中透露着口语的气息。

有些文学作品虽然是书面的形式,但却运用了很多口语的成分。有些作家还因为擅长在作品中运用口语成分而形成了自己的风格,如老舍、赵树理等。口语常用来塑造普通老百姓的人物形象,如下文描写一位乡下父亲对回乡儿子多方面的"训诫":

以后回家的路上,见了认识的街坊邻居都打个招呼,不知道叫啥没关系,村上的人可都记着你呢!

二爷给你烟抽,你不抽就算了。干啥非抽你的,就你烟好?你让他老人家的脸往哪搁!

你到大姨家去,你姨父给你倒水,你喝一口能咋样,嫌不干净?就是不干净喝一口能咋样?

前街王婶问啥时回来的,你说"昨个"不就行了,还"昨天晚上",撇啥腔?以后说话先想想村里人咋说,才出去几天,舌头就不会打弯了。

你和你娘到南坡谷地里锄草,你锄倒了多少谷子!你娘多疼得慌!这些苗长这么大容易吗?你嘻嘻哈哈还不当个事!

你四叔说让你帮着打听打听给柱子找个活,乡里乡亲的,啥不好办,不好办也得办!

前些年不是你四叔帮衬着,咱家能有现在?

你那西服到家就脱了,穿着那东西出去能方便?不穿就不知道你是城里人?就不知道你是干部了?穿个大裤衩子不丢人,自己得劲不就行了?

你娘给孙子买的零食,你咋又退了,啥假不假!孙子高兴你娘不欢喜吗?农村里就这东西,平时就这也没人舍得买!

孙子挑食你得管管,肥肉不吃,鸡蛋不吃,吃那些个方便面有啥好处,能跟吃个馒头好?当着你媳妇的面我不好说,你也不管,你这是疼孩子?

下回你再别偷着给你娘钱,我估摸着你媳妇也不知道,我们老两口身子还硬硬梆梆,吃喝不愁,因为这事你俩再闹起来,还让俺俩咋个活!

上回你媳妇给你娘捎回的甘油挺好使,你娘冬天手老裂口子,拿回的那些你娘舍不得用给了人家一些,下回再捎点回来。什么"黄金""白金"的都别拿,庄户人家也用不着。

乡亲们都夸你懂礼数,有出息,你也别高兴。你自个儿在外头,除了爹可能没人跟你说这些,真有这么说你的,你得好好听,好好干,好好跟着人家,别老听好话,那些人没安什么好心。

平时有空多打电话,让孙子跟你娘多说几句,少用手机打,那东西贵,记住了?

(卧牛角《训诫》)

(二)正式语体与非正式语体

正式语体与非正式语体是根据不同场合运用语言所形成的话语类型。"场合是指与一定的交际目的、范围、对象和方式相关的时间、地点、情况,它有公开与非公开、正式与非正式、庄重与随便、喜庆与悲哀之分","不同的交际场合对语言表达的要求是不同的"。(黎运汉、盛永生,2006)人们通过口头或书面的形式进行言语交际时,通常会自觉或不自觉地注意交际场合的具体情况。在什么场合说什么话,已成为得体修辞的基本原则之一。

关于正式与非正式,冯胜利(2010)认为是调节交际关系距离远近的语言机制,说话者可以采用改变速度、声调、语气、词汇、说法、结构等语音和语法手段,来表现、确定和改变与听者的距离;"推远"就用"正式严肃体","拉近"就用"亲密随意体"。这种看法契合言语表达的客观实际,不无道理。正式与非正式的差别也就主要表现在语音、词汇、语法、语篇结构等方面。话语表达越正式,语音越清晰、干净,语气越认真、严肃,用词越书面、专业,句法越规范、复杂,语篇结构越严谨、完整。"天很晚了,爸爸还在打麻将,妈妈还在上网","夜已深,爸爸依然在思考信息不对称状态下的动态博弈,妈妈在研究人工智能与情感供给侧的新兴组合",两句相比,后者显然比前者更为正式。

　　正式与非正式是相对而言的,虽然有明显的区别,但也未必非此即彼、截然分离,其间也存在中间状态。在这方面极具参考价值的是美国文体学家马丁·裘斯(Martin Joos)于1962年出版的《五只钟》(*The Five Clocks*)。他在书中用五种"使用变体"来说明英语,并形象地把它们比喻为"五只钟":庄严体(Frozen)、正式体(Formal)、商议体(Consultative)、随意体(Casual)、亲密体(Intimate)。庄严体非常雅致、庄重,语言艰深,主要用于具有象征性和历史意义的场合,如法律条款、历史文献、议会及重大的国际会议文件等;正式体表达严谨,语义连贯,往往在比较重要的场合使用,主题比较严肃,如商业洽谈、外交等;商议体是一种日常办事语言,一般在跟陌生人交往、在商店购物、旅游等场合使用;随意体多用于朋友之间的闲谈及书信往来,省略和口语化的表达较多;亲密体只能在家庭或非常亲密的朋友之间使用,语言的内容背景只有交际双方熟悉、理解。秦秀白(1986)把前两者称为正式文体,把后三者称为非正式文体。从中可以看出,正式与非正式所反映的是交际场合和交际话语的正式度由高到低或由低到高的渐变性、连续性。

　　交际话语的正式度跟言语表达方式有一定的关系。一般来看,书面表达的正式度要高于口头表达。相同或相近的内容,口头发出的消息、通知、邀请、要求、请求、指示、提示、规定、声明、广告、警告,讲述的故事、事件,发表的论述、观点等等,其正式度相较于对应的书面表达都偏低。就相同的表达方式而言,粗略地看,口语交际中熟人间日常的闲聊正式度很低,一般性购物、问询、咨询、专题性谈心、访谈、座谈、商贸洽谈、法庭辩论、外交磋商等等,正式度有增强趋势;书面语交际中,便条、日常邮件、小贴士的正式度较低,日记、广告、随笔、娱乐新闻的正式度有所提高,文学作品、报刊社论、信函、协议、合同、学术论著、法律文本等等,正式度很高。

在现实语言生活中,要特别注意话语跟场合正式度的匹配与吻合,避免不协调、不得体的现象发生。例如在某庭审现场,为核实被告的作案时间,审判长脱口一句"把死者李某某的老婆带上来"就很不正式,应该是严肃、规范的"传证人某某某到庭"。而在高校校园内,一些常见的启事、告示却让人觉得较为得体,例如:

"古代文学"笔记你在哪里?马上要考试了,没有你我怎么办?弄丢你是我的不对,但你也要记得找我啊,第一页上就有我的姓名和电话啊。希望好心人能及时把你送回来,感激不尽啊!

亲爱的同学:去年春天我答应我老婆带她去看花,到现在已过去一年多,所以明天(周六)哥打算带着老婆孩子去赏赏花儿,关门歇业一天。不然,搞得哥像是那种说话不算数的人似的。不便之处,敬请谅解。周日开门营业。

××麻辣香锅

3月17日

两例虽然属应用文体,正式度较高,但表达者的话语却是口语化的,显得不够正式,然而正是这种较为随意的话语拉近了与读者(大学生)的心理距离,让大家觉得很亲切。这样的表达与充满青春气息、思想活跃开放的高校校园场合也是契合的。另外,表达者有时也会故意调整话语的正式度,充分利用人为制造的表达偏离,来取得幽默等修辞效果,例如以下招聘启事:

为了保证国家的小麦颗粒归仓,为增产增收做贡献,特面向全社会公开招聘以下英才,以组建纯手工、专业化的收麦团队!

1. 割麦主管3名,要求三年以上割麦经验。

2. 扎捆师傅1名,两年工作经验。

3. 架子车驾驶员3名,三年以上驾驶经验,能熟练操作麦场转圈技术。

4. 拾麦姑娘或孩童10名，女汉子优先！

5. 碾麦技术员2名，无技术要求，能拖动石滚开跑即可！

6. 扬麦人员数名，扬麦技术务必娴熟！

7. 另聘装口袋、撑口袋阿姨2名。

工作环境：阳光明媚，视野开阔，金色麦浪，随风吹动。如此优美环境，也许还会发生一段艳遇，纯属额外福利，本公司不收取额外费用。

以上职位一经录用，待遇优厚！另外赠送老干妈半瓶、雪碧半瓶、冰糕两块。割麦之余，团队还组织多种娱乐活动，如拔草比赛、集体捉蚂蚱等，是无数单身青年的最佳选择！

麦收工作即将进入白热化，请互相转告，大力推荐。欢迎报名，期待有你！

（http://www.gongyi.ccoo.cn/forum/thread-9185787-1-1.html，访问时间：2019-10-12，有删改）

（三）文言与白话

文言和白话可以看作是从语言风格的角度对话语类型进行的区分。语言风格是运用语言所形成的气氛和格调，在我国传统的文体学中早有论及。曹丕《典论·论文》指出了不同文体的不同风格："奏议宜雅，书论宜理，铭诔尚实，诗赋欲丽。"刘勰《文心雕龙·体性》归纳了八种语言风格："一曰典雅，二曰远奥，三曰精约，四曰显附，五曰繁缛，六曰壮丽，七曰新奇，八曰清靡。"从风格的角度来看，文言庄重、典雅，白话通俗、平实，两者具有不同的气质。20世纪30年代初，胡适就拒绝朋友推荐工作一事请学生们拟一份电文，借以比较文言和白话的优劣。学生所拟最短的电文是"才疏学浅，恐难胜任，不堪从命"，胡适拟出的白话电文是"干不了，谢谢"。姑且不论两句话的交际效果，其雅俗之别还是非常明显的。再如当下的流行语跟对应的文言句，其差异也主要表现在风格方面：

表 2-9　流行语与文言句的对应

流行语	文言句
心好累。	形若槁骸,心如死灰。
辣眼睛!	以目尝之,其味甚辛!
秀恩爱,死得快。	爱而不藏,自取其亡。
不要在意这些细节。	欲图大事,莫拘小节。
重要的事情说三遍。	一言难尽意,三令作五申。
你不是一个人在战斗。	岂曰无衣,与子同袍。
我的内心几乎是崩溃的。	方寸淆乱,灵台崩摧。
我读书少,你不要骗我。	君莫欺我不识字,人间安得有此事。
世界那么大,我想去看看。	天高地阔,欲往观之。
人要是没有理想,和咸鱼有什么区别。	涸辙遗鲋,旦暮成枯;人而无志,与彼何殊。

关于文言与白话的界定及相互关系,吕叔湘(1944)、张中行(1988)、徐时仪(2007)、江蓝生(2008)等进行过梳理和分析,大家的认识基本一致:对于什么样的语言材料是文言或者白话,抑或文白夹杂,现实中的分歧并不是很大,但对文言和白话进行准确地定义却存在不少困难。简单来看,文言和白话是汉语书面语中同源异途的两种类型,都是在先秦两汉甚至更早汉语口语的基础上发展而来,只是文言在形成后衍变趋缓,其词汇和句法系统经过雕琢后更趋庄典,而白话则随着社会的变迁而变迁,随着口语的发展而发展,通俗特色不减。东汉以后,文言跟白话有了很大的不同。纵观两千多年的汉语发展史,由文而白、由"文+白"至"白+文"的脉络或轨迹十分清晰。

"五四"新文化运动以来,白话文取得了巨大胜利,占据了中国现代语言生活的绝对主流位置。纵然如此,依然有相当数量的文言成分被现代汉语吸收、保留,包括词汇的、语法的,以《现代汉语词典》(第7版)为例,其收录的文言词就有5000多条。孙德金(2012)详细分析了"其、之、于、以、所"等具有代表性的文言虚词和"以……为……、名+动、动+动"等文言特色结构在现代汉语中的运用,从中人们可以真切感受到文言的顽强生命力。也许如索绪尔(Ferdinand de Saussure)所言,"在任何时代,哪怕追溯到最古老的时代,语言看来都是前一时代的遗产"。(索绪尔,1982)

在我们的语言生活中,文言正因其凝练、典雅的特色而在现代汉语的书写系统中存续着。在现代公文中,文言用语最为常见,如表称谓的"本、贵、该",表领叙的"据、奉、悉",表经办的"经、业经",表承转的"为此、有鉴于此",表祈请的"烦、希、尚祈、为盼",表征询的"妥否、当否、如无不妥",表受事的"蒙、承蒙、为荷",表判断的"系、确系",表时间的"兹、顷、即、嗣后、届时、逾期、亟待",表报送的"呈请、送达",以及结尾用语"特此、此复、此命、特告、谨致谢忱"等。

在文学创作中,有些作家擅用文言词语状物写意,展现古朴典雅之美。鲁迅在《人生识字糊涂始》中写到:"假如有一位精细的读者,请了我去,交给我一支铅笔和一张纸,说道,'您老的文章里,说过这山是"嶙嶒"的,那山是"巉岩"的,那究竟是怎么一副样子呀?您不会画画儿也不要紧,就勾出一点轮廓来给我看看罢。请,请,请……'这时我就会腋下出汗,恨无地洞可钻。因为我实在连自己也不知道'嶙嶒'和'巉岩'究竟是什么样子,这形容词,是从旧书上抄来的,向来就并没有弄明白,一经切实的考查,就糟了。此外如'幽婉''玲珑''蹒跚''嗫嚅'之类,还多得很。"这段话反映的是文学词语的艺术性、模糊性,但我们也可以从一个侧面看出文言词语在文学语言中的流传。此外,在大学的校训里,在广告语言中,在新闻的标题里,我们都会经常发现文言的踪影。而在一些特别庄严的场合,文言甚至成为言语表达的最佳选择,如撰写碑铭、祭文、史志等。

客观地说,在现代语言生活中,文言文的常规交际功能已明显减弱,但不能忽视的是依然有创作者钟爱文言,在执着追寻文言文的创作之路。对他们来说,文言承载着典雅、文化、修养、精华,而运用文言创作体现了他们独特的文化态度、精神情感和语言价值观。如著名国学作家刘黎平(2017)(公众号"刘备我祖"),坚持用文言书写当代列传,把当下的热点事件、人物写成现代版的《新史记》,吸引数十万读者关注。

近年来，随着国家和国人对文言的重视和母语教育水平的提高，越来越多的中小学生尝试用文言进行写作，出现了不少佳作，就是在高考中也出现了多篇高分甚至满分的临场作文，如2001年蒋昕捷《赤兔之死》、2003年耿亮《转折》、2007年高志远《吊李白歌并序》、2010年王云飞《绿色生活》等。我们不是复古主义者，决不提倡回到历史上的文言时代，但学习文言文，从文言中汲取精华，鼓励能力突出者用文言进行写作确是应该支持的。回顾历史，新文化运动也将过去百年，也许在很多前辈、长者或成年人的心目中，文言依然是陈腐、艰涩、落后的，但对于当今的青少年特别是中小学生来说，白话文表达司空见惯、再普通不过，能够运用文言进行写作则充满新意，是对白话文的一种突破。

思考与练习

（1）你认为什么是口语和书面语？各有什么特征？
（2）除了口语和书面语，你认为语言的功能变体还有什么类型？具有什么特征？
（3）梳理一下，举例说明口语和书面语的交错运用有哪些情况？
（4）请分析本章引用的《训诫》一文中的口语成分。
（5）你认为可以从哪些方面分析和描写交际场合的正式度？
（6）你认为可以从哪些方面分析和描写正式语体和非正式语体？
（7）请就话语正式度分析以下三幅图片中的话语：

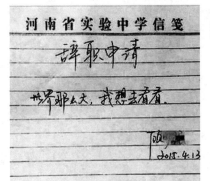

(8) 梳理一下，举例说明文言和白话在现代汉语中的运用情况。

(9) 设计一份小问卷，调查一下当下大学生对文言的认知认同度及其应用观。

第三章

语言服务

第三章

治請訓衣

第三章 语言服务

语言服务是在国际化、市场化、信息化、超母语化背景下产生的一种带有定向特征的语言需求。它不仅涉及语言教育、语言规划等,也和广义的社会语言学及语言信息处理、计算语言学等关系密切。

语言服务通常包括四个方面的内容:一、语言翻译服务,这是目前使用语言服务这个概念最多的一个领域;二、语言教育服务,也叫语言培训,提供的是一种能使人们获得某种新的语言能力的服务;三、语言支持服务,主要指各种依托互联网技术平台建立起来的网络语言服务;四、特定行业领域的语言服务,主要是指在社会的各种行业场景中,为了提高交际效率,达到行业运作的目的而实施的一种语言服务,比如广告语言服务、导游语言服务等。(屈哨兵,2012b)

本章将围绕技术发展与语言经济,重点介绍语言科技、语言产业和大数据时代的语言文字。

第一节 语言科技

一、语言智能

当今社会进入了一个信息化的时代,信息技术已融入人们的工作和生活,这对社会发展起到了极大的推动作用,同时也给生活带来了很多便利。随着信息技术的飞速发展,计算机处理自然语言的能力也在不断提高。20世纪40年代,电子计算机问世不久,人们就开始了机器翻译试验。经过大半个世纪的共同努力,以语言学、计算机科学、数学、认知心理学为基础的一个崭新的研究领域——语言信息处理,蓬勃发展起来,并逐渐形成了一个新的学科分支,涉及文理工多个学科,成为世界范围内的热点课题。

当今是信息爆炸的时代，人们日常需要接触和处理的语言信息数量惊人，仅靠人力已经难以应付，因此迫切需要借助计算机来处理这些海量的语言信息，以提高工作效率。所以，语言信息处理的目标并不仅仅是实现通过自然语言进行人机对话，还需要让计算机在一定范围内代替人完成各种以自然语言为对象的复杂工作任务，比如文字识别、机器翻译、信息检索、信息过滤、语音识别与合成等等。

(一) 文字识别

文字识别是模式识别应用的一个重要领域，是对文字进行扫描并转换成计算机内码的过程。其工作原理是通过扫描仪或数码相机等输入设备获取文字、表格、图片等信息，分析文字形态特征，判断出文字的标准编码并存储在文件中。文字识别可应用于许多领域，如阅读、翻译、文献资料的检索、大量统计报表和卡片的汇总与分析、各类证件识别、办公室打字员工作的局部自动化等。

文字识别是中文信息录入的快捷手段。与其他信息载体相比，文字具有便于信息保存和传递的优点，使信息在时间和空间上得以迅速扩散。例如，文字识别已经被用于古文献研究与保护方面。我国历史悠久，文化丰富，现今留存了大量的珍贵古籍文献，有着特殊的历史意义和重要的学术研究价值。利用文字图像切分、汉字特征提取以及图像匹配技术解决古文献研究中的一些问题，尤其是解决古文献版本差异性研究中的问题，不仅能为古文献研究者提供很大方便，而且有利于古文献数字化和古文献的保护。同时，由于在利用计算机技术解决古文献研究中的一些问题时用到文字图像切分技术、文字图像匹配技术，涉及图像分割、机器视觉、统计理论、模式识别等领域，所以在古文献文字图像切分与差异性比对的研究中不仅有助于提高古文字图像的切分准确率、图像匹配的准确率，也有助于图像分割、机器视觉、统计理论以及模式识别等领域的发展，同时也有助于艺术字还原、数字签名、计算机辅助教学等应用领域的进一步发展。

(二)中文分词

词是最小的能够独立运用的有意义的语言单位。英文单词之间是以空格作为自然分界符的,而汉语的词语之间没有明显的分隔标记,因此,中文分词是中文信息处理的一个重要话题。简单地讲,中文分词就是利用计算机将待处理的文字串进行过滤处理,输出中文单词和数字串等一系列分割好的字符串。中文分词是其他中文信息处理的基础与关键,机器翻译、语音合成、自动分类、自动摘要、自动校对、信息检索、语料库语言信息标注等等,都需要用到分词。

常见的分词方法主要有三种:

(1) 基于字符串匹配的分词方法。该方法又被称为机械式分词方法或基于词典的分词方法,它是按照一定策略将待分析的汉字串与一个机器词典中的词条进行匹配,若在词典中找到某个字符串,则匹配成功。根据扫描方向的不同,又可分为正向匹配、逆向匹配和双向匹配。常见的匹配原则有逐词匹配、最大匹配、最小匹配和最佳匹配。这种方法的优点是算法简单、易于实现,缺点是匹配速度慢、存在歧义切分问题、缺乏自学习的智能性。

(2) 基于统计的分词方法。该方法基于人们对中文词语的直接感觉,在中文文章的上下文中,相邻的字搭配出现的频率越多就越有可能形成一个固定的词。该方法首先通过对中文语料中相邻共现的各个字的组合的频度进行统计,计算不同字的共现信息;再根据两个字的统计信息计算它们的相邻共现概率,体现了汉字之间结合的紧密程度,当紧密程度高于某一个阈值时,便可认为此字组可能构成一个词。

(3) 基于理解的分词方法。该方法又被称为基于人工智能的分词方法,其基本思想是模拟人脑对语言和句子的理解,达到识别词汇单位的效果。该方法的基本模式是基于句法、语义分析,通过对上下文内容的分析来确定词。该方法通常包括三个部分:分词子系统、句法语义子系统和调度系统。在调度系统的协调下,分词子系统可以获得有关词、句子等的句法和语义信息来对分词歧义进行判断。(张丹,2012)这类方法试图让机器具有人类的理解能力,需要使用大量的语言知识和信息。

中文分词算法的难点主要是未登录词的识别问题和歧义问题。未登录词主要包括中外人名、中国地名、机构组织名、事件名、货币名、缩略语、派生词、各种专业术语,以及在不断发展和约定俗成的一些新词语。

(三)机器翻译

机器翻译指用计算机自动将一种自然语言转化为具有完全相同含义的另一种自然语言的过程,是人工智能领域和自然语言处理中的一个重要任务,并与句法分析、语义理解和自然语言生成等计算语言学核心理论课题有着紧密的联系。随着通信技术和互联网的飞速发展,不同国家之间的联系更加紧密,人们对于跨语言交流的需求急剧增加。传统人工翻译能够提供高质量的翻译结果,但代价很高,亦不能满足广泛的翻译需求。因此,基于人工智能技术,通过计算机进行不同语言、文本的翻译转换,越来越引起人们的广泛重视,而机器翻译技术正是实现自动翻译,解决人们越来越普遍的跨语言交流的有效方式。(杨南,2014)

从第一个现代机器翻译原型系统问世至今,机器翻译经历了四个不同的历史时期:

1954—1966年的高期待期。1954年美国IBM公司和乔治敦大学合作开发了第一个机器翻译原型系统,成功将四十多条俄文句子自动翻译成英文。这标志着现代机器翻译的开端。从20世纪50年代开始到60年代前半期,机器翻译研究呈不断上升的趋势。美国和苏联两个超级大国均对机器翻译项目提供了大量的资金支持,而欧洲国家也对机器翻译研究给予了相当大的重视,机器翻译一时出现热潮。

1967—1976年的沉寂期。1966年美国科学院自动语言处理咨询委员会(Automatic Language Processing Advisory Committee,ALPAC)的一份报告指出,十几年来的机器翻译的研究未能达到预期的成果,机器翻译速度慢,准确率低,比人工翻译花费大,且不能马上使用,短期内不会取得突破性进展。从此,机器翻译研究走入低潮。

1976—1989年的复苏期。基于规则的机器翻译开始被人们重视。语言学家根据经验,人工地整理出词法、句法等规则,将其用于机器翻译。

1989至今的繁荣期。自20世纪80年代末起,随着计算机处理数据能力的不断增强,大量双语平行句对被收集整理,形成双语平行语料库。基于语料库的机器翻译的核心思想是从双语平行语料中自动地学习和构造翻译知识,然后将其运用于翻译过程中。基于语料库的机器翻译方法逐渐成为机器翻译研究的新走向。(奚宁,2013)

中国开始机器翻译研究并不晚,早在1956年,国家就把这项研究列入了全国科学工作发展规划。1957年,中国科学院语言研究所与计算技术研究所合作开展俄汉机器翻译试验,翻译了9种不同类型的较为复杂的句子。中国机器翻译研究在60年代中期以后一度中断,70年代中期以来有了进一步的发展,很多科研机构都在进行机器翻译的研究,上机进行过实验的机器翻译系统有十多个,翻译的语种和类型有英汉、俄汉、法汉、日汉、德汉等一对一的系统,也有汉译英、法、日、俄、德的一对多系统。此外,还建立了一个汉语语料库和一个科技英语语料库。中国机器翻译系统的规模正在不断地扩大,内容正在不断地完善。

科大讯飞公司在中国智能语音与人工智能产业中走在前列,在语音合成、语音识别、口语评测、自然语言处理等多项技术上拥有国际领先的成果。2016年,科大讯飞推出了多语翻译系统,轻松实现跨语言交流。2017年推出的讯飞翻译机2.0产品,支持中文与英、日、韩、法、西、德、俄、泰、印尼、意、葡、越南、希腊、马来、捷克、丹麦、挪威、荷兰、瑞典、土耳其等33种语言的互译。

(四)语言信息技术在语言及语言教学研究中的应用

在当今的信息时代,各种类型的数字化语料库如雨后春笋般不断涌现，其规模也越来越大，结构越来越科学，内容越来越丰富。这部分资源已经在语言学研究中发挥着重要的作用。

语料库语言学，是以语料库为研究手段的语言学方法，包括对于语料库数据的处理、统计分析和研究、数据资源的检索和应用等诸多方面的内容。语料库方法为经验性语言研究提供一个巨大的原始语言材料源，使归纳性研究有了更强有力的语言事实的支持。语料库语言学正在崛起，它与主流的解释性语言学方法将形成一种互补的关系。（马跃，2003）同时，在应用语言学研究领域中，语料库语言学的作用也日渐增强，逐步在语言科研中扮演越来越积极的角色。

语言教学是应用语言学最早和最主要的研究领域，语言教学方法和教学手段的探索则一直贯穿整个应用语言学的发展历史。现代信息技术与语言教学的结合源于现代计算机技术发明后不久。在计算机出现后十年左右，美国就开始了计算机辅助教学的研究，20世纪50年代则应用到语言教学领域，到了60年代计算机辅助语言教学已经逐渐盛行起来。几十年来，语言教学观经历了从行为-结构主义到认知主义再到社会认知主义的变迁；同时计算机技术也实现了从大型主机到个人计算机再到网络型的、多媒体计算机的巨大飞跃；在两者的共同影响下，语言教学手段信息化也取得了长足的进步。（胡惮等，2009）进入21世纪，多媒体与网络技术、虚拟学习环境、人工智能在语言教学中的运用，为以网络为中心的计算机辅助语言教学提供了更加广阔的天地。无论从计算机辅助语言教学本身的发展还是人们对它的认识与运用，都推动了信息技术与语言教学的整合发展。计算机辅助语言教学的作用也受到了前所未有的重视，已成为一种流行的语言教学手段。

二、语音技术

语音是人与人之间进行交流的最便捷、最自然的途径之一。在人的言语交际活动中，说话人的大脑产生思想并转化为语言信息，由发声器官产生语音；听者的耳朵作为一个语音接收器，把接收到的信息传送给大脑并进行解码，于是便明白了说话人的意图。

随着人工智能的发展，与键盘和鼠标等交互方式相比，人们迫切希望用语音进行人机交互。机器人能听懂人讲话，可以思考，能理解人的意图，并最终对人做出语音或者行动上的反应，这一直是人工智能的主要目标之一。人机语音交互技术研究是一个富有挑战性的课题，涵盖了广泛的研究领域，包括语言韵律学、语音产生与感知、音频信号处理、语音合成、语音识别、语种方言识别、说话人识别、自然语言理解、机器翻译等等（周盼，2014），而其中最为关键的是语音合成和语音识别。

（一）语音合成

语音合成是中文信息处理领域的一项前沿技术，是让计算机像人一样将要表达的信息以普通人可以听懂的语音播放出来的技术。它涉及声学、语言学、信息论、信号处理、计算机科学、模式识别、人工智能、心理学以及人类的大脑神经活动等众多学科的理论和技术。随着信息时代的到来，计算机已成为人类不可缺少的日常工具。语音识别、语音合成及自然语言理解的人机语音对话技术是世界公认的一个难度很大、极富挑战性的高技术领域。

作为人机交互的核心技术之一，语音合成近年来在技术和应用方面都取得了长足进展。合成语音的自然度和音质都得到了明显的改善，从而促进了其在实际系统中的应用。目前，语音合成技术已经在自动应答呼叫中心、电话信息查询、汽车导航以及电子邮件阅读等方面得到广泛的应用，针对娱乐和教育方面的应用也正在开展。

1. 历史回顾

语音合成的研究历史可以追溯到18世纪，自19世纪出现电子器件以来，语音合成得到飞速发展。1939年，贝尔实验室制作出电子合成器，这是一个利用共振峰原理制作的语音合成器,可以产生非浊音信号和浊音信号。1960年,瑞典语音学家方特系统地阐述了语音产生的理论,极大地推动了语音合成技术的进步。1980年,Klatt设计出混合型共振峰合成器,可以对声源做各种选择和调整,以模拟不同的嗓音。

至80年代末,出现了基于时域波形修改的语音合成算法,较好地解决了语音拼接中的问题,从而推动了波形拼接语音合成的发展和应用。随着90年代电子计算机的运算和存储能力的迅猛发展,该方法逐渐发展为基于大语料库的单元挑选和拼接合成方法,它的基本思想是根据输入的文本分析信息,从预先录制和标注好的语音库中挑选合适的单元,进行少量的调整,然后拼接得到最终的合成语音,其最大的优势是保持了原始发音人的音质。

2. 合成过程

语音合成输入的是文本,从文本到语音的文语转换过程可以看成在不同的层面上进行分析处理的过程。在文本的层面上,先要在语音层、语法层和语义层上进行分析,得到文本的层次信息,包括词组、短语、句子等。然后在语音层的基础上进行韵律分析,得出语音层面上的韵律信息,包括基频、时长、音强等,然后根据生成的韵律特征,从语音库中挑选单元来完成语音数据的最后生成。

文本分析的难点在于向文本加入适当的停顿,以此来模拟人在发音时的停顿效果,从而更好地实现语意的表达。韵律有助于表达说话人的意图,在帮助听者理解语言及意图时十分重要,包括音高、音长、音强等特征。要实现汉语的韵律控制,需要建立合适的韵律模型。韵律模型以文本分析的结果为输入,完成从韵律符号到韵律的声学参数的转换,如音高、音长、音强等。(井晓阳等,2012)韵律模型是文语转换系统中的重要组成部分,对合成语音的自然度起着至关重要的作用,要使文语转换系统能够产生接近自然语言的语音效果,建立完备的韵律模型是关键所在。

3. 合成方法

首先是参数合成。在语音合成技术的发展中，早期的研究主要采用参数合成方法。例如Klatt的串/并联共振峰合成器，采用参数合成，只要精心调整参数，合成器都能合成出非常自然的语音。但是多年的研究与实践表明，准确提取共振峰参数比较困难，虽然利用共振峰合成器可以得到许多逼真的合成语音，但是整体合成语音的音质难以达到文语转换系统的实用要求。

波形拼接合成。20世纪80年代末至今，语言合成技术又有了新的进展，特别是1990年基音同步叠加方法（PSOLA）的提出，使基于时域波形拼接方法合成的语音的音色和自然度大大提高。90年代初，基于该技术的法语、德语、英语、日语等语种的文语转换系统都已经研制成功。（吴义坚，2006）这种技术的优点在于不需要提取语音参数，对语音学知识要求较低，语音自然度高、技术方法简单易操作。

国内的汉语语音合成研究虽然起步较晚些，但从20世纪80年代初起就已经与国际上研究同步发展了。大致也经历了共振峰合成、LPC合成至应用PSOLA技术的过程，其合成汉语普通话的可懂度、清晰度已经达到了很高的水平。

（二）语音识别

语音识别是让机器能够听懂人说的话。语音识别的根本目的是研究一种具有听觉功能的机器，使机器能直接接受人的口语命令，理解人的意图并做出相应的反应。其基本原理是含有语音识别技术的智能物体能够根据发出的声音信号，将信号转换成文字，然后根据需要做记录、查询或做出相应的操作工作。一个典型的语音识别系统首先从人的语音中提取出特征，接着在声学层上将特征序列通过识别翻译成音素的序列，然后根据字典、词典和语法中的组合信息将音素序列依次转化为字序列、词序列和语句。

近二十年来，语音识别技术取得显著进步，开始从实验室走向市场。在工业、军事、交通、医学、民用诸方面，特别是在计算机、信息处理、通信与电子系统、自动控制等领域有着广泛的应用。语音识别几乎可以应用于人们日常生活的各个领域，并且在某些领域成为一项关键并具有竞争力的技术。

1. 语音识别技术的发展历程

语音识别技术起源于20世纪30年代，最初的研究主要针对语音特征、特别是语音频域特性及人耳的功能等方面。当时，美国贝尔实验室开发了第一个可识别十个英文数字的语音识别系统；1941年日本千页尾山对元音做了声学、生理学和心理学等方面的研究；瑞典语音学家方特于1960年提出了语音产生的声学理论。这些研究工作为语音识别的发展打下坚实的基础。

60年代中期以后，计算机产业的迅速发展给语音识别提供了实现复杂算法的软、硬件环境。同时，数字信号处理理论和算法也取得了很大进展，大大促进了语音识别技术的发展并使语音识别的研究从模拟技术转到数字技术。70年代，语音识别领域取得突破，语音识别技术在理论和实践方面都有了很大的发展，语音识别的两大基本技术——特征提取和模板匹配——日趋成熟。在实践上，实现了孤立词识别系统。这一时期也开始出现一些连续语音识别系统。美国卡内基梅隆大学的1000词、连续语音、安静环境条件下的语音识别系统效果较好。

80年代，语音识别研究进一步走向深入，逐渐从特定人、小词汇表、孤立词识别向非特定人、大词汇表、连续语音识别转移，出现了以隐马尔可夫模型为建模的语音识别方法。进入90年代，随着多媒体时代的来临，迫切要求语音识别系统从实验室走向实用。许多发达国家都为语音识别系统的实用化开发研究投以巨资。近年来，神经网络的研究也取得了很大的进步，出现了许多以神经网络为建模方式的语音识别算法。人工神经元网络在语音识别中的应用是当前研究的又一热点。人工神经元网络本质上是一个自适应非线性动力学系统,模拟了人类神经元活动的原理,具有自学、联想、对比、推理和概括能力。

我国语音识别研究工作起步较晚,但是进步较快,一直紧跟国际水平。国家非常重视此项研究,并把大词汇量语音识别的研究列入"863"计划。国家863智能计算机专家组于1998年组织了对国内大词汇量连续语音识别系统的测评。清华大学电子工程系的语音识别系统获得了较好的成绩:字正确率为93%,句子正确率为62.5%。中科院自动化所研制的非特定人、连续语音听写系统和汉语语音人机对话系统,字正确率和系统响应率达90%以上。这些成果表明我国的语音识别的研究已经接近国际水平。(陈立伟,2005)语音识别技术的应用已经成为一个具有竞争性的新兴高技术产业。

2. 语音识别技术的主要方法

语音识别属于交叉学科,涉及生理学、心理学、语言学、计算机科学以及信号处理等诸多领域。随着这些学科的快速发展,语音识别技术在近几十年里取得了长足的进步。回顾其发展历程,可以将语音识别的方法分为以下三类:

第一类,基于模板的识别方法。这种识别方法是事先通过学习,获得语音的模式,将它们做成一系列的语音特征模板存储起来。在识别的时候,将输入信号与模板进行匹配,最后选择出在一定准则下的最优匹配模板。由于模板本身是一个平均化后的语言特征,所以这种方法很难反映语音信号变化,如说话方式的变化、说话人的变化等,扩展能力也有限。目前已经不是语音识别研究和应用的主流,但此方法容易实现、计算量小,可用于手机语音拨号等简单场合。

第二类,基于统计学的识别方法。在这一框架中,语音本身的变化和特征被表述成各种统计值。人们不再刻意追求细化语音特征,而是更多地从整体平均的角度来建立最佳的语音识别系统。这种方法使大词汇量连续语音识别系统的开发成为可能,是目前研究的主流。其中隐马尔可夫模型的引入是语音识别发展中的里程碑。由于它能够较好地描述语音的产生机理,极大地提高了语音识别系统的性能。

第三类,基于神经网络的识别方法。这种方法类比于生物神经系统处理信息的方式,通过用大量处理单元连接成的网络来表达语音基本单元的特性,利用大量不同的网络结构来实现识别系统和表述相应的语音或者语义信息。这种系统可以通过训练而积累经验,从而不断改善自身的性能。(丁沛,2003)

三、神经语言学

神经语言学是现代语言学的一门新兴交叉学科,集语言学、神经科学、心理学和认知科学为一体,研究语言习得、生成和理解的生理机制和心理机制,研究大脑如何产生、接收、存储和提取信息,从而探讨人脑与语言的关系。(杨亦鸣、刘涛,2010)

人类很早就已注意到大脑与语言的关系。古埃及人曾经记录过由于脑部损伤而丧失语言功能的病症,也即现代所说的失语症。然而,真正科学意义的研究则是从19世纪后半叶开始的。1861年,法国医生布罗卡发现大脑皮层的一个专门区域与言语的生成有关,该区域的损伤会导致患者发音断断续续,或者虽然能说下去,但不能组成表达一定内容的话语。1874年,德国生理学家维尔尼克发现,大脑皮层的另一个区域(在左半球颞叶后部)控制着言语的接收和理解,这个区域受损的患者无法理解别人所说的话,甚至完全不能分辨语音。上述两个皮层区域,后来被分别命名为布罗卡区和维尔尼克区。

神经语言学主要研究大脑和语言的关系,因为与临床病理学、心理学、脑科学等有交叉,所以较之语言学的许多其他分支学科,神经语言学具有更浓厚的自然科学的色彩。这也使它比语言学的许多其他分支学科更注重科学性。神经语言学的科学性最突出地表现为研究方法上的可操作性。它摆脱了内省的方式而追求实证，其结论都建立在临床或实验的基础上，追求支持结论的客观证据。神经语言学可以直接吸收心理科学、神经科学的最新成果，尤其是这些学科在技术手段上的革新往往也会促进神经语言学的研究方法发展，方法上的高新性因素从另一方面显示出神经语言学的科学性。

神经语言学主要采用以下五种研究方法：

1. 经典的临床解剖学方法。神经语言学以失语症的研究为开端，最初依赖的手段就是临床观察和病人死后所做的验尸解剖。这种方法遵循的思路是：脑病变病人会有言语能力失常的表现，如果既能够合适地描写他们的言语表现，找出其中不正常的因素，又能够将发生病变的脑区确切定位，那么就能推断，病人的语言障碍与病变的脑区之间存在关联性。正常状态下，这一脑区应该司管着病人丢失的那部分语言能力。对脑区的定位要等到病人死后进行解剖才能获得。在不能对大脑进行直接观察的情况下这样的方法显然有着极大的价值。

2. 神经心理学方法。该方法是针对失语症病人进行心理实验，获得实验材料。这种方法从布罗卡开始就受到研究者的重视，在早期的神经语言学研究中发挥了重要的作用。其突出之处在于它可以让我们更为直观地看到脑区和语言功能之间的联系，失语症患者的某个脑区受损，往往对应着一定的语言障碍，如杨亦鸣等（2002）等诸多研究都采用了该方法。由于典型的病例比较难找，以及新的技术手段的产生，神经心理学方法在我国当前的神经语言学研究中受到不应有的冷落。

3. 行为心理学方法。通过对正常人的行为心理学实验获得实验材料，通常以反应时[①]、正确率等行为指标，采用任务分离法对心理活动进行分离。除了判断正误、图文匹配等实验外，眼动、阅读速度、双耳分听等也都属于此类。心理学界的研究者较多地使用了这种方法。

[①] 反应时（reaction time）指从刺激呈现到被试开始做出反应所需要的时间。

我国神经语言学已经取得的成果中,使用行为心理学方法的也占有相当大的比例。行为心理学方法与神经心理学方法不同的是,行为心理学方法通常通过大样本量(增加被试人数、测试容量)使结论更接近于一般规律。

4. 神经电生理学方法。随着计算机信息技术在生物学中的运用,可用于研究人类脑功能的无损伤性研究技术和设备相继出现,神经语言学的研究视野一下子开阔起来。20世纪50年代末出现的脑事件相关电位技术,通过记录刺激事件诱发的脑电变化研究大脑活动。其最大特点是具有毫秒级的高时间分辨率,可以即时反映大脑活动。随着科技的发展,相关电位技术逐渐具备了设备较为简单、环境适应性强等优点,尤其是国内正在推广中的便携式脑电采集系统,可以在非实验室条件下,更为方便地对失语症患者进行研究。另外还开发了专门针对儿童特点的脑电采集系统。

5. 神经影像学方法。此类方法包括正电子发射断层显像、单光子发射断层显像和功能磁共振成像等。20世纪90年代出现的功能磁共振成像技术为神经语言学研究注入了强大的活力。与相关电位技术的高时间分辨率不同的是,功能磁共振成像虽然时间分辨率较低,却有着毫米级的高空间分辨率。它通过磁共振信号的测定,来反映血氧饱和度和血流量,进而反映脑的能量的消耗,达到功能成像的目的。

由于功能磁共振成像和相关电位技术在空间分辨率和时间分辨率上具有互补的特点,因此,同时记录被试脑活动的相关电位和功能磁共振成像信号,使相关电位和功能磁共振成像的优势同时得到发挥,已成为目前人类心理活动脑机制研究的一个重要选择方向。如杨亦鸣等(2002)就综合运用了两种技术,获得了更加完美的实验效果。而且在技术上实现相关电位和功能磁共振成像的结合也会很快达成,国际上适合在强磁场条件下的脑电采集系统已经研制成功,从理论上已经可以实现针对同一被试、同一实验任务的相关电位和功能磁共振成像数据的同时采集,这必然为我们的脑语言功能研究开辟更为广阔的天地。

神经语言学经过一个多世纪的发展，不断拓展研究的广度和深度，已取得了许多令人瞩目的成就。作为语言学的下位学科，神经语言学的基本研究目标是探索语言的本质和规律。目前语言学的其他许多分支学科的研究结果都期待神经语言学方法的检验，神经语言学的支持被视作是这些结论成立的最为有力的证据。神经语言学研究的是大脑和语言的关系问题，现代脑科学家在以下不同层次探索脑的工作原理：整个脑—神经通路—脑区—神经回路—神经元—细胞—分子。在微观层面上对大脑探索的不断深入，可以大大增强对语言的神经机制的认识。（梁丹丹、顾介鑫，2003）

与国外神经语言学研究的较长历史相比，我国的神经语言学起步较晚。但是经过来自语言学、心理学、医学、认知科学等各个领域对脑和语言关系感兴趣的专家学者十几年的不懈努力，近年来我国神经语言学进入稳步发展时期。具体表现在：汉语神经语言学的学科框架初步奠定，多学科融合的态势已经形成，多学科的研究队伍也正在不断壮大，而且随着新方法、新技术的出现，我国神经语言学研究的视野将得到极大的拓展，汉语神经语言学研究越来越受到国际学术界的关注。（张强等，2005）

思考与练习

(1) 机器翻译经历了哪几个阶段？
(2) 语音识别的主要方法有哪几种？
(3) 神经语言学主要采用哪几种研究方法？
(4) 你在生活和学习中是否接触过语音识别？举例说明并谈谈自己的感想。
(5) 你认为语言信息技术在语言及语言教学研究中将会有怎样的应用前景？

第二节　语言产业

语言产业是一种新兴的产业形态。它是为社会大众生产提供语言产品和语言服务的经营性生产活动的集合。

在中国,"大约自2010年起,语言产业概念开始引起比较广泛关注"(陈鹏,2017)。目前较为典型的语言产业业态主要包括语言培训、语言翻译、语言文字信息处理、语言会展、语言出版、语言艺术、语言康复、语言创意、语言能力测评等。在一些国家,语言产业已经成为国民经济支柱产业,创造了巨大的经济价值。《欧盟语言产业规模之研究报告》显示,2008年欧盟成员国的语言市场总产值达84亿欧元。瑞士语言经济学家弗朗斯瓦·格林(Grin)及其团队2008年的研究表明,语言产业每年为瑞士创造500亿瑞士法郎的收入,约占瑞士国内生产总值的10%。我国的语言产业已成为国民经济发展的新增长点。

语言经济是语言产业的重要内容,同时又与语言培训、语言翻译等内容存在着很多的关联性,所以,在本节首先对语言经济做简单介绍,再对语言培训与语言翻译等做具体分析。

一、语言经济

语言经济有广义和狭义之分。广义的语言经济包含一切与语言相关的经济活动和经济行为以及由此产生的经济利益,如语言翻译及其带来的经济收益、服务领域的语言服务及其带来的经济收益等。狭义的语言经济主要指为了满足人们提高语言能力的要求而产生的经济活动以及所带来的经济收益,如语言培训、语言能力测试等及其带来的经济收益。

(一)语言经济的类型和属性

在现实生活中,语言经济有不同表现形式,可以分为不同类型。根据语种不同,语言经济可以分为母语经济和外语经济;根据产生经济效益的语言要素的不同,可以分为利用语音的语言经济、利用语义的语言经济和利用语料的语言经济等;根据语言在国家或区域内的社会地位,可以分为通用语语言经济、官方语语言经济和非通用语语言经济等;根据经济收益的归属,可以分为个体的语言经济和社会的语言经济。有些语言经济形态下还可以再细分,例如在中国,外语经济又可以分为英语经济、日语经济、韩语经济等。不同类型下的语言经济形态有交叉和重合,例如个体的语言经济,包括母语经济和外语经济。

语言经济的形成和发展源于语言自身的经济属性。作为人类最重要的交流工具和信息载体,自人类开展经济活动以来,语言便与经济有着千丝万缕的联系。人类经济活动中的生产、分配、交换和消费等诸环节须臾离不开语言的参与。1965年,美国信息学家马尔萨克(Marschak, 1965)首次揭示了语言与经济的关系,提出"语言经济学"概念,指出语言具有与其他资源一样的经济特性,即价值、效用、费用和收益等。从此正式拉开了人们探索语言与经济关系的序幕。目前语言经济已成为一种不容漠视的经济现象,这得益于经济全球化和信息技术革命的发展,根植于人类社会对语言、语言产品、语言人才和语言技术的需求的快速增长。

在一些国家和地区,语言经济已经成为国民经济发展的重要支撑点。语言具有的多重功能属性,使得语言经济的发展对整个国民经济发展具有基础性和先导性作用。例如,以语言能力提升为核心的语言培训和语言测试的发展,可以为经济发展提供语言人才;以语言翻译为核心的语言经济可以促进交流与合作,降低交易成本,推动国际贸易的发展。从某种程度上讲,语言经济的发展程度反映了一个国家的国际化程度,也是一国经济竞争力的重要体现。

(二)语言经济与语言资源的关系

语言资源是语言经济发展的重要前提和基础,语言产业又以语言资源的保护、开发和利用为核心内容。发展语言经济，就需要对语言资源进行科学保护和合理开发利用。语言资源具有稀缺性和有用性，因此具备成为经济资源的潜质。在一定条件下，语言资源可以作为生产资料或者成为劳动者能力的一部分进入经济系统，参与社会大生产，创造生产力。例如，在信息时代的今天，语言能力成为劳动者的一项基本能力，劳动者的诸多经济活动都需要语言能力的参与，离开了语言能力，劳动者无法或者无法很好地完成工作。语言能力通过参与劳动而创造了生产力，劳动者也因为较高的语言能力可以获得额外的收入或者更多的就业机会。又如，随着社会的发展，人们以语言资源为对象开发出各种语言产品，如字词典、语言教材、语料库、语言技术产品等，这些产品有的促进了知识的生产，有的提高了劳动者素质，直接或间接地成为语言经济。语言信息技术的发展提高了人类处理语言资源的能力和水平，对语料、语义、语音等语言要素的处理形成了不同的语言产业业态，如输入法产业、智能翻译产业、智能语音产业、数字出版、在线教育等，这些语言产业不仅以独立的产业形态创造经济价值，而且带动了相关产业的发展。例如，在线语言教育的发展在创造直接收益的同时，实现了教学分离和规模教育，降低了培训成本，提高了语言人才的培养效率。

语言资源转换为语言经济是有条件的，如技术条件、语言潜质等。当在一定的知识条件、技术条件和市场条件下，语言资源通过开发，成为语言产品、语言技术或者成为凝结于人体的语言能力后，才能进入经济系统，产生语言经济。语言资源具有成为经济资源的潜质，但不是所有的语言资源都能成为现实经济资源。例如一些濒危语言，因其无法进入经济系统，参与生产，而不能转化为语言经济。

从理论上说，语言资源越丰富就越有助于发展语言经济。但语言经济不仅跟语言资源的丰富度有关，还与语言资源的种类、分布等有关。发展语言经济，需要创造和利用条件，加大对语言资源的开发和利用。

二、语言培训

语言培训是指"通过一段时间的学习和训练使受训人获得某种语言能力的过程"(李艳,2017)。它包括各主体以各种方式开展的提升各种语言能力的活动。从语种上看,包括母语培训和外语培训,如以普通话为教学语言的语言艺术培训属于母语培训;从供给主体上看,包括个体提供的语言培训和组织提供的语言培训,组织提供的语言培训又可以分为语言培训机构提供的语言培训、政府提供的语言培训和非营利组织提供的语言培训;从供给方式上看,包括无偿的语言培训和有偿的语言培训,一般而言政府和非营利组织提供的多为无偿语言培训,语言培训机构提供的多为有偿语言培训;从培训的公开程度来看,包括组织内部的语言培训和社会化的语言培训。语言培训作为正式教育的补充,承担着提升大众语言能力的重任。

语言培训是国际教育服务的重要组成部分。在很多国家,尤其是英语国家,英语培训已成为国家重要的收入来源,创造了巨大的财富。时任英国财政大臣戈登·布朗在2005年访问中国时称,英国教育年输出利润达100多亿英镑,占英国国内生产总值的1%和出口总额的4%。现在,英语教材及相关方面的收入已经超过英国的石油和船运收入。

(一)语言培训业的兴起及其相关因素

语言培训业是语言产业中起步较早,发展较为成熟的一种产业形态。它是指以市场化经营方式向社会大众提供语言培训业务和语言培训产品的经济活动。语言培训业的供给者包括语言教育培训机构、非营利组织、个体等,需求者有个体和机构,语言培训产品包括培训教材、培训资料、培训音像制品、语言培训网络资源、语言学习APP等。语言培训需求者与供给者之间就语言培训服务和产品所达成的各种交易关系构成了语言培训市场。根据所培训语言的不同,可以划分为不同市场,如英语培训市场、日语培训市场、汉语培训市场等。目前我国市场规模最大，发展最成熟的是英语培训市场。

一个行业的兴起，一种市场的形成总是在需求和供给两种力量的共同推动下进行的。语言培训业同样如此，兴起于20世纪八九十年代。促使语言培训业兴起的因素大致有四个：

一是经济因素。全球经济一体化的发展推动了各种资源、商品和劳动力在世界范围内的流转，各国对熟悉国际行业规范、了解国际惯例和国际法律、精通多国文化的国际型人才需求旺盛，也就触发了对多语人才的巨大需求。这意味着有外语优势的个体往往可以获得更多就业机会或者获得高收益，由此产生了参加语言培训、购买语言培训产品的需求。一些企业，特别是跨国企业为了提升本企业的国际竞争力，会雇佣具有多语能力的职员，或者对职员进行外语培训。

二是教育和移民因素。自20世纪90年代以来，国际教育服务贸易飞速发展，移民浪潮兴起，这直接刺激了语言培训和语言咨询服务的需求。出国留学和移民基本上首先都要过语言关。例如，中国学生要去美国留学，首先要通过雅思、托福、GRE考试，这些考试是推动国内英语培训业发展的重要因素。

三是制度因素。一些国家对某些职业或者教育有明确的语言能力要求，制度安排引导人们自觉提升相应的语言能力。例如，在中国，教育制度和人事制度等政策制度直接或间接地拉动了语言培训，高考英语考试培训、英语四六级考试培训、职称英语考试培训等考试类培训占据了我国语言培训市场的大部分份额。

四是现代信息技术的发展。现代信息技术的发展为语言培训提供了技术支撑。信息技术的发展使得语言培训突破了时间和空间的限制，语言培训的手段和方式更加多样化、个性化和便捷化，如在线语言培训、外语学习APP等的兴起。供给方式的变革和产品的创新一定程度上促进了语言培训需求的增长。

（二）中国语言培训产业的发展状况与前景展望

中国语言培训业起步于20世纪80年代初，开始于英语培训班的兴起。当前语言培训产品也比较成熟，机构定位比较清晰：从产品上看，主要包括留学语言培训、升学和升职类语言培训、商务语言培训、少儿英语培训等，语种涉及英语、汉语、日语、法语、德语等；从机构上看，大型的领军机构主要定位于出国留学培训、商务语言培训，中、小型培训机构主要定位于中、小学生的汉语和外语培训。（李艳，2017）

近年来，随着中国综合实力和国际影响力的增强，汉语的经济价值提升，汉语培训迎来机遇期。汉语考试成为世界上最重要的第二语言或外语水平测试之一。截至2018年，全球137个国家（地区）设立1147个考点（其中，中国349个，海外798个），全年参加各类汉语考试考生人数达680万人。孔子学院发展迅速，截至2019年12月，全球已有162国家（地区）建立了550所孔子学院和1172个孔子课堂。孔子学院的发展带动了国内图书出版、文化产品研发与海外传播等相关产业的发展。

虽然我国语言培训市场发展迅速，但总体还处于起步阶段，还存在一些亟待解决的问题。包括培训机构信誉度有待提升、教师整体素质有待提高、收费整体偏高和培训效果难以评测等。（贺宏志，2013）国家质量监督检验检疫总局和国家标准化管理委员会于2016年12月联合发布了《语言培训服务评价》，对语言培训服务的提供者、服务人员、场所、设备、学习资料、服务过程和服务结果等语言培训服务要素进行了相关规定。但如何发挥行业的评估作用，加强语言培训市场的规范与监管仍有漫长的路要走。

中文培训也同样面临新的情况。近年来，汉语教学的教学场景、教学对象和教学内容都发生了深刻变化。教学场景由非母语环境转向母语环境，教学对象学龄化、低龄化趋势明显，学习者的学习动机多样化。《中国语言文字事业发展报告（2017）》白皮书指出，"截至目前，共有67个国家和地区，通过颁布法令等形式，将汉语教学纳入国民教育体系"，这意味着幼儿和青少年将成为汉语学习的主体。"一直以来，我国的汉语教师培养是以成人的汉语教学师资为目标的,这显然已经不能适应今天汉语教学发展的需要。以中小学、幼儿园汉语师资培养作为国际汉语教师培养的主要任务刻不容缓。"(郭熙,2017a)

　　从未来发展来看,我国语言培训市场体量将会继续扩大,语言培训在国家语言能力提升方面将扮演更为重要的角色。市场竞争会愈加激烈,语言培训服务的专业化和产业化趋势将更为明显,国际化和品牌化将成为语言培训机构的必然选择。一方面,本土的语言培训机构逐渐走出国门,迈向国外市场;另一方面,国外的语言培训机构纷纷进入中国,争夺中国市场。在这个过程中,语言培训机构要生存和发展就必须树立品牌,建立诚信,真正服务于消费者需求。语言培训手段和培训方式更加多元化,在线语言培训发展趋势明显。根据《2015年中国在线语言教育行业研究报告》调查显示:2014年中国在线语言教育市场规模为193.8亿元,预计到2017年达354.6亿元。《中国互联网教育行业趋势报告》显示,在2016年互联网教育市场细分领域,语言培训占21%,仅次于高等教育的36.6%和职业教育的35.7%的占比;在投资方面,35%的资金流向语言培训。

三、语言翻译

(一)翻译的类型及其发展

　　翻译是"译者在具有不同规则的符号系统之间进行的信息传递的文化活动"(文军,2000)。翻译有不同分类。根据所使用的媒介,可分为口译、笔译和机器翻译;根据翻译题材,可分为政论翻译、科技翻译、文学翻译等;根据源出语和目的语,可分为语际翻译、语内翻译和符际翻译。语际翻译是指发生在不同语言之间的翻译活动,如汉译英、德译法等。语内翻译是指同一语言内部的翻译,如民族语翻译、方言翻译、古语与现代语翻译等。符际翻译是指不同符号之间的翻译,如手语翻译、密码破译等。

　　世界上的语言千差万别,每一种语言都是一个相对独立的系统。语言差异及语际沟通障碍一直是影响世界各国人民在科学、文化、政治和经济等方面自由交流的重要因素。不同语种之间的民族要达到各种交流目的，要么一方学习对方语言或者共同学习第三方语言，要么借助于翻译。翻译在不同语言和文化之间架设起了沟通与交流的桥梁。随着现代通信技术的发展和国际交往的日益频繁，人类进入了一个"信息爆炸"时代，对翻译的需求量激增，翻译在人们生产生活中扮演日益重要的角色。今天，翻译已经渗透到经济、政治、文化、科技、教育等各个领域。

当前人类正在经历一场剧烈的翻译革命。这场革命是由数字技术和互联网的发展所带来的，其主角之一是机器翻译。近年来，随着深度学习的发展和大数据时代的到来，机器翻译快速进入公众视野，除了职业译者使用的专业翻译软件，各种在线翻译工具和适用于移动设备的翻译应用程序迅速进入人们的日常生活和工作，给人们带来了诸多便利。"谷歌的免费翻译服务，可提供中文与100多种语言之间的互译。百度可支持中、英、日、韩、泰、法、西、德等28种语言的互译，具有756个翻译方向。"（李宇明，2017a）这个时代已经深深刻上了机器翻译的烙印。

（二）语言翻译产业

翻译产业作为一种产业形态是最近几十年才兴起的。随着翻译从业人员的增加，出现了专门的翻译服务机构，逐渐形成了一个有自身特色的翻译行业。在市场的推动下，翻译行业不断向职业化、专业化和规模化发展，形成了语言翻译产业。翻译产业有广义和狭义两种。狭义的翻译产业即翻译服务业，是指提供以语言、文字为载体的翻译服务或产品的经济活动，主要包括口译、笔译、手语翻译、计算机辅助翻译和机器翻译等。广义的翻译产业是除了翻译服务活动外，还包括与翻译活动相关的产品及其生产过程，如外语教育与翻译培训，翻译工具的研发与生产，翻译对象的加工与利用，以及文化产业与信息产业中以纸质、网络或影音等形式为媒介的对外文化交流或对外信息传播等。由于翻译在语言服务中的重要性，有的学者认为语言服务就是翻译服务的扩展,语言服务业主要就是指语言翻译业。

第二次世界大战后,跨国公司的大量兴起催生了翻译产业,20世纪90年代以来,全球化进程的加速则推动了翻译产业的飞速发展。根据加拿大翻译业部门委员会统计,世界翻译市场巨大,增长强劲,年均增率约为25%—30%。有人估计,全世界翻译市场年产值可达1万亿元人民币。翻译作为一种联通世界的活动,渗透于各个行业、各个领域之中。翻译产业有助于推动相关产业发展,对影视传媒、教育培训、文化传播、旅游、服务和产品的本地化与外包等产生很强的带动效应和辐射作用,推动产业链上下游领域的发展。

德国翻译理论学家冉佩尔特(R.W.Jumpelt)将20世纪称为"翻译时代"。西方翻译产业有以下特点:(1)翻译范围多元化,技术资料翻译市场增长强劲;(2)翻译规模不断扩大;(3)翻译企业向规模化、国际化发展;(4)新兴翻译活动发展迅速。新兴翻译活动包括各种辅助翻译、翻译记忆、机器翻译以及翻译相关的培训。(龙明慧、李光勤,2010)

(三)中国语言翻译产业的发展

中国翻译产业萌芽于20世纪80年代改革开放时期,初步形成于90年代。在计划经济时期,我国的翻译工作由政府统一规划,翻译人员依附于政府、企事业单位或科研院所,翻译服务的市场因素非常少。改革开放以后,翻译需求增长,翻译服务逐步走向市场化。一方面各种机构内部的翻译部门开始承接一些外面的翻译任务,另一方面专业的语言翻译机构出现,后来发展成为翻译公司。翻译服务已经成为我国文化生活、经济生活、政治生活和科技生活中的重要组成部分,是推动我国参与国际市场分工,融入全球经济,构建国际话语权,传播中国故事的重要支撑力量。有学者指出:"全球化的经济和市场对语言服务的需求持续增加,语言服务业(原作者这里主要指语言翻译业)不断成为全球化时代的基础性行业,企业走出去的先导性行业,信息时代的支撑性行业和文化走出去的战略性行业。"

（崔启亮、张玥，2016）

当前我国语言翻译产业呈现快速发展态势，主要表现在以下五个方面：

（1）翻译产业规模巨大，增长迅速。《中国语言服务业发展报告2012》显示，从1980年到2011年，我国语言服务企业数量从16家发展到37197家，平均年增长率为30.3%，2011年，我国语言服务行业从业人员约119万人，创造产值约1576亿元。

（2）翻译产业逐渐走向规范化。2003年以来，中国翻译协会翻译服务委员会陆续推动编制了三部翻译服务国家标准，分别是《翻译服务规范第1部分：笔译》《翻译服务译文质量要求》和《翻译服务规范第2部分：口译》。2011年以来，我国先后颁布一系列语言服务行业规范，即《本地化业务基本术语》《本地化服务报价规范》《本地化服务供应商选择规范》《笔译服务报价规范》和《口译服务报价规范》。这些标准和规范的颁布与实施，推动了我国翻译产业朝着规范化方向发展。

（3）翻译产业的技术与产品研发日益成熟。除谷歌翻译外，国内企业也不断推动翻译技术的发展，实现技术上的革新，如百度、科大讯飞等公司在这方面的成就引人注目。

（4）翻译人才培养力度加大，培养模式逐渐优化。翻译硕士专业学位教育兴起，高层次应用专业化的翻译人才培养规模加大。"产学研"成为翻译学科建设的新趋势，翻译人才的培养模式更贴近社会需求。

（5）市场竞争加剧，为翻译产业注入新活力。国际资本和国外翻译企业进入中国，参与中国翻译市场竞争，同时国内翻译企业也加快了国际化步伐，为翻译产业发展带来新挑战，注入新活力。

我国翻译产业还存在一些不容忽视的问题：（1）人才供给问题——当前我国翻译队伍远不能满足社会和市场需求，翻译人才尤其是中译外高端人才匮乏成为主要问题；（2）规模经营问题——许多翻译公司尚处于小作坊运营状态，缺乏规模化和专业化，服务能力不强，市场竞争能力弱；

(3)政府管理问题——目前我国还没有一个政府部门负责监管翻译产业,翻译产业缺乏宏观指导,翻译企业间容易出现恶性竞争,这不利于整个产业的发展;(4)市场规范问题——国内注册翻译公司门槛低,成本不高,小规模、低品质的企业进入行业,导致翻译质量难保证,定价机制不合理。(尚亚宁,2011)

四、语言康复

(一)语言障碍与语言康复

语言障碍是指人们在运用语言进行交际的能力方面存在的生理或心理缺陷。(李宇明,2011)这种障碍会影响到个体语言交际的正常进行。语言障碍程度有轻重之分,在表现上也有不同。常见的语言障碍有失语症、语言发育迟缓、发声障碍、口吃、聋哑等。导致语言障碍的原因很多,大体可分为两类。一类是原发性语言障碍。该类大多由于经常发生呼吸道感染和发音不当而引起发声器官病变所导致,包括发音困难、表达不清、口吃等。一类是继发性语言障碍。主要包括因智力缺陷、听力缺陷或脑部疾病等导致的语言障碍,以及由于语言环境混乱或缺乏语言刺激环境所造成的语言障碍。

不同类型语言障碍成因各异,而且具有很大的差异性,不同语言障碍有不同的诊治方式。但有一些共性的治疗原则和要求。首先,按照个性化原则,准确诊断。我国研究人员根据国外的检测,结合我国的语言特点,现已编制了一套适用于我国的语言障碍评测方法。其次,根据病情,采取突出重点、循序渐进、反复训练的治疗方式。再者,治疗时要注重患者心理,重视环境的调适。

以语言障碍为研究对象的学科称为病理语言学,或语言病理学、语言治疗学、语言康复学。它是跨语言学、心理学、医学、教育学、生物学等多学科的新兴学科。发展病理语言学具有理论和现实价值。理论上,能促进相关学科的融合发展;实践上能减轻患者痛苦,缓解家庭负担,提高生活质量。"语言治疗和语言康复是有重大社会意义和语言学意义的事业,是语言学成果的应用"(李宇明,2011),需要学术界、政府和社会力量的共同参与和共同努力。

(二)语言康复产业

语言康复产业是我国一种新兴的语言产业业态,是指提供语言康复产品和服务的各种经济活动的总和。除了直接提供语言治疗和语言康复服务外,语言康复业还包括生产和提供语言康复产品,例如助听器、人工耳蜗、语言康复仪器等的活动。根据所生产和提供的语言康复产品和服务的类型,语言康复业可以细分为不同的行业,如聋儿语言康复行业、助听器行业、语言康复师培训业等。

语言康复业是一种特殊的语言产业,其发展关系到国民健康和人民的美好生活。目前我国语言康复业发展主要有以下一些特点。

1. 语言障碍患者数量庞大,语言康复需求旺盛。据第二次全国残疾人抽样调查显示,我国现有听力障碍残疾人2780万,居各类残疾群体之首。其中0～6岁听障儿童13.7万,重度以上听力障碍者占84%,成年及老年人听力障碍残疾人达2000万以上,老年性耳聋患者中,绝大部分未享受到康复服务。由于各种原因,每年新生听障儿童约2.3万名,因老年痴呆、心理障碍等原因导致的老年语言障碍患者数量也在激增,此外还有大量的口吃、失语症、自闭症患者。

2. 语言康复服务的供给数量增长,质量提升,但还远不能满足需求。目前语言康复服务的提供者主要有医院、中国残疾人联合会(简称"中国残联")及其下属机构、语言康复企业和语言康复师等。医院是提供语言康复服务的重要供给者。20世纪80年代,我国医院开始研制适合我国语言特点和文化习惯的各种语言障碍评价方法,并采取国外现代的治疗技术和我国传统医学的方法进行治疗。(李胜利,2008)中国残联是我国语言康复服务不可或缺的供给主体。中国残联下设了中国康复研究中心、中国残疾人辅助器具中心和中国聋儿康复研究中心等机构，提供语言康复医疗、科研、人才培养、辅助器具的研发与生产等服务。

随着语言康复需求的日益增长，语言康复企业成长迅速，特别是语言康复辅助器具生产行业市场潜力巨大。语言康复专业人才缺口大，语言治疗师、言语矫正师已经成为一种新兴的热门职业。国际上目前语言病理学家的需求标准是每10万人口20名，依此推算，中国大概需要语言康复专业人才26万名。但目前我国经过培训能治疗因大脑和神经损伤所致的语言障碍的专业人才大约1500名，包括全国的聋儿语训师在内，总计约6000名，在质量和数量上远不能满足语言障碍患者需求，与发达国家还有较大差距。（贺宏志，2013）

我国语言康复专业人才的培养包括培训和学历教育两种路径。很长一段时间，培训是主要方式，而且主要由中国残联及各级残联组织承担。1991年，中国康复研究中心与首都医科大学联合办学，启动全国听力语言康复培训班。2000年，中国康复研究中心建立康复医学院，在全国率先开设康复治疗学专业，标志我国语言康复人才培养工作进入正规教育体系。在2012年教育部关于本科专业目录修订中，"听力学"修改为"听力与言语康复学"，扩大了专业的涵盖面。目前中山大学新华学院、上海中医药大学、首都医科大学等10余所大学设置了"听力与言语康复学"本科专业。此外，吉林大学、华东师范大学等高校陆续开始招收语言听力康复方面的研究生。2016年，北京语言大学成立康复科学学院，开展语言康复学研究与人才培养培训。2017年11月，全国首届话语与健康高端学术论坛在山东大学举行，会上成立了"全国听力语言健康康复教育协作组"，该协作组是教育部高等学校医学技术类教学指导委员会下设的工作组，将致力于推进全国听力语言康复类本科和研究生专业学科的建设。从产业发展的角度，我国语言康复业还需完善有关市场机制，加快市场化进程，鼓励和支持更多社会力量参与到语言康复业的发展中来。

思考与练习

(1) 如何认识语言资源与语言经济的关系?
(2) 你认为语言培训产业兴起的原因有哪些?
(3) 请你谈谈中国语言培训产业发展存在的问题与发展趋势。
(4) 中国语言翻译产业快速发展有哪些表现?
(5) 中国语言康复产业的发展现状如何?

第三节 大数据时代的语言文字

大数据是人工智能的重要支撑,而人工智能是大数据研究的重要目标。(刘知远、崔安颀等,2016)"大数据"这一术语首次出现在《自然》杂志2010年推出的《大数据专刊》中。对其内涵最常见的描述则是高德纳咨询公司所采用的3V,即大容量(Volume)、高速度(Velocity)和多形态(Variety)的数据。在2015年国务院发布的《促进大数据发展行动纲要》中将大数据定义为"以容量大、类型多、存取速度快、价值密度低为主要特征的数据集合",并指出大数据产业"正快速发展为对数量巨大、来源分散、格式多样的数据进行采集、存储和关联分析,从中发现新知识、创造新价值、提升新能力的新一代信息技术和服务业态"。

人类90%的信息交换通过语言完成。这决定了语言文字的信息化是大数据时代到来的基础,也是大数据时代快速发展的关键领域,更是人工智能取得突破的重要战场。就当下发展趋势而言,语言的自动理解和处理,本质上是大规模语言数据的统计建模过程。今天,自然语言处理的主要对象是文本,因此语言的信息化以文字的信息化为基础;汉字进入计算机就成为了实现汉语文本乃至汉语进入计算机的前提和保障。在此基础之上,海量的汉语文本和其他多媒体资源构筑了虚拟空间中的汉语世界。管理和利用这一宝贵资源的重要手段就是信息检索技术，而自然语言处理诸多技术和信息检索相结合则大大提升了管理和利用的效率及用户体验。随着数据规模和计算能力的爆炸，以深度神经网络为代表的机器学习技术将语言智能产品化、实用化，进一步推动了人机结合的语言生活的发展。

一、汉字的信息化

作为语素文字，汉字数量庞大，这使得汉字信息化也即汉字处理技术，较之仅使用有限字母的拼音文字，面临的困难要大得多。在20世纪中期，甚至有学者悲观地认为，中国要进入信息化，必须废除汉字。但经过几代科研人员的努力，20世纪80年代以来，我国已成功地使7万多汉字及相关字符进入计算机，实现了汉字和汉语文本的信息化。

汉字处理技术与标准主要包括三个方面：一是如何在计算机中存储大量离散的汉字，并保证计算机间的一致和互通，即汉字的编码技术和标准；二是如何准确、快捷地在计算机中读取、调用不同的汉字字符，即汉字输入技术；三是如何在屏幕或打印设备中显示或输出汉字字符图形，即汉字输出技术。此外，在当今语言生活中，汉字有简繁之分，社会对计算机能自动地在简繁汉字之间进行准确转换提出了迫切需求，受此推动，汉字简繁转换技术近年来取得了重大进步。总体而言，汉字处理技术已经基本成熟，较好地适应了人们在以计算机为代表的信息工具中处理汉字的日常需求。

（一）汉字的存储和编码

汉字编码是汉字在计算机中的存储方案和规则，是中文进入计算机、实现信息化的关键步骤，也是当代中文标准化工作的最重要内容之一。计算机并不"认识"作为图形的汉字本身，而是认识汉字对应的机内码。人们使用汉字编码字符集规定每个汉字在计算机内的表现形式。汉字编码方案是一种技术方案，受软硬件技术的制约，但更是一种规范标准：要在不同计算机间实现无障碍的文字交互，就要求在广大范围内共享一种特定的编码方案。20世纪70年代以来，我国语言文字主管部门、信息化和标准化主管部门组织制定了多部解决汉字编码问题的编码字符集和规范标准，并进行了多次修订。现行的10部国家标准和1部电子行业标准较好地解决了汉字在计算机中的存储和交换问题。

（二）汉字输入

键盘输入技术、语音输入和光学字符识别是汉字输入的主要方法。20世纪70年代以后，汉字键盘输入技术研究得到迅速发展。据不完全统计，国内已登记的汉字编码输入技术专利近3000种，其中已在不同时期、不同领域推广应用的输入方法或系统近百种。例如"五笔字型"输入法、微软拼音、智能ABC等，以及百度、搜狗、谷歌和腾讯等具有较高智能水平的拼音输入法。

近50年来的汉字计算机键盘输入方法归结起来都从属于音码、形码和音形码三种技术路径。目前使用广泛的是拼音输入法（音码），具有整句输入和高智能水平的拼音输入能力。由于学习成本低，效率高，受到用户的青睐，市场占有率达95%以上。在键盘输入领域，我国制定有GB/T18031—2000《信息技术数字键盘汉字输入通用要求》和GB/T19246—2003《信息技术通用键盘汉字输入通用要求》两部国家标准。

语音输入法是以识别用户语音的形式实现汉字的输入。汉语语音输入的研究工作始于1973年，当时中国科学院声学研究所开始了特定人孤立词的汉语语音识别研究工作。90年代很多研究单位也都陆续开始了汉语语音识别研究工作。90年代末汉语普通话非特定人连续语音听写机问世，目前研究单位测试的技术指标达到95%或以上。近年来，随着各大科研机构和信息技术厂商掌握语音数据规模快速增长，大规模统计机器学习和深度神经网络等方法被用于语音识别。近年来，移动互联网的普及和语音识别技术的成熟为语音输入的产品化奠定了基础。虽然语音输入法进入消费市场的历史较短，但由于其在移动设备上显示出的巨大实用性，发展十分迅速。特定场景下的语音输入（如物流和交通行业中的地址输入）和日常通用领域语音输入均已实用化。

光学字符识别（Optical Character Recognition, OCR）是关于将文字图像转换成可供计算机处理的内码的技术。字符识别根据识别的实时性分为联机识别和脱机识别，根据识别对象可分为手写体识别和印刷体识别。我国面向汉字的字符识别研究始于20世纪70年代末。字符识别的基本方法主要有统计法和结构法两种。由于汉字具有较严格的拓扑结构，包含丰富的结构信息，因而结构法较适用于汉字识别。目前印刷体汉字识别和联机手写体识别均已实用化，高质量的印刷体识别正确率可达98%以上。近年来，以深度学习技术为代表的统计方法也大幅提升了文字识别的效果。

目前，我国文字识别技术经历了从实验室研究到产品研发的转变，已进入了行业应用开发的成熟阶段，百度、汉王科技、捷通华声、清华紫光、科大讯飞等多家企业都开发出了成熟的文字识别产品。

（三）汉字输出

数字化中文字体字库（以下简称字库）是汉字书写文明在信息化时代的主要输出形式。在计算机图形输出中，一个具体字符的形状称为字形。具有同一设计的字形图像的集合构成了字型。字型规范标准通常包括字符集标准、字库格式、字形和字体设计方面的信息。20世纪80年代，王选的激光照排技术使得字体从铅字时代进入计算机时代。20世纪90年代，我国字库行业迅速发展，国内出现了十余家字库厂商，较知名的有方正、汉仪、华文、华光、中易、四通、长城等。进入新世纪以来，随着市场与技术的发展，中国字库行业有了质的飞跃，不仅开发出了多款利于排版印刷、便于用户阅读的正文类字体，还新增了近两百款创意、书法类字体，用以满足各类设计需求。专用字体，如屏幕字体和特殊领域字体（公安、国防、教育等）成为各字体厂商的竞争焦点。目前我国字体款数已超过600款。

移动互联网的发展也促使字库行业不断进行技术创新,如字库压缩技术(针对移动设备存储问题)、hint指令技术(针对小字号屏幕显示清晰度问题)、字库云服务(针对网页字体嵌入问题)等。2006年新闻出版总署启动"中华字库"工程,旨在搜集、整理、编码并构建涵盖古今汉字和古今少数民族文字形体的大规模字库系统,工程预计收录的汉字字符约为30万字。

汉字输出的另一个重要方面就是字型标准。我国现行的19部涉及字型工作的国家标准和9部电子行业标准(截至2017年底)较好地满足了信息技术和社会生活对汉字显示的需求。目前现行国家规范标准已对汉字编码字符集(GB2312与GB18030)、CJK汉字编码字符集、通用多八位编码字符集(多文种平面)所包含汉字制定了多字体、多尺寸的标准字形。社会生活中高频使用的汉字所属的编码字符集基本集(GB2312)已实现宋体、仿宋体、楷体、黑体四种基本印刷字体标准化。

(四)汉字繁简转换

当前我国的语言生活中,汉字有繁简之分。汉字的繁简转换就成了文字信息化研究的重要任务。繁简转换不仅是字形之间的对应替换问题,还涉及"一简对多繁""一繁对多简"(较少)和"词级别对应"等问题。2012年,教育部、国家语委设立"汉字简繁转换系统"专项,由厦门大学、教育部语言文字应用研究所、北京师范大学联合承担,研发"汉字简繁文本智能转换系统"。2016年,二期工程研发完成并通过鉴定。该系统支持《通用规范汉字表》和国际标准Unicode 8.0的全部汉字,提供字、词、专业术语、标点等不同层次的简繁转换功能,并提供了在线转换服务和网站全站转换服务。系统还公开了台湾地区语料库、台湾地区特色词典和异体字词典等,供公众免费使用。截至2017年末,国内较优秀的繁简转换系统在一简对多繁语料测试上可以达到96%以上的正确率。同时大多数输入法软件也都具备了"打简出繁"和"打繁出简"的功能。

二、自然语言处理与信息检索

信息检索研究的目标是建立从文档资料中获取可用信息的模型和算法。(宗成庆,2013)信息检索技术是在大数据时代管理海量数据获取有效信息与知识的基础技术。搜索引擎是信息检索技术在互联网中的集中应用。搜索引擎目前已经成为人们使用互联网的第一入口。搜索引擎实现一次信息检索的过程可以简单地表示为图3-1所示的模型。(Nie, 2006)

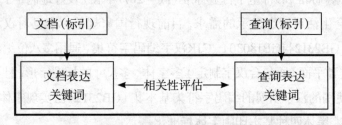

图3-1 信息检索模型示意图

绝大多数互联网数据以文本形式呈现,对声音和影像的检索实质上也是先将语音和图像进行识别和转换,再将其对应的数据视作本文文档进行检索。信息检索所依赖的文档和用户查询的表达优劣取决于自然语言处理诸技术对文本数据的处理能力。随着搜索引擎的普及,人们对搜索引擎的期望也越来越高。把自然语言处理技术,特别是语义处理技术更深入地融合到搜索引擎中,由关键词搜索升级为智能搜索,成为搜索引擎的发展趋势。信息检索所依赖的自然语言处理技术,在处理文本数据的层次上从低到高可分为词法分析、句法分析、篇章分析和语义分析等四个层面。

(一)词法分析

第一层面上的词法分析主要包括汉语分词和词性标注两部分。和大部分西方语言不同,汉语书面语词语之间没有明显的空格标记,文本中的句子以字串的形式出现。因此汉语自然语言处理的首要工作就是要将输入的字串切分为一个个的词语,然后在此基础上进行其他更高级的分析,这一步骤称为分词,这一部分内容在本章第一节有所介绍,此处不再详细展开。例(1)展示了一个中文句子分词前后的差异。当然该例句包含有歧义,因而有两种分词结果。

(1)分词前:自动化研究所取得的成就。

分词后:自动化 研究 所 取得 的 成就。

分词后:自动化 研究所 取得 的 成就。

除了分词,词性标注也通常认为是词法分析的一部分。给定一个切好词的句子,词性标注的目的是为给每一个词赋予一个类别,这个类别称为词性标记,比如,名词、动词、形容词等。一般来说,属于相同词性的词,在句法中承担类似的角色。

分词和词性标注目前所采用的主流技术路线都是将句子视作字符序列,在其上对词边界和词性进行标注;通过对大量标注数据进行统计分析,设计自动标注器实现自然文本的分词与词性标注。目前主流的分词和词性标注的符号形式如例(2)[①]所示。

(2)原始句子:北京大学师生参加义务劳动。

分词标注:B I I E B E B E B I I E

词性标注:[北京/ns 大学/n]nt 师生/n 参加/v 义务劳动/l

(二)句法分析

第二个层面的句法分析是对输入的文本句子进行分析以得到句子的句法结构的处理过程。对句法结构进行分析,一方面是语言理解的自身需求,另一方面也为其他自然语言处理任务提供支持,例如对文档信息进行

---

① 分词标注中B、I、E分别标注了词的开始字、中间字和结尾字。词性标注中ns、n、nt、v和l分别表示地名、名词、组织名、动词和习用语。(俞士汶等,2002)

精确表示。语义分析也通常以句法分析的输出结果作为输入,以便获得更多的指示信息。

根据句法结构的表示形式不同,最常见的句法分析任务可以分为以下三种:(1)短语结构句法分析,该任务也被称作成分句法分析,作用是识别出句子中的短语结构以及短语之间的句法层次关系;(2)依存句法分析,作用是识别句子中词语与词语之间的相互依存关系,如图3-2所示;(3)深层文法句法分析,即利用深层文法,例如词汇化树邻接文法、词汇功能文法、组合范畴文法等,对句子进行深层的句法以及语义分析。

上述几种句法分析任务中,依存句法分析属于浅层句法分析。其实现过程相对简单,比较适合多语言环境下的应用,并且已经建设有大量多语资源,形成了跨语言的普适依存句法框架①,但是该方法所能提供的信息相对较少。深层文法句法分析可以提供丰富的句法和语义信息,但是采用的文法相对复杂,分析器的运行复杂度也较高,这使得深层句法分析当前不适合处理大规模复杂数据。短语结构句法分析的复杂程度介于依存句法分析和深层文法句法分析之间。

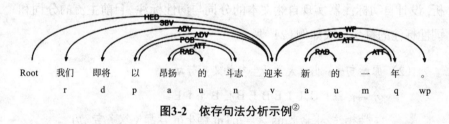

图3-2　依存句法分析示例②

(三)语篇分析

第三层面的语篇分析或篇章分析是指超越单个句子范围的各种可能

---

① http://universaldependencies.org,访问时间:2019.10.15。

② 依存语法使用指向核心动词的弧来描述依存关系,弧上的符号标记了依存关系的类型。HED、ATT、ADV、POB、RAD、VOB、SBV和WP分别表示核心关系、定中关系、状中关系、介宾关系、右附加关系、动宾关系、主谓关系和标点。句子中每个词下面的符号则表示该词的词性。此例也表明句法分析需要在词法分析基础上进行。

分析,包括句子(语段)之间的关系以及关系类型的划分、段落之间关系的判断、跨越单个句子的词与词之间的关系分析、话题的继承与变迁等。

语篇分析在构建理论模型方面,典型的工作有语篇表示理论(Kamp, 2006)、中心理论(Marcu. D, 2000)以及修辞结构理论(Mann and Thompson, 1988)。发展起来的技术主要有语篇结构分析技术和指代消解技术。前者旨在将语篇分析为一组平面化的论元对或者有层次的修辞结构树;后者则通过名词与名词之间、名词与代词之间的指称关系分析语篇衔接性。

(四)语义分析

语义分析的最终目的是理解句子表达的真实语义。但是,语义应该采用什么表示形式一直困扰着学术界,这个问题至今也没有统一的答案。语义角色标注是目前比较成熟的浅层语义分析技术,基于逻辑表达的语义分析也得到学术界的长期关注。

按照层次,语义分析也分为词汇级、句子级和篇章级。词汇级的语义分析主要研究词义消歧和词汇的形式化表示,句子级的语义分析关注句子内的语义角色识别和整句的逻辑表达式生成,篇章级的语义分析的目标则是篇章内小句、句子和段落间的语义关系。

三、机器学习与语言智能

机器学习一般被定义为一个计算机自我改进的过程。自计算机问世以来,人们就期待它能够根据数据不断地进行自我学习。(Mitchell, 1997)而计算机基于数据构建概率统计模型,并运用模型对数据进行预测,根据数据自我完善模型的方法称之为统计学习。(李航, 2012)运用统计学习方法,自然语言处理在诸如机器翻译、文本分类、自动摘要等方面取得了长足的进步。

深度学习是近年兴起的机器学习范式,已经在学术界和工业界引发研究和应用的热潮,甚至诸多"脑计划"都依赖深度学习而开展。深度学习利用多层神经网络结构,从大数据中学习现实世界中各种事物的可直接用于计算的表示形式,被认为是智能机器的一种可能的"大脑结构"(刘知远、崔安顾等,2016)。近年来深度学习席卷了统计学习方法原有的所有阵地,并在自然语言处理诸多任务上取得了新突破,逐渐成为标准技术方案。在深度学习的推动下,机器翻译、自动问答等任务的表现大大提升。许多相关应用与产品的智能程度飞速发展,并开始走进千家万户。

下面我们简要介绍几种重要的语言智能应用。

(一)知识图谱

知识图谱旨在以结构化的形式描述客观世界中概念、实体、事件间的复杂关系,将互联网的信息表达成更接近人类认知的形式,并提供了一种更好地组织、管理和理解互联网海量信息的能力。知识图谱在智能问答中显示出强大威力,同时也给互联网语义搜索带来了活力,已经成为互联网智能服务的基础设施。

在智能问答领域,基于知识图谱的问答通过对问句的语义分析,将非结构化问句解析成结构化的查询语句,在已有结构化的知识库上查询答案。语义搜索则利用大规模知识图谱对用户搜索关键词和文档内容进行语义标注,改善搜索结果。国内的典型应用有百度知心、搜狗的知立方等。

(二)智能问答与聊天机器人

虽然搜索引擎发展迅速,但传统的基于关键词的信息检索方式仍然无法满足用户需求。在很多情况下,用户不需要获得文献全文而只是想知道某个具体问题的答案,如:林书豪有多高?用什么软件打开ttf格式文件?冰岛第一夫人是谁?等等。能从大量数据中检索和整合出用户答案的系统称之为问答系统。问答系统与传统搜索引擎有很大不同,主要区别可见下表。

表 3-1　问答系统与传统信息检索系统的区别（来源：吴友政，2006）

比较方面	问答系统	传统搜索引擎
系统的输入	自然语言提问	关键词或关键词组合
系统的输出	准确的答案	相关文档的列表
所属的领域	涉及语言信息处理和信息检索两个领域	信息检索领域
信息确定性	用户信息需求相对明确	用户信息需求相对模糊

随着Web2.0时代的到来，面向用户生成内容的互联网服务越来越流行，社区问答系统应运而生，如知乎、百度知道、搜狗问问等。社区问答为互联网知识分享提供了新的平台，辅之以对"问题-答案"对的处理，结合语言信息处理技术和信息检索技术，可以有效地满足用户多样性的知识需求。到2011年"百度知道"已解决的问量就达3亿之多。（周光有，2013）

在移动互联网时代，越来越多的问答系统以聊天机器人的产品形式接触到用户。聊天机器人是用来模拟人类对话或聊天的程序，在回答用户问题之外还需要进行对话管理和情感计算，以提供更贴近于人类陪伴者的用户体验。越来越多的企业和机构也开始使用聊天机器人进行客户服务，也有众多企业开发了以问答、聊天为主要功能的个人数字助理产品。

2011年，IBM公司研发的Watson问答系统（Ferrucci et al., 2010）在美国智力竞赛节目"危险边缘Jeopardy!"中战胜人类冠军，并于2012年通过美国职业医师资格考试。2017年，科大讯飞领衔的863国家高考答题机器人项目成果AI-MATH参加了当年高考数学考试并取得105分（满分150分）成绩。这些都让人们直观体验了语言信息处理与信息检索技术相结合，在自动加工大规模数据和知识推理中的巨大能量。

（三）自动校对与作文批阅

文本校对是语言信息处理技术的重要应用领域之一，早在20世纪60年代，美国就开展了面向英文文本的自动校对研究。（Kukich，1992）目前已实现实用化和商业化。面向英语作为第二语言写作者的校对技术也已十分成熟,如批改网和Erater都是较为成熟的产品。

我国的中文文本自动校对研究起源于20世纪90年代,但发展速度较快。从嵌入微软Office系统的白字、错词诊断到目前在出版业使用广泛的黑马、方正、金山自动校对系统,中文自动校对已经走出实验室,成为新闻出版业中降低人力成本,提高出版质量的重要手段。目前中文文本校对主要面向上下文相关错误,其校对方法主要是利用上下文信息(统计特征、语法和语义特征)构建统计模型,并与形式化的语法规则相结合,建立文本自动差错与纠错模型。(张仰森,2017)结合语义知识库和篇章处理技术,实现语义层面和篇章级别的文本自动校对是这一领域研究的重要发展方向。

在教学领域,中文文本校对技术可以应用于作文语法错误诊断和纠正这一任务。汉语作为第二语言的留学生作文是句法错误发现的主要研究对象。目前,基于深度神经网络和序列标注模型的实验系统可以初步实现成分缺少、成分冗余、语序错乱和词汇使用错误四类句法错误的发现,但精度尚不足以投入使用。(Bo Zheng et al., 2016; Yi Yang et al., 2017; Gaoqi Rao et al., 2017)

较之语法错误的诊断,面向汉语母语者作文的自动处理集中于自动评分这一任务,其原理与文本校对略有不同。作文自动评分技术将人工打分作文中的语言特征作为训练数据,用以调试统计回归模型或分类模型,将未评分作文分类到不同的分数段中以实现评分功能。目前中高考作文的自动评分质量已逐步逼近人工评分水平。

(四)自动文摘与智能写作

随着互联网上信息爆炸性地增长,信息过载问题给人们造成了巨大的困扰。自动文本摘要可以帮助人们更加轻松地从海量文本中获得关键信息,快速理解原文内容。自动文摘可以看作是一个信息压缩过程,将输入的一篇或多篇文档压缩为一篇简短的摘要,这涉及对输入文档的理解、要点的筛选以及文摘合成这三个主要步骤。

20世纪50年代,IBM公司就开始研究自动摘要的关键技术。(Luhn,1958)近二十年来,业界提出了各类自动文摘方法与模型,用于解决各类自动摘要问题,在部分自动摘要问题的研究上取得了明显的进展,并成功地将自动文摘技术应用于搜索引擎、新闻阅读等产品与服务。2013年雅虎公司耗资3000万美元收购了一项自动新闻摘要应用Summly,这标志着自动文摘技术的应用走向成熟。目前面向社交媒体中动态涌现出的新闻热点进行自动摘要,是该领域的重要研究方向。

与自动文摘的过程相反的是基于给定关键信息生成完整篇章的智能写作技术。该技术近年来的发展也十分迅速。具体而言,智能写作是利用计算机完全自动地对收集的文档进行整理、提取、过滤、筛选、组装,根据指定主题和关键信息(如时间、地点、人物、事件类型等)自动地生成文章,通过从特定语体海量文本数据中挖掘语言特征,系统可以构建特定语体中"词-句"和"句-篇"两级知识库,并最终形成文本模板。这类应用目前集中于结构、格式比较固定的受限语体中,如新闻报道、公文、通知等。2017年两会中已出现了许多智能新闻机器人的报道作品。

类似的,基于对诗文、楹联数据进行挖掘的智能写作系统也在自动作诗、自动对联方面崭露头角。微软公司的小冰系统和清华大学的九歌系统分别在新诗和古体诗的自动生成上达到了以假乱真的程度。以下三例分别是智能写作系统生成的古诗、新诗与新闻报道。

(3)孤耐凌节护,根枝木落无。
寒花影里月,独照一灯枯。

(《画松》)

(4) 艳丽的玫瑰和艺术的情绪
   极美妙的新生
   曾经在这世界
   在那寂寞的寂寞的梦

   (《在那寂寞的寂寞的梦》)

(5)

（腾讯财经）　国家统计局周四公布数据显示，8月CPI同比上涨2.0%，涨幅比7月的1.6%略有扩大，但高于预期值1.9%，并创12个月新高。

国家统计局城市司高级统计师余秋梅认为，从环比看，8月份猪肉、鲜菜和蛋等食品价格大幅上涨，是CPI环比涨幅较高的主要原因。8月份猪肉价格连续第四个月恢复性上涨，环比涨幅为7.7%，影响CPI上涨0.25个百分点。部分地区高温、暴雨天气交替，影响了鲜菜的生产和运输，鲜菜价格环比上涨6.8%，影响CPI上涨0.21个百分点。蛋价环比上涨10.2%，影响CPI上涨0.08个百分点，但8月价格仍低于去年同期。猪肉、鲜菜和蛋三项合计影响CPI环比上涨0.54个百分点，超过8月CPI环比总涨幅。

他表示，从同比看，8月份CPI同比上涨2.0%，涨幅比上月扩大0.4个百分点，主要原因是食品价格同比涨幅有所扩大。8月份，食品价格同比上涨3.7%，涨幅比上月扩大1.0个百分点，其中猪肉、鲜菜价格同比分别上涨19.6%和15.9%，合计影响CPI上涨1.05个百分点。非食品价格同比上涨1.1%，涨幅与上月相同，但家庭服务、烟草、学前教育、公共汽车票和理发等价格涨幅仍然较高，涨幅分别为7.4%、6.8%、5.6%、5.3%和5.2%。

(腾讯财经新闻机器人Dreamwriter)

信息化是新时期语言文字事业的工作重点，也是国家工业化与信息化发展的关键领域。从中文进入计算机，到智能化时代里中文信息处理惠及千家万户，语言文字信息化的发展也是应用语言学广泛地与数学、信息科学、通信科学相结合的过程。智能化也成为"语言为用"的新支点。大数据带来大机遇,语言智能推动人工智能。同样,我们也深知任何一种技术的诞生和发展都离不开社会对服务的需求和产业对效率的渴望。语言科技的进步让曾经的"不敢想象"变为今日的"毫不稀奇",而市场和产业则选择了最有价值的方向,不断促进其生长和繁荣。在人工智能革命袭来的今天,多样态、高科技的语言服务必将带给全社会更多的惊喜和实惠。

思考与练习

(1)下图中的机器翻译错误是由什么问题导致的?你还能在生活中找到类似的错误吗?

(2)尝试与三种聊天机器人(或智能客服)进行多轮对话,思考一下它们适合回答什么样的问题,聊什么样的话题,当它们卡住的时候,用什么策略继续对话。

(3)如何看待机器翻译、智能写作等新兴语言科技?它们会取代人工翻译和记者编辑吗?

(4)从生活和专业的角度出发,你认为下一种火爆起来的语言智能应用可能是什么?

第四章

语言教育和语言学习

第四章

語言接觸研究與語言規劃

语言教育和语言学习是应用语言学的重要话题。在地球成为地球村、交通通信越来越便捷、移民越来越频繁的当下,语言教育与语言学习也越来越多地受到政府与民众的普遍关注。本章主要介绍与语言教育和语言学习相关的知识和认识。

第一节　母语教育

联合国教科文组织从1999年起将每年2月21日定为"国际母语日",每年主办一个母语主题活动,旨在促进语言多样性及多语言教育,加强对母语教育重要性的认识。人们在日常生活、学习与工作中离不开母语,母语在个人和社会的生存与发展中具有相当重要的地位。某种意义上说,母语能力是个人事业成功的必要素质,它决定着一个人的基础能力与未来发展。而学校母语教育则应该把培养学生的母语语言能力、提升文化素养、涵养人文底蕴、培养民族文化认同感作为重要目标。

一、母语和母语能力

(一)什么是母语?

母语是一个重要而常用的概念,而这个概念却并不容易界定。如《现代汉语词典》(第7版)把母语解释为:"一个人最初学会的一种语言,在一般情况下是本民族的标准语或某一方言。"《中国大百科全书》把"母语"解释为:"在一般情况下,第一语言称为母语,也就是一个人所属民族的民族语言,也称本族语。"《语言与语言学词典》则将母语等同于本族语,把"本族语"解释为:"指人在幼儿时通过和同一语言其他成员的接触而正常掌握的第一种语言。"联合国教科文组织1951年将母语称为"本族语",

认为它是指"人在幼年时习得的语言,通常是思维和交流的自然工具"。从这些权威的定义可以看出,母语这个概念常常和第一语言与民族语联系在一起。为了将母语与第一语言和民族语区分开来,不少学者尝试着对母语下了新的定义或做了新的划分。李永燧(1999)提出母语有本族语和非本族语两种形式。李宇明(2003)认为应当区分出"母语"和"母言",认为母语是指向民族共同语的,而母言指方言。王宁(2005)则区分了自然母语和社会母语,认为自然母语是幼年时自然习得的母语,以民族语言的方言为大多数,而社会母语则是与外语相对的,它必须是也只能是这个民族的标准语。

以往对母语的定义总体上是从语言习得、民族归属和语言使用三个维度进行的,因此,各种定义之间有交叉也在所难免。如今,信息化、全球化、多元化已成为语言使用与发展的客观背景,民族迁徙、城镇化、移民现象日渐频繁,移民及跨民族杂居的情况日益凸显,语言环境也随之发生变化,以往那种封闭、静态、同质的小乡村社区的单语(言)环境,逐渐演变成双语(言)或多语(言)环境。在这种社会情形及语言环境下,如何更好地认识"母语",还需要更多的思考。

(二)什么是母语能力?

母语能力首先表现为一种语言能力。那么,什么是语言能力?杨亦鸣(2016)认为,语言能力是指人类产生语言、掌握语言以及使用语言服务社会和国家的能力。一般情况下,语言能力包括母语能力、公民语言能力、国家语言能力,以及区域和国际交流的语言能力等诸方面。语言很复杂,能力问题也很复杂。语言和能力这两个复杂的元素结合在一起,组成"语言能力"这个新概念,情况就变得更加复杂。至于语言能力怎么发展,怎么提升,语言能力有什么标准,标准又该如何研制,能力又该如何测评等等问题,正是今天语言学界共同研讨的重点问题。在全球化、信息化时代,语言的重要性日益凸显,语言能力的发展不仅关系到个人的发展前景,而且还关系到国家政治、经济与文化的发展。

母语能力是指掌握母语语言知识与技能，运用母语进行思维、创造和表达思想观点的能力，包括听、说、读、写等方面。一个合格的汉语母语者，该是什么样？"通过掌握汉语规范，提升汉语应用能力，进而形成汉语母语文化认同，将汉语内化为一种人文素养，做到这些，就算是具备了较高的汉语语言能力。"[①]

母语能力是一种综合能力，有关母语语言能力的研究涉及语言学、语言习得、语言教育、语言测试等研究领域。语言学界虽然对语言能力的界定及学生语言发展等方面至今仍存在着争议，但就一般情况来说，在母语语言能力的发展与思维能力发展的过程相一致这一点上基本达成共识。一个人的母语能力大致包括三个方面，即语言认知能力、语言思维能力和语言运用能力。语言运用能力是语言能力的外在表现，语言认知能力和语言思维能力是语言能力的内在素养。

1. 语言认知能力

一个人的认知能力以及在此基础上发展的语言认知能力，是语言能力的重要组成部分。"心理词典"是反映语言认知能力的一个重要概念。所谓"心理词典"，是指"永久性储存于记忆中的词及词义的心理表征"（王文斌，2002）。心理学认为，语言加工的过程包括心理词典及其激活、提取的过程，心理词典存储语言知识，并在心理词典之间建立联结关系。这种能力通常被称为人的基本认知能力。我们通常所说的汉字正字法意识、识字识词能力等，就是基本认知能力。指向母语语言的基本认知能力可以依据语言的特性分解为语音加工能力、字形加工能力、语义加工能力，以及它们之间的相互激活等方面的信息。基本认知能力的发展是语言发展的重要组成部分，是学生语言运用能力正常发展的基本保证。

---

① 摘自《国人母语能力堪忧，真的吗》，《人民日报》2016年08月11日17版。

2. 语言思维能力

语言思维能力一般是指利用语言获取信息、分析推理、反思和评价等方面的能力。语言思维能力是语言运用能力高度发展的内在动力，它的发展有利于创造性人才的培养。语言思维能力可以通过阅读理解、调查问卷、写作等任务来测量。语言思维能力主要体现在三个方面：

第一，信息检索与提取能力。即搜索并运用资料，比较、识别和提取主要信息的能力。高考语文测试中对阅读理解能力与语言表达能力的考查，如考场作文，往往给定材料或标题，学生从中检索、提取关键词的审题能力就属于这种情况。

第二，分析与推理能力。即分析、对比、组织、归纳和推理的能力。阅读理解能力，例如目前高考论述文和实用类文本的阅读能力的检测就属于这种情况。

第三，反思与评价能力。包括对文章内容、语言和要点进行评估的能力，能够结合自身经验，形成新的认识并做出评价的能力，以及超越文本进行思考和发表意见的能力。

3. 语言运用能力

语言运用能力是指学生运用语言表达自己的观点，以及说服别人进行语言交际的能力。语言运用能力主要表现在语言交际以及书面表达、口语表达等方面，可以通过在阅读过程中的批判、评价、整合、解释、推理等能力和作文能力等进行测量。

上述三个方面的语言能力可以分为内在体系和外在表现两个层面，内在与外在相互作用。内在体系的建立是依靠语言的运用逐步确立和调整的，但是在整个语言能力框架中，内在体系的建立是关键。内在体系中，语言的认知能力在儿童语言发展过程中起决定作用，是语言思维能力与语言运用能力发展的基本保证。

二、母语教育的意义

母语教育的宗旨是培养并提高学生的母语能力。母语能力的发展水平,不仅与个人的成长和发展紧密相连,而且与民族语言文化的传承、与国家和社会的发展息息相关。

(一)奠定个人发展基础

"语言表达我们自己,构建我们的思想和身份。"[①]母语能力首先表现为一种综合语言能力,对个体立足社会、发展自我、创造并贡献于社会具有不可低估的作用。一个人语言能力强,具备了较强的沟通交流能力,与他人相处融洽,将会对学业与职业发展产生积极的影响。

通过母语教育,提高个人的语言能力,提高阅读理解与表达交流能力,有助于学生综合素质的提升。学生熟练地掌握语言技能,阅读民族文学作品,丰富人文底蕴,获得精神成长,同时也是在传承民族文化精神。语言是思想的外壳,思想和精神可以通过语言外显,内隐与外显结合,学生将会获得全面发展。所以说,母语教育为个人的发展奠定了基础。

(二)传承民族语言与文化

语言是一种文化,学习本民族语言即是在传承民族文化。语言又是交际工具,是载体,它承载着民族的历史文化和精神文明。因此,习得母语,接受母语教育,就是在传承母语,传承民族文化和民族精神。母语教育的重要任务之一就是要通过阅读经典,学习民族共同语,继承和发扬优秀传统文化。

(三)推动社会进步与发展

从社会层面上说,母语教育是社会进步与发展的助推器。中国几千年

---

① 联合国教科文组织总干事伊琳娜·博科娃于2017年"国际母语日"致辞,http://www.unesco.org,访问时间: 2019-10-18。

的传统教育就是很好的例证。从西周有文字记载时起,到20世纪初期中国新的教育体系的建立以及语文教育独立设科以前,长达三千多年的历史时期内,传统语文教育以读经为主,进行识字读写训练,传递着民族的思想与文化;这种情况一直延续到"五四"新文化运动时期。某种意义上说,传统语文教育是以古代经典学习为核心的道德文化教育。新中国建立以后的现代语文教育,虽然经历了艰难曲折的发展过程,但总体上是在朝着使学生在语言与文化方面都有所发展的目标前进。

语言是民族文化、思想精神与道德情感的容器,如果不懂得这个语言,不精通自己的母语,就不能直接接触到这个语言容器里所包含的"根本性东西"。此外,借助母语能力学好外语,熟练地掌握一种或多种外语,不单是使人们多一个手、耳、目,也使人的心灵和思想的空间得以拓展和扩大,与世界经济、科技、军事及文化发展保持同步。可见,良好的母语教育,是关乎民族和国家未来发展的大事。

三、母语教育的内容

母语教育有多种途径与方式,这里讨论的母语教育专指正规的学校母语教育,即通常所说的"语文教育"。语文教育的目标是培养与提高学生的语文能力及文化素养,其内容包括字、词、句等语文知识、文体特征及篇章结构知识,以及听、说、读、写等方面的语言运用技能。通过母语教育,可使母语者能够正确而有效地使用母语语言,同时传承民族文化和民族精神。

(一)识字教学

识字是母语教学的第一道"关口",起始阶段的母语教学当以识字为重点。探讨识字教学,需要考虑两个方面的因素:一是识字量,二是识字方法。

识字教学一直是传统语文教育尤其是蒙学阶段的首要任务。《三字经》(南宋)、《百家姓》(北宋)、《千字文》(南朝梁)(简称"三百千")是古代语文教育史上最为经典并流传至今的识字教材。关于"三百千"的用字问题，李海燕（2012）运用计算机信息统计手段对此做过详尽细致的分析，统计结果如下表所示：

表 4-1　"三百千"的实际用字一览表（单位：字）（来源：李海燕，2012）

书名	字次	单次字	复次字	字种
《三字经》	1140	346	195	541
《百家姓》	568	451	49	500
《千字文》	1000	988	6	994
"三百千"	2708	966	508	1474

"三百千"的用字基本流向情况如下表所示：

表 4-2　"三百千"用字基本流向一览表（单位：字）（来源：李海燕，2012）

蒙书用字	1500常用字		2500常用字		3500常用字		7000通用字		《新华字典》	
	1500	百分比	2500	百分比	3500	百分比	7000	百分比	10000	百分比
《三字经》（541）	397	73.38	461	85.21	501	92.61	539	99.63	540	99.82
《百字姓》（500）	254	50.80	329	65.80	389	77.80	497	99.40	498	99.60
《千字文》（994）	646	64.99	802	80.68	878	88.33	986	99.20	990	99.60
"三百千"（1474）	838	56.85	1079	73.20	1235	83.79	1462	99.19	1468	99.60

从上面的统计分析来看，"三百千"用字与现代汉语常用字的关系非常密切，"三百千"所用1474个字种，见于"3500常用字"的有1235个。也就是说，"三百千"所有用字至今仍有83.79%进入现代汉语常用汉字之列，为现今的人们所经常使用。

现行《义务教育语文课程标准(2011年版)》规定学生到九年级毕业时"认识3500个左右常用汉字,能正确工整地书写汉字,并有一定的速度"。

义务教育阶段的识字与写字要求,见表4-3:

表4-3 义务教育阶段的识字、写字要求

学段/年级	识字与写字
第一学段(1—2年级)	认识常用汉字1600个左右,其中800个左右会写。
第二学段(3—4年级)	累计认识常用汉字2500个左右,其中1600个左右会写。
第三学段(5—6年级)	累计认识常用汉字3000个左右,其中2500个左右会写。
第四学段(7—9年级)	累计认识常用汉字3500个左右。

这3500个常用汉字里面有1235个字与"三百千"的用字相一致。

下面再说说识字方法。

通常使用的识字方法有五种:(1)集中识字;(2)分散识字;(3)注音识字;(4)韵语识字;(5)看图识字。其中集中识字和分散识字是两种主要的识字方法。古代识字教材"三百千"采用的是集中识字法,集中教学汉字,读字音,讲字形,释字义;当学生的识字量积累到一定程度,开始阅读。分散识字是指把生字分散到课文里,随着课文阅读一起教学汉字。

识字教学与拼音教学紧密相连。儿童入学以后,先学拼音。掌握了拼音这个"拐杖"后,学生可以自行认读汉字。2016年秋季开始,国内中小学一律使用教育部统一编写的"统编本",这套教材一年级入学后第一个单元先安排识字内容,识字教学一个月后,在第二单元才学习拼音,即先识字后拼音。作为帮助学习汉字、学习普通话的重要工具,汉语拼音以降低学习难度为目标,综合考虑各方面因素,避免增加学习负担。"统编本"教材准确定位拼音的学习目标,强调拼音的工具价值,集中编排汉语拼音,以拼音学习的规律为主要线索安排学习内容,短时间内集中解决问题。

识字是起始阶段的教学重点,但不是语文教学的最终目的,识字是为进一步的阅读和写作服务的。通过阅读和写作实践，培养和提高学生的语言能力，增进他们的文化素养，这才是语文教学的根本任务。

（二）阅读教学

阅读教学重在一个"读"字，读什么书成为阅读教学首先需要关注的事情。中国古代语文教育经历了三千多年的发展时期，建立起了一套较为完善的阅读文本系列。这套文本系列从各个不同的角度共同完成了提高学生书面语言能力以及培养他们的道德精神和思想文化素养的任务。

传统语文教育使用的阅读文本系列，构成了一套基础训练的系统，其中有名物类的《幼学琼林》《龙文鞭影》，有伦理类的《性理字训》《弟子规》，有历史类的《十七史蒙求》《小学》，有工具类的《文字蒙求》《字学举隅》，有写作类的《文章轨范》《古文关键》，有诗集《千家诗》《唐诗三百首》，有文选《昭明文选》《古文观止》，等等。从西汉时代直到1904年新式学堂建立，以及确立"中国文学"独立设科的地位，这样漫长的古代语文教育时期内，"四书""五经"一直是蒙学之后官方规定使用的必读课本。"中国文学"成为独立学科，是中国语文教育从注重伦理道德教育走向语文教育本身的重要一步，当然，这一步完成得并不彻底。

"五四"新文化运动之后，中国语文教育开始从"读经"的桎梏中走出来，走向现代。发展至今，中国基础教育尤其是语文教育经历了曲折的发展历程：从中华人民共和国成立初期以苏联为师的革命教育，到大跃进、"文革"时期以舆论宣传和政治教育为导向的语文教育，再到20世纪90年代末期，部分专家对语文教学内容进行反思，直到21世纪初期的课程改革，才逐渐开启了语文教育回归人性、寻找灵魂、探索规律的新时代。七十多年来，语文教育的发展随着课程改革理念的变化与实施起起落落，过程虽然曲折，但是进步也很可观。[1]在阅读方面，21世纪课程改革以来，科技日新

---

[1] 参见"国家阅读史系列之五：六十年语文课改与国家变迁"，凤凰网·读书，https://book.ifeng.com/special/yuwenshu60/，访问时间：2020-05-20。

月异,时代不断进步,学生的阅读方式逐渐丰富,阅读数量或获取的信息量也在不断增加。当然,课改提倡的"淡化知识与文体"等教学观念,也给语文教育带来一些负面影响。从学科教育的角度说,"语文"首先是学科,它有自己的知识体系和教育目标。语文教育的目标是培养并提高学生以听、说、读、写的语言能力为核心的综合语文素养,无论是篇章阅读,还是文章写作,都离不开必要的语言和篇章结构等方面的知识。同时,语文教育的"现代化"也使得学生对古代经典越来越感到陌生,优秀传统文化与他们渐行渐远。鉴此,国家出台相关教育政策,并敦促学校实施。2014年3月,教育部发布《完善中华优秀传统文化教育指导纲要》的通知,强调进一步完善对学生进行中华优秀传统文化的教育。2016年9月,《中国学生发展核心素养》颁布,强调"文化是人存在的根与魂",加强人文底蕴,"主要是学生在学习、理解、运用人文领域知识和技能等方面所形成的基本能力、情感态度和价值取向。具体包括人文积淀、人文情怀和审美情趣等基本要点"。

与此同时,全国中小学开始使用教育部统一编写的"统编本"教材。"统编本"注重落实中华优秀传统文化教育,语文教材所选古诗文数量有所增加,体裁多样。小学6个年级12册课本共选优秀古诗文124篇,占所有选篇的30%,比原来的"人教版"(即人民教育出版社教材)增加55篇,增幅达80%。初中3个年级6册课本,古诗文也是选124篇,占所有选篇的51.7%,比原来的"人教版"比例也有提高,平均每个年级40篇左右。(温儒敏,2016)例如《木兰诗》《悯农》《游子吟》《出塞》《过零丁洋》《示儿》,还有一些文言文,如《愚公移山》《〈论语〉十二章》《〈孟子〉二章》《出师表》《少年中国说(节选)》;增设专题栏目,安排了楹联、成语、谚语、歇后语、蒙学读物等传统文化内容,使学生在积累语言的同时,受到中华优秀传统文化的熏陶。革命传统教育的篇目也占有较大的比重,小学选了40篇,初中29篇。总之,"统编本"教科书坚持立德树人的"守正"立场,特别强调选文的四个标准:经典性、时代性、文质兼美、适宜教学。

从20世纪初新式学堂的建立,到21世纪初新课程改革的实施,语文教育开始摆脱伦理道德"说教"的束缚,逐渐走向人性的回归。作为母语教育,语文课开始在坚持"语言教育"的同时,兼顾对民族思想文化的传承,坚持语文教育的人文性,培养学生对民族文化的认同感。

目前,学校阅读教学多以语文教科书为依托,进行课文教学,教学的主要内容有讲解文本内容,领悟作品的精神内涵,梳理篇章结构,分析语言特色,把握作者的创作意图等。并且把课外阅读与课内阅读结合起来,丰富学生的语言积累,扩展学生的文化视野。

(三)写作教学

写作教学首先要关注写什么的问题。它涉及内容与文体两个方面。

写作内容主要指写作的对象,可以是对外部世界与生活事物的观察,表达方式是记叙、描写、说明等;也可以是内心的思考,对于事物、现象甚至规律等问题的思考、判断与评价,表达自己的观点,表达方式是议论和抒情等。

在写作文体方面,传统语文教育要求写作的文体多种多样,有诗词歌赋,也有八股文章,这些是隋唐以后科举考试的要求。诗歌写作讲究平仄对仗,合辙押韵,传统语文教育中有《声律启蒙》《笠翁对韵》及各类韵书等,供创作者参考使用。文章写作则重视对叙述和议论两种表达方式的运用,在这方面前人也编有经典教材供学习者使用。例如宋代真德秀编的《文章正宗》和谢枋得编的《文章轨范》,还有宋代吕祖谦著的《东莱博议》。这些写作指导书籍大多以名家名作为范本,以文章的最高标准来要求作者,要求做到"言之有物""言之有序"[①]。传统语文教育总结出来的这个写作八字标准,对今天的写作训练具有非常积极的意义。

---

① 这八字皆出自《周易》。"言之有物"原句是"君子以言有物,而行有恒"。意思是君子说话有根据和内容,做事要有准则和规矩。"言之有序"原句是"言有序,悔亡"。意思是说话有条不紊,不当言则不言,所以无悔。借指说话和写文章要有条理。

对文体特征的弱化，是作文教学的一大弊端。我国基础阶段的作文教学一直在努力探索中，教材始终没有建立起严格而系统的文体专项训练，加上考试指挥棒的作用，日常作文教学往往都围绕考试要求进行。考试作文对文体要求比较宽松，如"文体不限"或"文体自选"，而更多地关注命题形式的创新与变化。近二十年来，我国考试作文大致经历了命题作文、材料作文、话题作文、新材料作文，以及任务驱动类作文等几个阶段。"自1999年话题作文进入高考语文试卷以来，无论是全国统一命题，还是各省自主命题，话题作文已成为高考语文试卷的主流。我们必须承认：相对过去的命题作文、材料作文，话题作文能解除对学生在立意、取材和体裁方面的诸多限制，为学生自主自由的写作提供广阔自由的空间，有利于培养学生创新思维能力，展示学生的写作专长，从一个方面检测学生的真实写作水平。"（陈寿江，2008）一种新的作文命题形式的出现，大抵是对过去作文样式的一种扬弃，相对于旧样式是一种进步。尽管中考和高考作文的"文体不限"或"文体自选"并不是不要文体或取消文体，但在实际教学与写作实践中，往往淡化了文体界限，模糊了文体特征，致使多数文章显得"四不像"。据一位近十年主持省级高考作文评卷工作的教授说："高考作文淡化文体，考生的作文非但没有出现我们所期待的那种令人欣喜的现象，反倒叫人担忧……湖南省2004年38万考生，2005年42万考生，我在评卷中竟没有发现一篇中规中矩的议论文或记叙文。"（陈果安，2006）为此，可以清楚地看到该省高考作文已不再是"文体不限"，而是明确要求"写作一篇记叙文或议论文"。这种对"文体不限"的纠偏与扶正，使得文章写作回到明确文体的轨道上来。

其次，要关注怎么写的问题。不同的文体有不同的程式规范和要求，写作教学应当系统地训练各种不同文体规范。叙述类、说明类、议论类，这些类型的文体应当成为中小学写作教学重点训练的对象。另外，要把阅读与写作结合起来，从阅读文本中获得写作经验，用于写作实践。

目前，国内语文界对中小学写作教学的研究成果不少，成就也颇为卓著。不过，这些研究往往存在一些不足：一是个案研究较多，缺少对普遍性写作经验的概括与提升；二是理论研究往往显得很空泛，缺少把静态理论成果付诸写作实践的环节。在这方面，境外母语教育积累了丰富的经验，值得我们参考与借鉴。

例如，美国中小学写作教学建立起一套规范的训练体系。他们强调，写作是一套思维程序。学生在写作过程中，应遵循思维规范，借助语言文字有逻辑性地表达思想。美国语文的写作教学特别强调对学生思维过程的训练，从构思到写作、修改、编辑，最后发表或出版，引导学生一步步地进行写作实践，对学生的文章从语言表达和篇章结构上进行规范；在读写方面要求学生"像侦探一样阅读，像调查报告者一样写作"，培养踏实的文风。20世纪80年代，俄勒冈州的"西北教育实验室"研究并开发"6+1"特征作文模式，即优秀作文需涵盖六个基本要素：思想内容、结构组织、个性风格、词语选择、语句流畅、语法规范，以及文面整洁。这些研究成果，在全美所有中小学普遍得到应用，并在课堂教学中发挥着重要作用。

"合抱之木，生于毫末；九层之台，起于累土。"接受母语教育，学好母语课程，掌握母语技能，是一个人成长进步的基石；培养学生的听、说、读、写能力，提高文化素养，丰富人文底蕴，传承民族思想精神及历史文化，则是学校母语教育不可忽视的重要内容。母语教育既是个人成长的途径，也是民族发展、国家强盛的见证。可见，母语教育在学校教育中具有不可低估的作用。

思考与练习

(1) 你认为什么是母语？
(2) 针对当前语文教育存在的种种问题，有人认为"语文课的出路是回归传统"，即回到传统语文教学中去。"回归传统"是不是现代语文教育的出路? 结合实际谈谈你的看法,并分析你的理由。
(3) 传统语文教学强调死记硬背,古之学者,往往能够熟记"四书""五经",今天的语文教学仍然强调背诵,而国外母语教学对本国经典诗文似乎没有这样的严格要求。这种死记硬背的教学方法还能适应当下母语教育的需要吗? 结合母语学习经验,谈谈你的看法。

第二节　语言学习

人们虽然可以自然获得一种语言,但语言学习也是不可少的。上一节讨论了母语教育的问题,本节主要讨论与外语学习相关的一些问题。

一、外语和母语

(一) 外语和母语的关系

一般说来,外语指的是非本国、非本族人民使用的语言,是母语以外的外国语言。比如在中国,对于讲汉语的人来说,英语、法语或日语就是外语,而对于学习汉语的外国人而言,汉语就是他们的外语。因此母语和外语是常常以国家界限来划分的。对有自己民族语言的中国少数民族而言,如果日常交际中主要通行的是当地民族的语言,那么对于学习普通话的少数民族而言,汉语不是他们的外语,而是国家通用语言。

语言学习问题上常常涉及第一语言和第二语言的概念。这两个概念是根据语言获得的先后顺序来划分的,第一语言是指人出生以后首先接触并获得的语言,然后再学习的语言就是第二语言。当然,学习者还可能学习第三种语言、第四种语言,但这个第三、第四种语言,一般也属于第二语言。

母语和第一语言的关系不是简单对应的关系,外语与第二语言的关系也是如此。比如一个汉族儿童,在汉族地区长大,首先学会使用的是汉语,那么，汉语既是他的母语，也是他的第一语言。但世界上有许多儿童是在国外出生并成长的，他们出生后首先习得的是当地的语言，而不是自己的母语。比如一个日本儿童，日语是他的母语，如果在中国出生并成长，他首先习得的可能是汉语，在这种情况下，汉语是他的第一语言，又是他的外语。如果他长大以后再学习日语，那么日语就是他的第二语言，但日语仍然是他的母语。区分第一语言和第二语言以及母语和外语的目的是为了研究不同语言背景的人学习语言的规律。当然，一般说来，多数人的第一语言是母语，第二语言是外语。

不应把母语学习和外语学习对立起来。近年来，不少国家都遇到了母语教育退步的问题，一些人认为母语教育退步是外语学习挤压母语教育时间造成的。人们议论很多，但并未见到研究报告。事实上，处理得当的话，外语学习不仅不影响母语学习，还会促进母语学习。例如，通过母语和外语的对比，更能加深对母语的理解和注意；而只有精通了母语，才能更好地学习和掌握外语。

（二）两种不同的语言学习

语言教学界把获得第一语言的过程叫作习得。人生来就有习得语言的机制，只要保证正常的生活环境和话语交际环境，儿童总是能够毫不费力地习得任何语言。

儿童习得第一语言是在自然环境中完成的，不需要专人进行指导和教授，就能轻松自如系统地习得第一语言，不仅可以听懂而且可以创造出他们从未听到过的话语。儿童习得第一语言的过程是一种无意识的学习，不需要老师监管，也不存在考试的压力。这是第一语言习得与第二语言学习最重要的差别。

一般认为，儿童在5岁时，已基本掌握第一语言，他们能意识到语言是一个规则体系，并能重复使用这些规则，也开始了解并掌握语言的社会功能，虽然他们掌握的词汇量有限，但基本语法结构已全部掌握，能分辨某种表达是否合乎语法，也能区别语句间的同义关系和歧义关系。值得注意的是，在这个自觉的学习活动中，语言知识的获得和认知能力的发展是同步进行的。第二语言学习是在第一语言的交际能力较为成熟的基础上进行的，学生认知能力的发展已基本完善，尤其是成年人，心智已经完全成熟，概念网络已全面建立，这时候所学习的第二语言，只是一种新的语言表达形式而已。比如，中国学生学习德语词汇Katze（"猫"）时，大脑里对"猫"的认知构建已经完成（知道猫是一种什么样的动物，有什么样的外形），只是学习一种新的发音和书写形式。而幼儿在习得第一语言时，当他第一次看到猫，大人会教他"这是猫"，下次看到狗，幼儿也会说"猫"，大人会纠正是"狗"而不是"猫"。慢慢地，幼儿关于"猫"这种动物的概念才逐渐建立起来，也就是说幼儿习得第一语言时的认知能力的发展和语言能力的发展是同步的，而学习第二语言则不是。

虽然儿童在5岁左右就能基本掌握第一语言，但只是具备了口头表达的能力，还需要在学校里继续提高语言能力（包括听、说、读、写的能力）和用语言进行交际的能力，比如我国在小学、中学开设的语文课。这一阶段，儿童不需要从学习发音和学习基本词汇、基本语法开始；但第二语言学习一般都要从学习发音开始，从学习最常用的词汇和基本语法开始。此外，语文教学注重书面材料和语言知识的传授，而第二语言教学注重口语教学和语言的实际应用。

因此，学校里的第一语言学习和第二语言学习存在着明显的差异。除少数人通过直接接触第二语言社团的生活而学习第二语言之外，大多数人的第二语言学习总是在正规教学的情况下进行，需要有系统的教学计划和完整的教学组织过程，而且学习内容也需要经过整理和筛选。第二语言学习可以在目的语环境下进行，也可以在非目的语环境下进行。比如外国学生来中国学习汉语，就是在目的语（汉语）环境下学习；而中国学生在中国学习英语，就是在非目的语环境下进行的第二语言学习。

二、语言教学

语言学习离不开语言教学。语言教学是一个复杂的过程,不单单指课堂上的教学,凡对语言教学活动的进行有直接或间接影响的活动,都可以包含在语言教学过程之中。语言教学主要回答"教什么"和"怎么教"的问题。"教什么"就是教学大纲,解决"什么内容什么时候教""什么水平应达到什么能力"等问题,教学大纲由语言学家或教学专家来制定,并用来指导教材的编写。"如何教"就是教学方法,即教师采用何种具体的教学方法和技巧进行教学。当教学过程完成之后,可以通过测试检查其实施情况。

(一)语言教学的目标

第一语言学习不同于第二语言学习,因此两者的教学目标也不完全一致。由于大部分人的第一语言是自己的母语,因此第一语言教学总的目标是使学生全面掌握本族语言的系统知识,全面训练学生听说读写的能力,并在学习语言的同时学习文化知识,陶冶自己的道德情操。而第二语言教学的目标总的来说是培养学生运用第二语言进行交际的能力。

关于语言教学的目标,Cook(2010:10)认为第二语言教学不应该以本族人的母语水平为目标,因为这个目标是不可能达到的,第二语言教学的目标应该是使学习者能够成功地用第二语言进行交际。因为即使在完美的双语者中,也不存在能力完全对等的两种语言,总有一种语言是主导语言和强势语言,这种语言就是第一语言。因此,第二语言教学方法的设计不应该照搬第一语言习得的模型。此外,Cook(2010:11)还提出应该重视外语教学的教育价值。他指出,外语教学能够培养道德观念、开拓思维方式、发展独立的工作能力。

世界上很多国家使用不止一种语言,例如在欧洲以及东南亚的新加坡、马来西亚、印尼等国,大部分人都会流利使用两种语言,受教育程度较高的,会流利使用三种及以上的语言。在多语者中,人们学习第二语言的目的不一样,例如有的人想掌握第二语言融入二语社会,从而放弃本族语的使用;有的人既想学会第二语言,也愿意保留自己的母语;有的人是为了交际方便,只想学习一些基本的二语交际词汇;而有的人则将看懂用第二语言写成的文献、增强阅读能力视为其首要目的。目的不同,第二语言的教学目标和教学方法也就不同。因此,第二语言教学要根据学习者的不同情况来确定教学目标和教学方法。

语言教学目标是否实现可以通过测试的方法加以检验。从测试的结果可以推断语言教学目标的制定是否满足了学生的需求,教学大纲和教材是否合适,课程安排是否合理,教学目标的实现过程是否存在问题等等。这样就能及时地调整语言教学的目标和过程,使之更符合学习者的需求。

(二)语言教学的分类

语言教学既包括第一语言教学,也包括第二语言教学。我国的第二语言教学主要包括对中国学生进行的外语教学、对外国学生进行的汉语教学和少数民族的普通话教学等三个方面。对中国学生进行的外语教学和对外国学生进行的汉语教学都属于外语教学,对少数民族学生进行的普通话教学属于第二语言教学,但不是外语教学。

对语言教学的定位直接影响到语言教学目标的确定和教学任务的安排。如何给一种语言教学进行分类则又影响到教学定位。语言教学分类是个非常复杂的问题,角度不同,分类则不同。

我国汉语教学的分类一直是个热门话题。

第一,从国家角度可以分为国内的语文教学和对外汉语教学。这一区分始于20世纪70年代。此前,中国的语言教学主要是母语文教学,通常称为语文教学。70年代开始,随着外国留学生的增加,"对外汉语教学"应运而生。虽然,"对内""对外"的分法遭到一些学者的质疑(郭熙,2004c),但这种划分推动了对外汉语教学事业的发展,推动了汉语语法的描写,也促进了汉语研究的深入。

第二,从民族的角度可分为民族语言教学和国家通用语言教学。中国是一个多民族国家,需要一种国家通用语言。在这一点上,历史选择了汉语普通话。于是,少数民族地区的普通话教学也逐步兴起。但民族地区的普通话教学也有自己的特殊性,它既需要与汉语作为第一语言学习者的语文教学加以区分,也需要与外国人的汉语教学加以区分。

第三,从语言习得的角度可分为第一语言教学和第二语言教学。这也是从个人的角度加以区分的。这一区分促进了不同教学对象所采用的教学方式的分化。同时,这一区分也促进了语言习得理论研究的引入,提升了人们对汉语和汉语学习的认识,推进对汉语事实描写和理论解释走向深入。

上面的各种分类形成于不同的时期和阶段。它们各有自己的贡献,但也产生了一些问题。例如,对外国人的汉语教学中的外国人情况并不相同。比如许多马来西亚华人的第一语言是华语。他们从小就上华文学校,直到中学,甚至大学。中国高校因为他们是外国人而以HSK成绩作为录取标准,那么这样的标准是偏低的。简单区分第一语言和第二语言也有同样的问题。在马来西亚和新加坡,常常有人质疑,为什么要用教洋人的方法去教华人孩子的母语(民族语言)呢?因为不少人往往简单地认为只要是本族人就要用第一语言的教法,外族人就要用第二语言的教学,而忽视了应该根据教学对象的不同而及时调整教学模式的教学要求。(郭熙,2011)

传统的区分还导致了对海外华人社会教学定性的困难。不得已时,人们只好说,海外华人社会的汉语教学,既是母语教学,又是第二语言教学,或既是母语教学,又是外语教学(林蒲田,1998),甚至出现所谓是带有母语基因的第二语言教学(李方,1998),等等。

对汉语教学分类的思考并没有停止。李宇明(2009a)曾从宏观的角度把现有的汉语教学分为5类:(1)作为第一语言的母语教学;(2)作为第二语言的母语教学;(3)少数民族的国家通用语言教学;(4)东南亚的第二语言教学;(5)纯粹的第二语言教学。

郭熙(2012)从社会语言学的角度,提出区分华文教学和汉语教学。汉语教学强调的是交际工具，而华文教学在强调交际工具的同时，还强调认同目标。华文教学和汉语教学的区分，将母语传承教育和汉语传播这两种不同性质的语言教学向前大大推进了一步。

但是，简单地区分华文教学和汉语教学也逐渐显露一些缺陷：（1）尽管已经认识到了华侨的华文教学和华人的华文教学有不同（郭熙，2012），但仍简单地因为都在海外而同样对待，显然不合适；（2）在汉语教学中把华文教学分出后，就出现了两个"汉语教学"，形成了"汉语教学"同名异指；（3）没有进一步区分针对国外的汉语教学和针对国内民族地区的汉语普通话教学。

在此基础上，郭熙（2015b）从语言教学的不同目标出发，把汉语教学分为三个大类：（1）国家通用语言教学；（2）华文教学；（3）中文教学。具体见下表。

表 4-4　汉语教学的三个大类（来源：郭熙，2015b）

性质、环境、目标		国家通用语言教学			华文教学	中文教学
		汉语民族群	非汉语民族群	华侨	华人	非华外国人
母语教学		+	−	+	+	−
第一语言		+	−	+/−	+/−	−
教育目标	国家认同	+	+	+	−	−
	中华民族认同	+	+	+	+	−
	中华文化认同	+	+	+	+	+
技能目标	交际工具	+	+	+	+	+

国家通用语言教学涵盖汉语民族群、非汉语民族群和华侨。以往把华侨子女的母语教学和华人的华文教学统称为华文教学，是从母语教育的角度考虑的。然而，对华侨子女的母语教育还有一个重要任务，即国家认同教育，对他们的母语教学同时还是国家通用语言教学。

"华文教学"这个名称最早见于国外。国内20世纪80年代逐步开始使用这一名称,但其含义并不明确。郭熙(2004d)的讨论也反映了这种认识。今天看来,华文教学的"华"标明了语言的民族及文化传承性,它是一种"祖语"(heritage language)教学(郭熙,2017b)。事实上,正是有了家长、社会对下一代语言文化传承的关注,才有了通常所说的华文教育。

中文教学就是通常所说的汉语作为第二语言的教学。称中文教学反映了国别和国家属性。过去很长一个时期里,无论是国内还是国外,都常以"中国话""中文"等来称说汉语。国外例如美国、加拿大、澳大利亚等现在还称中文教学。

将汉语教学分为国家通用语言教学、华文教学和中文教学,既有积极的语言教学意义,更有积极的社会政治文化意义。国家通用语言教学长期以来多停留在普通话的推广上,对国家通用语言教育强调不够。在各民族、各方言区提出国家通用语言教学,不仅有助于培养国家意识,也有助于提升民族语言和方言的保护意识。不称"汉语教学"而称"国家通用语言教学"具有重大的意义。把华侨子女的母语教育纳入国语教育的范畴,有利于对华侨子女母语教育目标的确定的认识。华侨是中国公民,有享受母语教育的权利,国家也有对他们进行母语教育的义务。既不能把华侨子女的母语教育等同于国内的语文教育,也不能等同于海外华人的母语教育。

只有对教学对象进行正确的划分才能采用正确的合适的教学方式进行教学。初步调查显示,全世界华语学习者中非祖语生(non-heritage language learners)约为学习者总数的三成,而祖语生(heritage language learners)则多达七成,且多是学龄儿童。这跟通常所说的汉语作为第二语言的学习者形成了明显区别。他们的教学大纲、教科书、教学方法等等都需要有大量的研究作支撑。

(三)语言要素教学

语言要素教学指的是语音教学、词汇教学、语法教学和书写教学等。

语音教学。语音教学是第二语言教学初始阶段的重要内容。语音的重要性决定了语音教学是第二语言教学的基础。只有正确掌握了一种语言的发音，才能让用这种语言进行交际成为可能。因此，坚持正确的发音训练、进行必要的纠音练习，在教学的初始阶段是非常必要的。

词汇教学。词汇的重要性是不言而喻的。首先，词汇教学应该遵循词频原则，高频词应该是教学的重点。第二，词汇教学要坚持分类教学的原则，根据词汇是否是重难点，是否是高频词，根据不同的词汇分配不同的时间、采用不同的教学方法。第三，词汇教学要坚持系统性原则和交际性原则，不能孤立地教某个生词，而要把这个生词放在语义系统和搭配语境中进行教学。词汇教学最重要的不单单是解释词语的意思，而是要让学习者掌握词语的具体用法。

语法教学。语法是语言组词造句的规则。对二语学习者来说，语法是他们生成句子时需要遵守的显性规则和主要依据。语法教学包含两个方面的目标，不仅要让学生生成形式上正确的、合语法的结构，而且也要让学生能有效地运用这些结构进行交际。语法教学和词汇教学其实相互依赖，很多时候无法截然分开。因为语法和词汇本身并不是两个完全独立的范畴，在很多情况下，语法规则和可接受性是由词汇决定的。

书写教学。世界上语言的书写系统大致可以分为两大类，一类是基于语义的书写系统，其文字形式与意义直接关联，比如中国的汉字；另一类是基于语音的书写系统，文字符号与语音形式相联系，如英语的书写系统就是与辅音和元音相关。基于语音的书写系统的教学比基于语义的书写系统难度要低，比如英文字母的书写教学难度就明显低于汉字教学。因此，在汉语作为第二语言教学的环节中，汉字教学则是难点。目前汉字教学无论在理论上、还是教学方法上都缺乏统一的指导，因此进行汉字教学理论讨论、研究针对不同教学对象的教学模式和方法具有重要意义。

（四）语言技能教学

语言技能教学指的是听、说、读、写的教学。在这四种技能中，听和说都是口头交际技能,读和写都是书面交际技能。同时,从输入和输出的角度看,听和读属于输入技能,而说和写属于输出技能。这些技能关系到学习者是否能够在实际中运用已经学到的语言知识进行交际,在教学过程中非常重要。

听力教学。在听说读写四项语言技能中,听力教学占有十分重要的地位,从口语学习的角度来说,听是输入,说是输出,有了输入才有输出,其重要性显而易见。刘颂浩(2008:59)指出,听力教学是一种语言教学,它无法回避的工作是帮助学生习得语言。因此听力教学不但要帮助学习者理解,还需要在理解的基础上完成一些能够促进语言学习的活动。

口语教学。在听说读写四项技能中,口语被认为是使用频率最高的一种技能。在口语教学中,教师要通过对课堂任务的精心设计,给学习者提供充分的语言知识的输入,使学生的表达兼顾语言的准确性与得体性。

阅读教学。阅读在第二语言学习中占据重要位置,是学习者获取目标语言输入最重要的方式之一。如何更有效地进行阅读教学,一直是教师和研究者非常关注的一个问题。根据阅读目的的不同,阅读可以分为不同的类型,如查读、略读、为求理解而读、为学习而读、为总合信息而读、为批评性评价而读。(施密特,2010:265)根据阅读目的的不同,教学方式也有所不同。

写作教学。在听说读写四项技能中,写作被认为是最难的一项技能。学习者的写作能力与语法能力、语篇能力、社会文化能力和策略能力等诸项能力密切相关。因此写作教学不仅要提高学习者的书面表达能力,还要培养学习者的写作技能和策略。写作是交流信息和表达观点的重要方式,是重要的书面交际能力,培养学习者基本的写作能力是第二语言教学不可忽视的一个环节。

三、语言学习策略

20世纪70年代，人们开始认识到，学习者在学习的过程中是一个积极的参与者，并不是一个被动接收语言知识的容器，这就导致了对学习者个体的研究兴趣。

（一）什么是"语言学习策略"

学习和运用第二语言的时候，学习者常常运用很多策略来提高他们的表现。在20世纪70年代，当第二语言研究者观察"好的语言学习者"时，他们首次注意到不同学习策略的重要性。（施密特，2010：198）研究发现"好的语言学习者"都采用了一套丰富的、个性化的策略。

Chamot（1987：71）对学习策略下了一个很好的定义："学习者为了促进学习以及回忆语言和内容方面的信息而采取的技巧、方法或有意的行为。"（施密特，2010：227）Richards and Rodgers（2008：389）将语言学习策略定义为"语言学习者试图得出单词、语法规则和其他语言项目的含义和用法的方法"。从以上两位有代表性学者的定义可以看出，语言学习策略是学习者在学习过程中为提高学习效率而使用的各种积极主动的方法和技巧。语言学习策略会因为学习者的特点与背景不同而产生差异，但仍存在很多共性。

（二）学习策略的分类

关于学习策略的分类，有许多不同的框架。Stern归纳总结出四种有效学习策略，即主动计划策略、深究策略、社会策略和情感策略。1978年，Naimen与Stern合作，出版了经典之作 The Good Language Learner（1996年修订），他们将策略分为五类：积极参与，认识到语言是一个系统，认识到语言是交流和维持彼此关系的工具，管理情感因素，监控和修正语言输出。（顾世民、赵玉峰，2015：42）Oxford（1990）把学习策略概括为"直接策略"（包括记忆策略、认知策略、补偿策略）和"间接策略"（包括元认知策略、情感策略、社会策略)两类。

　　学习策略可以从不同的角度进行分类,但要将之与语言运用策略区分开来。语言学习策略指的是学习者有意识地和半意识地采取一些方法来提高学习的自主性,使学习充满乐趣,并获得成功。语言运用策略指的是运用所学语言的策略,包括四个次策略:检索策略、排练策略、交际策略、遮掩策略。(施密特,2010:198)其中,交际策略是研究的热点。交际策略指的是学生采用什么办法达到交际的目的。

　　除了根据语言学习和语言运用来分类外,还有两个著名的策略分类方法。一个是四分法,分为认知策略(包括语言学习策略中对语言材料的辨认、分组、保持和储存,也包括语言运用策略中的检索、排练以及理解或生成第二语言的词、短语与其他要素)、元认知策略(即学习者为了监督或控制语言学习而有意识进行的认知加工)、情感策略(用于调节情感、动机和态度)和社会策略(即学习者为了与其他学习者或母语说话人交际而采取的行动)(施密特,2010:201)。另一个是根据技能进行的分类,又分出了听的策略、阅读策略、说的策略、写的策略、词汇策略、翻译策略等(施密特,2010:202—204)。

　　研究发现,教师可以教授学习者加强他们的策略运用,即可以帮助他们更有意识地、系统地了解他们已经使用的策略,并增加新的策略,帮助学习者探索适合于自身特点的、适合学习任务的最佳策略,鼓励学习者进行自我管理和自我提升,以实现个人学习策略的最优化。对学习策略训练的具体实施步骤,西方研究者提供了不少框架。大致的步骤是:教师提出学习任务,学生完成该学习任务,并对完成任务过程中的方式和策略进行反思;教师介绍完该任务的其他可选策略,提供大量机会让学习者练习使用新的策略完成其他学习任务;允许学生在策略选择上有自由度,指导学生对策略运用是否成功进行自我评价。(吴中伟,2014:88)教师和研究者不能想当然地认为学习者"自然而然地"就会某些学习策略或者以为学习者总是知道该怎么做,而应该引导学生知晓这些学习策略,帮助学生采取好的技巧和方法来掌握第二语言。

（三）学习策略研究

学习策略的研究始于学者开始关注是什么行为使好的学习者区别于差的学习者。(施密特，2010：16)研究发现，如果学习者积极地参与学习活动，发挥学习的主动性，采用各种方法提升学习效率，那么他们在学习质量和速度上的确有所不同。因此到了20世纪80年代，语言学习策略评估和培训应运而生，不少研究列举了好的学习者使用的一些学习策略，并建议所有的学习者都接受这些策略的培训以期从中受益。

进入20世纪90年代后，研究者对语言学习策略研究中一些核心问题的认识产生了严重分歧和激烈争论。主要有两项争论：一个是语言学习策略概念之争，一个是语言学习策略训练必要性之争。(顾世民、赵玉峰，2015)一部分学者认为没有必要进行学习策略指导，如Rees-Miller(1993：68)认为，学习策略不太可能从一个人身上转移到另一个人身上，策略训练不易产生实际效果。(转引自顾世民、赵玉峰，2015：43)我国在学习策略研究方面做得不是很多，汉语学习有自己的特点，值得进一步研究。

思考与练习

(1) 请你谈谈词典对二语学习者到底有多大程度的用处。
(2) 选一篇你较为熟悉的汉语教材的课文，请你选择哪些生词是应该教的以及应该怎么教。
(3) 如何判断一个学生是"优秀的学习者"？你认为优秀的学习者都具备哪些特点？

第三节　第二语言教学

作为语言学最主要和最迫切的应用之一，语言教学一直以来在应用语言学中占有十分重要的位置，以致很多研究者认为狭义的应用语言学指的就是语言教学，特别是第二语言教学或外语教学。

如前所述，按接触并使用的时间先后，语言分为第一语言和第二语言。相应地，语言教学也分为第一语言教学和第二语言教学（二语教学）。本章第一节讨论的母语教学属于第一语言教学，我们常说的"对外汉语教学"以及对少数民族开展的普通话教学，则属于第二语言教学，是汉语作为第二语言的教学。第二语言教学的基础理论主要包括面向目的语教学的语言理论、第二语言学习理论、语言教学理论和跨文化教学理论。其中第二语言学习理论应该成为语言教学的主要依据，只有这样才能真正完成教学观念的变革——从以教学为中心向以学习为中心转变，所以第二语言教学必须研究学习者学习第二语言的过程和规律。李宇明（2000：71）曾指出："现实中许多语言教学规划的制订与实施，多是从教的角度考虑问题，多是以语言学的学科体系为教学依据，这种考虑问题的'角度偏差'和教学上的'依据偏差'，必然影响到第二语言教学的质量与效率。"出现这种状况的主要原因，是国内对第二语言习得的研究起步较晚，理论发展相对滞后。从事教学的一线教师普遍对教学过程、教学方法和技巧的讨论研究较为关心，而对其所用的教学法则缺少理论研究的支持，尤其缺少从学习者角度出发的科学研究成果的支持。

本节着重介绍第二语言学习理论中与语言教学关系密切的几个问题：语言获得、中介语和偏误分析。

一、语言获得

"语言获得"是"language acquisition"的中译术语，也有人译为"语言习得"①,是指人获得语言运用能力(感知理解语言的能力和使用语言进行交际的能力)的过程。根据获得主体和所获得语言体系的不同,可分为儿童母语获得和成人第二语言习得。为了找到合适的教授第二语言的方法,有必要对第二语言习得的过程和普遍规律进行研究。同时也需要了解儿童母语获得研究的相关情况,因为在所有的语言学习类型中,第一语言(母语)的获得无疑是最成功的,研究分析第二语言习得和母语获得的一致性和差异之处,可以让我们最大限度地借鉴儿童学习第一语言(母语)的经验,有效提升第二语言教学的效果。

(一)儿童母语获得

儿童是如何获得母语能力的?这是几百年来一直吸引着无数语言研究者的经典问题。要了解人类获得第一语言的机制,涉及语言学、生物学、人类学、社会学、认知心理学、神经医学等多个学科的知识。关于第一语言获得机制的理论,比较著名的有行为主义的刺激-反应说(后天习得论)、语言天赋论(先天决定论)、认知论(相互作用论)等。不同理论争论的焦点是:儿童快速并高质量地获得母语能力,是先天的能力还是后天的语言环境在发挥决定性的作用?

语言天赋论的代表人物是乔姆斯基(Chomsky),他的语言获得机制理论一直以来受到学界的广泛关注,影响也较大。这种理论认为语言是一种规则体系,是一种以规则为基础的复杂系统,而非习惯的总和。儿童之所以能快速掌握母语,是因为人类有天生的受遗传因素决定的掌握语言规则的能力。这种能力的体现机制就是语言获得机制,包括两个部分:一是普

---

① 在国外,"language acquisition"通常是指"first language acquisition",与"second language acquisition"相区分。在国内,"语言获得"一般也是针对第一语言而言,指儿童对母语的获取。而"second language acquisition(SLA)"则习惯上被译为"第二语言习得"。本书不严格区分"语言获得"和"语言习得"——都泛指语言能力的获取,为了与国内学术界的习惯用法保持一致,通常使用"第二语言习得"对译"second language acquisition(SLA)";针对第一语言时,则通常使用"语言获得""第一语言获得""母语获得"等。

遍语法,即人类语言普遍具有的特征(语言共项)、共有规则,处于待激活状态,先天存在于儿童的大脑中;二是人类先天具有的判断、评价语言信息的能力。婴幼儿能在极其贫乏的语言环境下,给语言的普遍范畴和规则赋予具体数值,从而掌握极其具体和复杂的语言知识系统,获得母语能力。(Chomsky, 1980)也就是说,语法规则并不是由输入的材料归纳而来,而是由语言获得机制中的普遍语法转换而来的。这种观点能较好地解释为什么人类接触的语言有限,但人类生成语言和理解语言的能力却是无限的,以及为什么每个正常的孩子都能发展出正常的母语能力。语言获得机制理论还从儿童获得语言的顺序性和阶段性来说明语言能力是天生的,而不是强化和归纳的结果。语言获得关键期的存在,也说明母语获得有赖于遗传控制的生理基础。神经医学的研究进展,也大大增强了语言天赋论的说服力。最新的研究发现,控制语言能力发展的FOXP2基因是人类特有的基因,它的异常会导致先天性言语障碍,FOXP2也许就是乔姆斯基所假设的语言获得机制的生物学基础。[①]

当然,乔姆斯基的理论是思辨的产物,只是一种假说,谁也无法证明儿童头脑中是否真的存在语言获得机制。语言天赋论解释了刺激-反应说所无法解释的一些现象,但未关注获得过程,轻视了语言环境的作用。虽然大家普遍接受先天语言学习能力的存在,但大多数人并不否认后天环境的作用。天赋的语言学习能力只是获得母语能力的必要条件之一,它为儿童获得语言提供了基础,而置身于人类社会的语言环境则是另一个必要条件。语言是约定俗成的,儿童离开社会,即使生来就有某种机制,也无法识别或运用语法规则。"狼孩"不会人类语言、父母聋哑的正常儿童因缺少语言环境而语言发育滞后等现象都充分证明了这一点。

---

① 参见《乔姆斯基"刺激贫乏论"评述》,冯志伟文化博客,http://blog.sina.com.cn/zwfengde2011,访问时间:2011-02-04。

(二)第二语言习得

成人又是如何习得第二语言的呢?第二语言的习得机制和习得过程是怎样的?这是第二语言习得研究所要关心的首要问题。

第二语言习得与儿童母语获得比较,在学习主体思维能力、语言环境、学习方式、学习动机、语言输入情况、母语文化因素影响等诸多方面都存在明显差别。其中很重要的一点是,母语获得与儿童认知能力的获得是同时发生的,儿童在认识世界的同时获得语言,大脑里从无到有产生了很多东西,这两个过程和大脑的发育是融为一体的,这个经历在人的一生中无法再次复制。第二语言学习者因为过了语言获得关键期,大脑功能侧化(brain lateralization)[①]已基本完成,学习第二语言时,起作用的不再是左脑的语言功能体系,而是右脑的推理、思维功能体系,儿童期能迅速获得母语的那套语言获得机制不再发挥作用。另外,"以语言和文化迁移、语言和文化知识的介入为特征的理性化,是成人第二语言学习同儿童第一语言学习诸多差异中最大最重要的差异"(李宇明,2000:76)。语言和文化知识的介入必然会导致偏离目标语言和目标文化的现象,因此第二语言不可能像母语那样容易掌握。正常儿童都能成功掌握母语,而成年人学习第二语言成功率极低。有实验表明,第二语言学习者永远无法达到目的语母语者的水平,即便那些能够非常自如地使用第二语言的成功学习者,他们对第二语言的语感仍然与母语者不同。(张旭,2002)这说明了第二语言的习得机制,跟母语获得机制有着巨大的差异。

但是,母语获得和第二语言习得之间又有很多相同之处:大体上都要经过感知、理解、模仿、记忆及运用等阶段;都要在大脑中建立声音和意义的联系,建立形式结构和语义结构的联系;都必须掌握受文化制约的语用

[①] 人的大脑左半球负责语言功能,有两个语言功能区,分别是位于左半球前部的布洛卡区(Broca's area)和位于左半球后部的韦尼克区(Wernicke's area)。右半球负责对非语言声音、音乐旋律的感知和视觉、空间技能。大脑的语言和认知等功能的分工过程叫作大脑侧化,是一个发育成长的过程,左半球语言功能区在语言获得关键期前发育成熟。

规则；习得结果（或目标）都是获得语言能力，且这种语言能力都必须通过语言运用才能获得；等等。甚至有许多第二语言教学专家相信，第二语言学习同母语获得，语言发展遵从相似的步骤和顺序，出现的错误也类似，比如英语母语儿童和英语第二语言学习者都会犯"two mouses""I goed"之类的语法错误。正因为第二语言学习与母语获得具有一定程度的相关性和相似性，第二语言教学可最大限度地借鉴第一语言学习的一些经验。近几十年来，从"直接法"到"沉浸法"等教学模式的兴起，就是把潜移默化的习得方式应用到第二语言教学中去的尝试。美国明德暑校将"全浸入式"教学法贯穿语言教学的始终，严格限制学生使用母语进行交流，强调实用性，让学生在实际运用中学习，形成了独具特色的明德语言教学模式。

关于第二语言习得的机制，学者们从各个不同的方面进行了研究，所运用的研究方法也各具特色。主要理论有普遍语法理论、输入假设理论、文化适应理论、联结主义理论等等。但是，同母语获得研究一样，面对着人类大脑这个黑箱，目前很多二语习得理论只能称之为"假说"，是一种理论假设和模型，有待实验和实际经验来验证。也就是说，至今仍无法完全解释清楚复杂的第二语言习得过程。我们相信，随着研究和实践的深入，第二语言习得理论会越来越完善。

（三）第二语言习得研究

应用语言学家埃利斯（Ellis，1994）认为二语习得研究主要研究以下问题：（1）二语习得者习得了什么；（2）怎样习得第二语言；（3）二语习得的个体差异是什么；（4）语言教学对二语习得有什么影响。他列出的第二语言习得研究框架包括学习者的语言特征、影响学习者习得第二语言的外在因素和内在因素以及学习者的个体差异等四个方面。这四个方面可进一步归结为两个根本内容：二语习得的本质过程和影响语言学习者的各种因素。袁博平（1995）认为第二语言习得研究的发展大体上分为两条主线：一是对语言学习本身的研究，包括第一语言对第二语言习得的影响，第二语言的输入、处理和输出，语言的习得过程，语言知识的构成等；另一条主线是对语言学习者的研究，研究学习者的年龄、学习动机、认知特点、学习风格、学习策略等因素对第二语言习得的影响。这两方面的研究对于第二语言教学来说，都至关重要。

经过几十年的研究，关于第二语言习得的理论基础已经比较雄厚，比较著名的有中介语理论、偏误分析理论、语言监控理论、内在大纲和习得顺序理论、文化适应模式理论等等。很多研究人员都是在这些理论的基础上进行研究，对现有的理论进行检验、补充和发展。

伴随着国内对外汉语教学事业的繁荣发展，对外汉语教学界关于语言习得方面的研究也日益受到重视。20世纪80年代中后期到90年代初，中介语和偏误分析的研究成了学习理论研究的突破口。90年代后期开始，关于语言习得过程、习得顺序的研究受到了广泛关注。一直到21世纪初期，这些方面的研究依然是汉语学习理论研究的重点。研究者大都通过实验和调查的方法，利用个案研究、问卷调查、测试等语料收集方式，或者利用中介语语料库中的数据作为量化分析的样本，描写和分析汉语学习者语言各层面（语音、词汇、语法、篇章等）的习得过程，取得了较多实证性的研究成果。这些研究的价值在于，它们都不是简单套用国外的理论，而是从汉语的特点和实际出发，发现外国学生习得汉语的规律。很多研究结论改变了我们以往基于经验的观点和假设，尤其是在教学内容的顺序安排和针对习得偏误的教学对策上，给我们的对外汉语教学带来了很多启示。

二、中介语

中介语理论是20世纪六七十年代在认知心理学的理论基础上发展起来的，对第二语言习得理论的建立和完善具有至关重要的作用，也是第二语言习得理论研究的重要内容。最先使用"中介语（Interlanguage）"这一术语的是美国应用语言学家塞林克（Selinker），他于1972年发表的以

"Interlanguage"为标题的文章被看作是第二语言习得研究学科建立的标志之一。中介语理论的提出,使学者们的研究从注重第一语言和第二语言的对比分析,转向学习者的语言系统,从而真正开始关心学习者的学习过程。"中介语理论考虑语言学习和语言教学的多种变因,以语言习得研究为中心,把语言对比、错误分析、比较文化研究和语言习得有机地结合起来,试图建立一种语言学习者的动态的语言系统,这对沟通语言学和心理学、比较文化理论和语言教学之间的联系,对发展语言学习理论和语言教学理论(包括测试理论)有极其重要的意义,因此是一种很有发展前途的理论。"(吕必松,1990:133)

(一)中介语的概念

塞林克(Selinker,1972:209—231)认为中介语是人们可以观察到的一个独立的、自主的语言系统,在结构上处于母语与目的语的中间状态。在塞林克之前,其他学者曾用不同的名称来指称这种学习者的语言系统,如内姆塞尔(Nemser,1971)提出的"近似系统(approximative system)",科德(Corder,1971:147—160)提出的"特异方言(idiosyncratic dialect)"等。他们都认为,学习者的习得过程是一个由学习者的母语系统向目的语系统不断过渡的过程。塞林克提出"中介语"这个概念之后,迅速被学术界所认同,术语趋于统一。但是对中介语的认识出现了一些新的看法,主要是引入共时和历时的观点,从横向和纵向两个维度进行观察。从横向角度看,中介语指的是学习者在特定的时点建构的语言系统;从纵向角度看,中介语指的是学习者经过的不同的语言发展阶段。另外,早期的中介语理论把中介语看作一种可以观察到的语言系统,是以学习者试图用目的语进行表达而产生的言语输出为基础的。后来埃利斯(Ellis)等人则认为中介语系统是一个抽象的语言规则系统,是一种内在的"心理语法",而不是一种可以观察到的语言系统。

国内引进中介语这一理论后,也曾有人把它译为"中间语"或"过渡语",但普遍使用的还是"中介语"这一名称。①对外汉语教学界对中介语所持的观点跟国外大体相同。在早期阶段,国内学者大多把中介语看成是一种分析第二语言习得中的偏误的理论。鲁健骥(1984:45)认为:"中介语指的是由于学习外语的人在学习过程中对目的语的规律所做的不正确的归纳与推论而产生的一种语言系统,这个语言系统既不同于学习者的母语,又区别于他所学的目的语。中介语系统在语音、词汇、语法、文化等方面都有表现。但它又不是固定不变的,而是随着学习的发展逐渐向目的语的正确形式靠拢。"吕必松(1993:27)给中介语下的定义是:"中介语是指第二语言习得者特有的一种目的语系统,这种语言系统在语音、词汇、语法、文化和交际等方面既不同于学习者自己的第一语言,也不同于目的语,而是一种随着学习的进展向目的语的正确形式逐渐靠拢的动态的语言系统。"到了后期,学者们对中介语的认识发生了改变,不再将中介语局限于学习者错误的语言表现。肖奚强(2011:110)明确提出:"中介语既包括正确的部分(符合目的语的部分),也包括偏误的部分(不符合目的语的部分)";"真正意义上的中介语研究,不仅要进行偏误分析,更得观察、描写、解释学生语言的正确的部分,以发现中介语的系统规律。"

(二)中介语的特点

中介语作为一种特殊的语言系统,具有系统性、动态性、可渗透性和顽固性等特点。

1. 系统性。学习者的中介语是一个语言系统,有一整套由学习者创造的语音、词汇、语法规则。从目的语的标准来看,这套规则系统存在偏误,但这些偏误也是系统性的、有规律的。

2. 动态性。中介语处于不断的变化之中,是一个不断变化的动态的语

---

① 20世纪80年代,于根元等学者从语言动态的本质出发,发现语言中有很多中介物的现象,提出了"语言中介理论",用来研究语言规范化问题。他们把地方普通话这样的"中介物"也称为中介语,与我们这里讨论的第二语言习得研究中的中介语所指不同。

言系统。通过有效的语言输入，学习者在学习过程中会不断增加或删减语言规则并重构中介语系统。这种动态的变化不是直线型地向目的语靠拢，也不是从一个阶段突然跳到下一阶段，而是对目的语逐渐产生新的假设并加以验证的循序渐进的过程。

3. 可渗透性。可渗透性是指中介语可以受到来自学习者的母语和目的语的规则或形式的渗透。来自母语的渗透，主要就是母语的正负迁移作用；从目的语方面来的渗透，则是对已经学过的目的语规则或形式的类推和泛化。例如，很多初级汉语水平的英美留学生常出现"我学习汉语在中国"这样的错误，这属于来自母语句法规则的渗透。又如，留学生学习汉语量词的用法，学到了"一本书""一个月"这样的"数+量+名"结构，会出现"一个年"这样的错误，这是对已学的目的语规则过度泛化的结果，是来自目的语方面的渗透。

4. 顽固性。中介语的顽固性表现在两个方面：一是学习者的中介语在总体上无法达到与母语者相同的水平，他们会在语言学习的某个阶段或某个水平上停顿下来；二是某些非目的语的语言特征会长期存在于中介语中，并且不易改变。比如很多外语说得很流利的学习者，常带有较明显的口音或腔调，即使得到纠正也还会有规律地重现，学习者很难完全消除这些偏误。绝大部分第二语言习得者都有这样的体验，学习的最初阶段进步明显，但学到了一定阶段以后，就会长期处于停滞不前的状态，不能达到目的语这个理想的终点。这也就是我们常说的中介语"化石化（fossilization）"现象。

（三）中介语研究

自1972年塞林克详细阐述中介语这一概念以后，有关中介语理论的研究受到了国际语言学界的重视，学者们先后探讨了中介语体系及其成因，探究中介语的研究方法，出现了众多观点和研究成果。塞林克于1992年出版了专著《重现中介语》（*Rediscovering Interlanguage*），再度讨论中介在第二语言习得中的角色。一直到现在,中介语依然是国际语言学界关注的热点问题之一。近年来,中介语理论在核心研究问题和研究方法方面有很多新发展,如语言迁移的预测性研究、中介语化石化研究、中介语语料研究、中介语语用问题研究等。约翰·本杰明出版公司于2014年出版的论文集《中介语理论:40年以后》(*Interlanguage: Forty Years Later*),对中介语的研究做了系统性的回顾,概括了中介语理论的新发展。塞林克作为中介语理论的创立者执笔撰写了该书的最后一章,提出中介语理论未来的研究走向:(1)重新审视过去二语习得研究中的中介语理论定位;(2)目前中介语作为一种语言系统会带来哪些研究上的启示;(3)如何再进一步扩大或深化中介语的概念。

国内对外汉语教学界首先引进中介语理论的是鲁健骥,他在1984年发表的《中介语理论与外国人学习汉语的语音偏误分析》标志着我国中介语理论研究的开始。学者们开始介绍、讨论中介语研究的理论和方法,并结合留学生学习汉语的实际情况,研究考察汉语中介语的表现。到目前为止,虽然我们取得了不少汉语中介语研究的成果,选题涉及中介语研究的硕博士论文更是数不胜数,但绝大多数是针对少量的中介语语音、词汇、语法、辞格以及篇章和语用能力等做偏误分析,忽视了中介语正确表现的分析和研究,缺乏对汉语中介语系统规律的研究。因此,对一定数量的中介语语料进行穷尽性的统计分析,对中介语进行全面描写和解释的系统性研究将是今后汉语中介语研究的重要课题。

(四)中介语语料库建设

对中介语进行系统性的研究,离不开大规模中介语语料库的支持。中介语语料库建设是中介语研究的一项基础性工作。国内汉语中介语料库的建设始于20世纪90年代,第一个语料库是北京语言大学于1995年建成的"汉语中介语语料库检索系统",该语料库对上百万字的书面语料进行了字、词、句的计算机标注与处理,为中介语的研究提供了切实可靠的材料。进入21世纪,汉语中介语语料库建设问题引起了学界的普遍重视,2010年

7月北京语言大学与南京师范大学联合主办了首届"汉语中介语语料库建设与应用国际学术讨论会",此后每两年举办一次,促进了学界的交流与合作,极大地推动了汉语中介语语料库的建设与相关研究。除了北京语言大学以外,中山大学、暨南大学、南京师范大学、台湾师范大学等高校也都建有较大规模的中介语料库[①]。2012年,北京语言大学崔希亮教授主持的"全球汉语中介语语料库建设和研究"课题获批教育部哲学社会科学研究重大课题攻关项目,开始在全球范围内研究汉语中介语语料库的问题,力图建设"全球汉语中介语语料库",通过资源共享为全球的汉语教学与研究服务。

在中介语语料库的基础上,很多学者用计量的方法对汉语中介语进行了卓有成效的研究。但是从已建成的语料库来看,现有的语料库还存在不少问题:绝大多数都是书面语语料库,口语语料库少;大多属于共时语料库,纵向追踪语料库缺乏;大多数只标注偏误现象,未标注语料中正确的语言表现;除极少数向学界开放之外,大多没能实现资源共享。这些问题,使语料库在规模、功能、质量、用法等方面尚存在诸多局限,还不能完全满足用户的使用需求。

三、偏误分析

中介语理论为偏误分析提供了可靠的理论基础。作为中介语研究的一个重要手段,从20世纪70年代开始,偏误分析逐渐替代了对比分析[②],成为了第二语言习得研究和第二语言教学中非常重要的理论和方法。对比分析

[①] 主要有"HSK 动态作文语料库"(北京语言大学)、"留学生中介语料库"(中山大学)、"留学生汉语中介语语料库"(暨南大学)、"外国学生汉语中介语偏误信息语料库"(南京师范大学)等。

[②] 对比分析是将两种语言系统进行比较,揭示其相同点和不同点,用来预测学习者学习难点和错误的一种语言分析方法。受行为主义心理学和结构主义语言学的影响,对比分析在二十世纪五六十年代盛极一时。

理论认为学习者的偏误主要来源于母语，母语和目的语的差异是偏误产生的主要原因，通过母语和目的语异同的比较，可以预测学习难点和学习者可能出现的偏误。对比分析所关注的是学习者的母语和目的语两种语言系统，并未涉及学习者的语言系统。而偏误分析则是对学习者在第二语言习得过程中所产生的偏误进行系统的分析，研究其来源，揭示学习者的中介语体系，从而了解第二语言习得的过程和规律。

（一）偏误分析的产生

随着认知理论和乔姆斯基普遍语法理论的兴起，对比分析的理论和方法越来越受到质疑。研究者们发现语言偏误是由多种因素引起的，第二语言习得中出现的偏误只有少部分可以归结为母语的影响，大多数错误与母语干扰无关。此外，语言差异也并不等同于学习难点，两种语言中相似的结构也极有可能成为第二语言习得的难点。实际的情况是，学习者在学习过程中出现的很多偏误对比分析都没有预测到，而对比分析预测会出现的偏误往往又未出现。因此不少学者开始意识到，只注重第一语言和第二语言异同比较的对比分析法，不论是在理论上还是在教学的实际应用中，都过于简单化。

在此背景下，伴随着认知心理学的迅速发展，偏误分析应运而生。认知心理学认为语言是一个转换生成的创造性系统，只能通过有意义的学习获得；语言学习是一个不断假设、求证的过程，学习者的错误是不可避免的。科德（Corder）从20世纪60年代末开始，发表了一系列有关偏误分析的文章，成为偏误分析理论的代表人物。科德认为，学生的语言偏误为第二语言习得研究提供了一个观察中介语运作情况的窗口。科德还区分了失误（mistake）和偏误（error）这两个概念：失误具有偶然性，是在特殊情境下产生的偶然口误或笔误，比如说话时临时改变主意，注意力不集中或疲劳、紧张等等，都会造成失误，属于语言运用的范畴，是由外在因素造成的，不能说明学习者语言能力的不足。偏误具有系统性，是有规律的，它反映了学习者的语言知识和能力,是对正确的语言规律的偏离,属于语言能力的范畴。学习者一般意识不到自己的偏误,而且这些偏误往往会重复出现。显然,失误并不是偏误分析的对象,对失误进行分析没有太大的理论意义和实践价值。而对偏误进行分析,则不但可以帮助我们发现语言习得规律,深化我们的认识,还可以帮助我们预测偏误,进而指导教学。

（二）偏误的类型

中介语语言偏误的来源主要包括母语干扰(负迁移)、目的语知识干扰、文化迁移、学习或交际策略、教师教学不当等五个方面。母语干扰造成的偏误,是由语际间的迁移造成的,所以被称为"语际偏误",反映了学习者母语对其所学第二语言的影响。目的语知识干扰造成的偏误,是学习者由于理解不准确、不完整,或者将其所学的目的语规则或知识过度泛化使用,从而导致的内部干扰错误,被称为"语内偏误"。这种偏误与学习者的母语干扰无关,并且在儿童母语习得的过程中也会出现,属于语言发展类型的偏误,因此也叫"发展性偏误"。偏误分析研究得出的结论是,第二语言习得者的大部分偏误是对比分析无法预测的语内偏误,语际偏误只占少部分。另外,因为教科书、词典编写不正确或教师讲解不恰当而引发的偏误,习惯上被称为"训练偏误"。

偏误还可以从其他角度进行分类。科德根据中介语的发展过程,将偏误分成三类：

1. 系统前偏误：指目的语的语言系统形成之前的偏误,此时学习者尚未掌握目的语的规则和系统,处于摸索阶段,出现较多的偏误。

2. 系统偏误：指目的语语言系统形成过程中出现的规律性的偏误,此时学习者正逐渐发现并形成目的语的规则和系统,但还不能正确地运用这些规则。

3. 系统后偏误：指目的语系统形成后的偏误,此时学习者基本掌握了目的语的有关语言规则,一般能正确运用,但有时仍会出现偏误。

从偏误的形式入手，又可以将偏误归纳为遗漏、误加、误代、错序、杂糅等多种不同的类型。遗漏是在语句中缺少了必要的成分；误加是在语句中添加了不必要的成分；误代是用同义或近义的词语替代了应该出现的词语；错序是语序不符合目的语规则；杂糅是两种语言结构的错误叠加或拼接。

（三）偏误分析的方法

偏误分析尝试通过研究学习者的偏误，进而了解第二语言习得的进程和规律，用于指导教学，提高第二语言教学的效率。很多学者都对偏误分析的程序做过阐述，其研究步骤主要包括：

1. 收集偏误材料。通过问卷调查、跟踪调查、中介语语料库检索等方式收集学习者出现的口语和书面语的偏误材料。

2. 选取偏误用例。通过精心甄别和筛选，区分失误和偏误，并进一步区分形式偏误和语用偏误。

3. 进行描述分类。以目的语的标准形式为参照，对学习者偏误的语言特征进行描述和分类，便于说明偏误的系统性和规律性。

4. 进行分析和解释。依据语言学理论、心理学理论、语言习得理论等对偏误用例进行多角度分析，从中找出规律，揭示偏误产生的原因。

5. 进行偏误评价。从可理解程度、可接受程度等方面评价偏误的严重程度和不自然程度，讨论偏误对交际的影响，主要为教学服务。

（四）偏误分析的理论意义和局限性

20世纪70年代初，偏误分析理论及其研究方法开始被广泛地运用于第二语言教学，用来解释和分析学生学习过程中所产生的偏误。如前所述，学习者在学习过程中出现的错误有很多是由目的语语内干扰、文化负迁移、交际策略、教师教学不当等多种复杂因素造成的，不是对比分析能预测到的，偏误分析继承和发展了对比分析，丰富了第二语言学习理论。偏误分析另一个重要的贡献在于它改变了人们对偏误的看法。偏误是学习者第二语言学习发展的表现,一定程度上反映了第二语言规则习得的过程,出错是一种正常的现象。因此教师在教学中应根据学生实际出错的情况进行不同的处理,有针对性地开展教学,否定了以前有错必纠的极端态度。最后,偏误分析有助于第二语言习得过程的研究。学习者的偏误提供了中介语发展情况的信息,使研究者能更好地了解第二语言的习得过程,进而探索和验证第二语言习得的机制和规律。

偏误分析弥补了对比分析的不足,但也有其自身的局限性。首先,尽管偏误分析能发现一些与母语干扰无关的偏误,但并不能完全反映学习者对目的语规则的习得状况,因为偏误分析只能考察学习者已有的语言产出中出现的偏误,而学习者面对学习中的困难与问题时会倾向于采用回避策略,因回避策略而未出现偏误不能说明学习者已经学会了相关的语言规则。其次,偏误分析研究一般都属于横向研究,横向搜集的不同水平学习者的偏误样本并不能真正反映学习者在不同阶段的错误,因此无法真正描述学习者语言的动态发展过程。最后,对偏误的关注使偏误分析忽略了学习者语言表达的正确方面,学习者的中介语系统既包括偏误的部分,也包括符合目的语的部分,偏误不能全面、系统地反映学习者中介语的面貌,因此通过偏误分析无法全面了解学习者中介语的习得状况。

以上我们分别介绍了第二语言习得研究中关于语言获得、中介语和偏误分析的一些理论问题和研究状况。虽然二语习得研究并不着眼于解决第二语言教学中的实际问题,但是其成果却可以给第二语言教学研究者带来很多启示。它从学生"学习"的角度,探讨影响第二语言教学的因素,为我们提供了许多极有价值的研究视角,如语言学习机制、第二语言的发展过程、学习者的个体因素、语言学习环境等。另一方面,尽管二语习得研究所取得的进展还不能够完美地指导实践活动,但还是在很大程度上为第二语言教学总体设计、教材编写、课堂教学、测试等各环节带来了巨大的改观。教师们或多或少会把自己理解并认同的理论融入课堂教学中,提高了第二语言教学的效果。当然,我们很难从应用语言学的书本知识里得到立竿见影的教学方法和技巧,但可以用习得研究和教学研究的理论、方法来提升自己的语言教学能力。

思考与练习

(1) 第二语言习得与母语获得存在哪些异同之处?
(2) 你认为造成中介语"化石化"现象的原因有哪些?
(3) 如何使用中介语语料库对偏误进行描述和分类?请登录北京语言大学"HSK动态作文语料库",按照标注符号的说明,检索、甄别、搜集20条"比"字句偏误,并分别进行偏误描述和分类。

第四节　双语教育

随着人口流动的日益频繁和信息技术的飞速发展,如今只操一种语言或方言进行交际的人越来越少。这样的"双语双方言"现象是社会的进步、教育的进步和语言生活的进步。(李宇明,2012b)有效的双语教育不仅能够保持世界现有语言的数量、双语人才的数量,拓宽社会语言和文化的宽度,还能够提升个人和国家的语言文化能力,加强地区间、学科间的沟通交流,使和谐的双语社会向纵深发展。

一、双语和双言

（一）双语

双语（bilingualism）[①]有广义和狭义之别。广义的双语包括多语，如麦凯（Mackey, 1962）所说，"如果要研究双语现象，我们就应从整体上进行考量。因此，语言范围不应仅限于两种语言，还应该包括任何其他数量的语言。我们的双语研究也因此包括个体使用的两种或两种以上的语言"。而奥康（Aucamp）则将双语定义为"就是在一个国家之内并列存在两种语言，每一种都有其使用的族群，并且语言使用者占很大比例"（转引自Beardsmore, 1982: 2）。

国内大部分学者将双语定义为"两种或两种以上的语言现象或言语交际行为"，但《语言学百科词典》（戚雨村、董达武等，1993）则将双语现象定义为"某一言语社团或部分成员同时使用两种语言的现象"。我们认为，随着语言学理论的发展和信息时代交际形式的多样化，不同语言和方言的接触越来越频繁，交际活动中各种语码[②]的转换和混合现象也越来越多。如果仍将双语定义为两种语言的交际现象，那么就无法描述纷繁复杂的语言现象。因此，我们将双语的概念扩展至多语，指某一言语社团或个别成员具备两种或两种以上的语言能力，并在实际语言生活中使用两种或两种以上语码进行交际的现象。

双语现象分为个人双语和社会双语。从研究的角度来讲，研究个人双语通常更多地考察双语者的语言能力；研究社会双语，则更多关注说话人

[①] 国内的教科书和语言学词典对bilingualism和diglossia两个词的定义存在差异。有的定义为一种语言现象或交际行为，有的则定义为一种语言制度。本书从社会语言学视角出发，将两者统一认定为一种语言现象。对双语、双语现象和双语制三个概念不加区分，对双言、双言现象和双言制也统一看待。

[②] 语码（code），中性词，泛指人们交际中使用的任何一种符号系统，或语言或方言或一种语言变体（language variety）。参考祝畹瑾（2013）主编《新编社会语言学概论》，北京大学出版社，北京。

在不同场合中的语言选择,这种选择虽然极具个人性,但能够体现各语言变体在社会中的使用趋势和社会地位。(Cenoz, 2013)

(二) 双言

双言(diglossia)研究始于弗格森(Ferguson, 1959),他认为双言制是社区中同时存在一种亲属语言的低变体和高变体的较为稳定的语言现象。低变体是指一种语言的基本方言,可能包括一种标准语和几种地区性的标准语。低变体的变异灵活,且可以自然习得。高变体是较早时期的或另一集团的大量书面文学作品的语言。高变体的语音、词汇和语法等受到严格的规范,变异非常有限。这种变体主要用于书面文学作品和正式谈话的场合,基本要通过正式教育才能学会。

费什曼(Fishman, 1967)扩展了弗格森的定义,他认为即使非同一谱系(或者历史上距离较远)的语言也可分别处于高变体和低变体的位置。而且认为双言制不仅可以指两种语言,还可以指同种语言的两种方言变体。凡在宗教、教育、文学和其他有声望的场域使用的语言或方言都可叫高变体;仅用于非正式或口语场合的语言或方言则为低变体。两种变体不仅区别于语言结构,在功能、风格和语体等方面也存在差异。

徐大明等(1997)运用费什曼的双言制理论对新加坡的华人社区展开了实证研究,并提出了"后双言制"(post-diglossia)的概念。后双言制是指曾经是双言制的社区,后来因社会和政治形势的变化,在何种变体适合于何种交际功能的方面,社区成员已不再呈现完全一致的意见。也就是说,高变体和低变体的社会象征和实际作用发生了交叉和混合。社区中语言态度和语言使用出现了较为明显的社会分化。甚至当社会上一部分人在坚持旧的双言制的变体分工的时候,另一部分人则已经开始了一种新的变体功能分工,或产生了功能融合的情况。

赫德森(Hudson, 2002)总结了几十年来双语和双言理论的发展并指出了两者之间的关系。自弗格森提出双言理论以来,学者们从以下几个方面进行了发展。第一,高、低变体的功能分布问题。弗格森和费什曼都认为双言制社区中的高变体和低变体呈明显的功能分化,两者的使用域分布有明确的界限。但也有学者提出高、低变体的分布是一个连续统。除了少数极端情况之外,还存在少量功能重合的语码。(Pauwels, 1986)例如,在我国的少数民族自治区,虽然汉语普通话已被视为高变体,成为政府机关和公共领域的主要交际语言。但两会召开期间,少数民族语言和文字也是会议的正式语言文字之一。第二,弗格森依据各语码的功能区分、习得和语言的稳定性来论述双言制的持续性,认为双言制可以稳定持续几百年。后来的学者认为以上三项不足以表征一种语言的保持或转用,进而从语言活力测量这个层面发展了弗格森的理论。(Fishman, 1991;范俊军, 2006)赫德森认为,弗格森的双言理论代表了社会语言学视角下的一种语言传统。他用双语来表示个人语言的多样性,用双言来表示各种语言变体在社会中的功能分布。但目前大部分研究主要关注各种语言变体的环境分布,而忽略了个人双语和社会双言之间的区别与联系。希望以后能有更多学者致力于社会语言学的理论建构,发展双语和双言理论。

二、双语社会和双语人

双语不仅存在于个体中,存在于这些个体的认知系统中,存在于家庭和当地的社区中,还直接或间接地与一个国家的政治生活交织在一起。双语者语言习得经历和使用情况各不相同。且他们的智力、思维和认知水平都受到双语能力的影响,反过来这些因素也影响双语能力的发展。

(一)双语社会的成因

双语社会因地理环境、人口迁移、政治联盟和文化教育等原因而形成。(科林·贝克, 2008)从地理环境来看,以往的双语社区多位于少数民族地区或国家的边界地带。随着人口流动的规模增大和速度加快,移民的路线由邻国扩展到非邻国,居住的聚合程度也由聚集区拓展到非聚集区,这会形成由移民构成的双语社区。此外,在帝国主义的对外扩张、侵略或殖民过程中,语言也会由军人、商人和宗教人士带到别的国家,与当地语言发生接触。文化和教育需求也是增加个人和社会语言能力的原因。个人需求往往呈现多样性,而基于言语社区的开放性特征,成员可以任意选择和使用变体,当多数成员的语言使用和社会认同呈现一致性趋势的时候,这个社区就成了多语的社区。

(二) 双语社会

双语社会就是存在双语或多语并用现象的社会。Fishman(1964)认为人的语言生活由一系列共同的行为规则(包括语言规则)制约的一组组典型的社会情景构成,他把这些情景叫作语域。他把语域分成了家庭域、朋友域、宗教域、教育域和工作域。他提出一个社区的语言生活可以根据各种语言变体在不同语域的功能表现来描述。他根据各国的双语和双言现象的关系,把世界上的双语社会分成了四种类型。详情请见下表:

表4-5 双语和双言的关系表(来源: Fishman, 1964)

	双言+	双言-
双语+	一、既是双言又是双语	二、是双语而非双言
双语-	三、是双言而非双语	四、既非双言又非双语

上表类型一指既是双语社区又是双言社区的类型。以巴拉圭为例,整个国家几乎人人都会说西班牙语和瓜拉尼语。先前农村的单语使用者通过西班牙语来谈论和书写教育、宗教、政府、文化和社会阶层等话题;而大部分城市居民则通过瓜兰尼语来保持亲近感和凝聚力。类型二指存在双语现象,但并非双言制的社区。这种社区通常正在经历迅速变化、社会动荡或社会规范的新旧交替。在这种过程中,两种变体都渗透到各个不同的使用场域。先前只在工作或教育领域使用的变体,因工业化或主流价值观的影响,而被带到了家庭里。原来只在家庭使用的语言,也因社会变化而逐步

成为工作或教育语言。在这种类型的社区,语言的地位不稳定,变体的功能界限也相对模糊。类型三指非双语制的双言社区。第一次世界大战①之前的欧洲,精英阶层在族际交流中主要使用法语或丹麦语、俄语等其他高变体。而社会大众则使用另外一些非亲属语言作为族际交际语。因为主流精英阶层和主流大众阶层相互间并无直接互动,他们的沟通主要通过翻译的方式。因此,他们并没有形成一个完整的言语社区。两者都在各自阶层的范围内使用有限的语码。这就是一个双言制社区,但它并未在全国形成广泛的整体性双语。类型四指既非双语又非双言的社区。只有在又小又偏僻的地方才有可能找到这类社区。费什曼自己也提出,在异族通婚、人口扩张、经济增长、对外接触频繁的现代社会,语言多样化是语言生活发展的必然趋势。因此,这类社区实际上已很难找到了。

(三) 双语人

双语人的构成和分类具有多样性。概括来说,可以根据语言技能、语言地位、语言能力、语言习得环境和双语者的言语行为来对双语者进行分类。

第一,由于语言技能的提高具有复杂性,学者将双语者的口语和书面语能力区别开来。通常意义上的双语者是指具备两种或两种以上语言听说技能的语言使用者。而双文(biliteracy)则专门用于描写两种语言的读写技能。

第二,根据两种语言的地位和关系可以将双语分为平行双语者、纵向双语者和交叉双语者。平行双语者是指在官方、文化或家庭生活等环境中,使用两种享有平等或相同地位语言的人。纵向双语者是指掌握某种标准语,同时也掌握了其方言变体的双语者。交叉双语者是指双语者掌握了一种方言或非标准变体,同时也掌握了另一种无亲缘关系语言的标准语。

第三,根据双语者的语言能力有两种分类:真正双语人和准(类)双语

---

① 后文简称"一战",同样地,"第二次世界大战"后文简称"二战"。

人。真正双语人是指双语使用者在所有的言语活动中，都能灵活地在两种语言中进行无缝转换。所谓的准双语人是指没有接受过任何训练的双语者在两种语言中不能灵活运用、解释或翻译。根据语言的习得环境，还可以将准双语者分为原生双语者和第二双语者。原生双语者指在双语环境中发展出语言能力的人。在双语家庭中成长的小孩是一种情况；因工作需要而移入新的言语社区，被迫使用社区语言开展工作的成人则是另一种情况。第二双语者就是指以第一语言为媒介，在课堂上学习第二语言的双语者，例如我国的外语学习者。

第四，根据两种语言能力的高低还可以将双语者分为平衡双语者和不平衡双语者。前者是指双语者对两种语言的掌握程度相当，且每一种语言的能力都几乎达到了单语使用者的水平。但绝大多数的双语者都属于后者，即两种语言的能力并不相似，且至少有一种语言无法达到单语使用者的水平。也有学者将这种双语者称为半语者或双半语者。真正双语人和准双语人强调两种语言的掌握和灵活运用程度。而本分类则侧重比较两种语言的能力是否相当。

最后，根据双语者的言语行为，可将其分为主动双语者（也称产出型双语者）和被动双语者（也叫接受型双语者）。前者是指能够用两种语言进行听、说、读、写的双语者；后者是指双语者能够听懂和阅读第二语言，但不具备说和写的能力。

三、双语教育策略

（一）双语教育的目的

双语教育是对一种复杂现象的简单标识。联合国教科文组织（UNESCO Bankok, 2007）强调发展中国家的双语教育是以学习者和教师的知识和经验为基础的，是提高教学质量的方法；它是语言多元化社会用来保障社会平等和性别平等的方法；它能鼓励不同群体之间的相互理解，确保对人权的基本尊重；它是展开跨文化教育不可或缺的组成部分。对少数民族儿童的双语教育绝不仅仅是教育领域的语言选择问题。因为双语教育本身不只单纯地反映学习什么样的课程，更重要的是教育系统是基于何种意识形态和客观环境，是基于机会平等、权力运动、积极行动、取消种族差别、多元文化与多元主义，还是基于同化、一体化、削弱民族群体并增强国家凝聚力的理念。(Bhatia and Ritchie, 2013: 598—623)

不同意识形态也会导致不同的语言观。一种是将语言看作问题，认为永久地保留少数民族和语言的多样化会使社区一体化和内聚力下降，在社会上引起更多的骚乱和冲突。这样的社区就会采用浸没式和过渡式的教学模式，促使少数民族儿童尽快提高主流语言的技能。另一种是把语言看作权力，宣布认可少数民族语言群体有保持其语言的个人权力、法律权力和宪法权力①，强调语言群体有继承语言和文化社区的权利，提出少数民族在社会、经济和政治上的参与权力不应因保持语言文化的特色而受到侵犯。保持性、继承型双语教学能够体现这一语言观。第三种是认为语言是个人和民族的社会资源。语言可以在不同群体间搭建社会桥梁，在文化的相互交流中起到沟通的作用。附加式双语教学就能起到这个作用。

具体说来，双语教育背后存在着与之相关的各种各样、相互矛盾的社会因素。如综合影响教育目的的各种社会因素，能概括出十种以上的教育目的。2013年布莱克维尔出版社出版的《双语和多语手册》(第二版)[*The Handbook of Bilingualism and Multilingualism (Second Edition)*, 以下简称"布莱克维尔《手册》"]就列出了以下目的：把个人或群体同化于主流社会；使人们能够完全融入主流社会，并适应主流社会；使一个多语言的社

---

① 语言权力(language power)和语言权利(language right)两个术语都是语言规划学界常用的术语。前者的研究视角为文化霸权中的语言、话语权力分配的不同文化资本和知识资本以及语言符号所体现的象征性权力。后者则侧重于尊重少数族群的语言权利、母语权利和母语的受教育权利等。此处语言观不仅代表少数民族的母语权利，还有在政治、法律上的行使权和参与权。故确立为"语言权力"这一术语。

会统一起来；使多种族、多民族的语言多样化国家得以统一；通过多语扩大人们与外界的交流；提高各种功能性的、有助于就业和提升地位的语言技能；通过母语保留种族和宗教身份；化解社区之间不同语言和不同政治意识的矛盾；扩大一种殖民地语言的使用范围；巩固精英集团并保护其在社会中的位置；使日常生活中处于不平等地位的语言获得教育上的平等地位；加深对语言与文化的了解；等等。以上教育目的体现了同一化和多样化意识形态，也是语言问题观、权力观和资源观在不同社区环境中的不同实现方式。

（二）双语教育的模式

在探讨双语教育的模式之前，必须要了解到双语学校和课堂是不断发展、逐步形成的。即使在一个相对稳定的模式之中，也存在着许多不同的类型。科林·贝克认为我们在探讨双语教育模式的时候，应当从习得的角度纵观语言的输入、输出以及加工的全过程。并且对比不同模式的成与败，客观解释教学的相对效果。他将双语教育模式划分为强式双语教育和弱式双语教育。在弱式双语教育中，使用母语进行内容教学的课程很少，这种教育的目的就是尽快让学生适应主流语言课程。其教学的效果就是少数民族学生最终失去母语能力，成为目标语言的单语者。这种弱式双语教育也因此被称为削减式双语教育。强式双语教育就是帮助学生培养两种语言的听说读写能力。其教学的效果就是培养出双语、双文、双文化的学生。强式双语教育也被称为附加式双语教育，即在学生原生的语言和文化之上，增加一种新的语言和文化。布莱克维尔《手册》提出了双语教育的三个基本要素：为非母语者提供的第二语言教育，包括课内教学和课外教学；两种语言的内容教学，包括一门以上学业课程使用母语或目标语言教学；母语支持性教学，即教师可以使用学生的母语，运用各种教学策略和技能来提升学生对课程的理解度。

基于上述三个要素，《手册》概括列举了四种不同的教育模式：过渡式、发展式、双向式和浸没式(又称沉浸式)。过渡式双语教育也叫早退式双语教育,目标是让学生尽快由母语课程过渡到仅用主流语言授课的模式中。这种教学通常始于学前教育,起初以母语作为教学辅助手段,但几年之后,学生就过渡到主流语言学习,并被置于普通的主流语言班级上课。发展式双语教育是指将少数民族儿童的母语作为教学语言来使用,目的就是使他们成为全面的双语人。相比较过渡式教学,发展式是一种强式的双语教育模式。双向式是指同一课堂上,少数民族和多数民族的学生数量大致相等。这种模式就是同时培养两个群体学生的双语和双文,提高他们两种语言的学业成绩以及跨文化交际能力。双向式教育模式理论上把两种语言和两种学生放在了平等的位置上。当使用少数民族语言授课时,主流语言学生必须要依赖他们的少数民族同伴。这时少数民族学生的母语就被看成了他们的语言资源。反之亦然。双向式教学改变了母语教育的附属性地位,丰富了教育的内容。(Gómez et al., 2005)浸没式双语教学是指将母语者浸没在第二语言环境中接受第二语言课程和内容的教学。浸没教学的时间分配可从100%到50%不等。这种教学的目的是让学生同时理解两种语言和两种文化,使他们运用母语学习内容课程以达到正常的学业水平,同时也具备了第二语言的听说读写能力。该教学模式始于加拿大,前提条件是两种语言在各自的使用区域都是强势语言,两种语言都是当地的教学媒介语。

(三)双语教育的效果

双语教育的效果可以从很多方面进行评估。不过宏观上可分为语言目标、学业目标和社会目标的实现程度评估。(麦凯、西格恩,1989)

语言目标是指学生在双语教育系统中的两种或多种语言所要达到的能力标准。具体说来,就是学生的口语和书面语中反映出来的对语音、词汇和语法规则的熟悉程度和熟练度,以及对语言知识的整体运用度。不管语言信息是通过视觉还是其他媒介传递的,语言的熟悉程度都会影响语言信息的接受效益。因为熟悉度的提高,能够增强应变能力,并提高传递信息的速度和效率。

学业目标是指学习者除了语言知识以外,所应掌握的专业课程内容。在各门学科上,要求学生不仅注重专业知识的结构体系性、联系性和渐进性,还应拓展文化知识和个体社会化知识,同时深刻挖掘知识与个体生活和情感经验的联系。(张兴、崔静,2014)对学业成绩的评价可采用形成性评价和终结性评价相结合的方式,既关注学生学习的结果,又关注他们的学习过程。

双语教育的目的之一就是在不同群体间建立语言联系,减少矛盾摩擦。这样做能增强不同语言和文化成员之间的理解,促进社会和谐。评价双语教育的社会目标就是要测量被试者对语言的应用,以及对该语言及其使用群体态度上的差异。这一目标可以通过系统观察、运用借鉴社会学技术或问卷调查来完成。对这一目标的评价应当覆盖一定的时间跨度,否则所得到的结果毫无意义。评价活动应该在教育过程中以及完成后几年进行。据此,比较双语教育的接受者与其他人的行为和态度差异,来验证双语教育对族群和谐和文化融合的贡献。

和谐的语言生活需要正确的语言观、语言政策和语言教育策略来加以引导和保障。正确的双语意识和双语政策能够缓和不同语言群体之间的矛盾冲突,有利于培养优势双语人才,还能够满足国家对各类语言人才的特殊需要。(李宇明,2014b)尽管双语和双语教育的研究已有很长的历史,且已经取得了不少成果,但是,纵观世界各国的双语现象和双语教育现实,还有很多提高的空间。

第一,加强理论探索与合作。目前对双语的本质、第二语言习得的本质、第一与第二语言的相互迁移、语言能力的测试等研究都还存在不少问题,且国内第二语言习得的研究者多关注个人的心理、认知和语言能力的成长,而少数民族双语的研究者多关注社会的双语状况、双语政策的执行等宏观问题。将来需要将第二语言习得和民族双语研究的两个队伍结合起来,既关注少数民族的通用语能力发展,又关注双语和双言现象的描述和维持。

第二，大力推广强式双语教育。目前世界现存逾6900种语言，其中一半正处于濒临消亡的危险境地，到2050年，这一半语言将会彻底消失。（Austin，2008）这样严峻的形势下，我们充分记录和保存现有的语言资源固然重要，但更主动、更有效的做法是扩大强式的双语教育模式，提升双语教学的效果，保障各少数民族语言的使用和发展。

第三，增强双语教学效果评估的科学性。目前已有的双语和双言教育成果存在研究设计不严密、事实描述不清楚不深入，以及对策建议缺乏针对性等问题，将来应当更加深入地探讨双语和双言教育的理论问题，增强研究的系统性。

思考与练习

（1）你认为双言理论是如何演进的？还应在哪些方面有所发展？
（2）如何理解"双语人"和"半语人"两个概念的差别？
（3）你认为我国的双语教育研究存在哪些不足？应当如何改进？

第五章

语言规划

第五章

映画音樂

第五章　语言规划

语言规划属于国家治理视野范围内的文化治理问题。一个新国家或新政体的建立，需要面对的问题很多，国语或官方语言的选择与确定就是其中之一。在国家或政体的发展过程中，语言规划依然是个大问题，甚至可以说是影响国家发展稳定与民族和谐共处的一个重要因素。本章讨论语言规划问题，主要关注语言规划与语言政策，以及语言地位规划和语言本体规划。

第一节　语言规划和语言政策

语言规划（Language Planning），也称语言计划、语言管理。Haugen（1959）首先将语言规划研究引入学术界，用以指为了改变某一语言社区的语言行为而从事的所有有意识的尝试活动。语言规划自此成为一个独立的研究领域。Kloss（1967）率先提出语言本体规划和语言地位规划的思想。此后，Cooper（1989）提出了语言习得规划，Haarmann（1990）提出了语言声望规划。本体规划、地位规划、习得规划和声望规划成为语言规划的四种基本类型。

我国语言规划的实践古已有之，但一般认为，直到20世纪80年代"语言规划"这个术语才被引入我国。柯平（1991）较早介绍、分析了语言规划问题，谈及了本体规划和地位规划。苏金智（1992）在地位规划、本体规划的基础上增加了声望规划，关注语言规划者的声望和语言规划接受者的声望。李宇明（2008c）提出语言功能规划，即规划各种语言现象在各功能层次的价值与作用。

一、语言规划的动机

任何规划行为都有目的驱动，具有相应的动机。语言规划从本质上讲是人对语言的干预和管理。这就要求首先具备干预和管理的条件，其次才能有的放矢地去干预和管理语言，进而达到规划的目的。

（一）语言规划的可行性

人们对语言的认识决定了对语言规划可行性的认识。语言规划的可行性根本上源于语言的工具性、社会性和可塑性。

1. 语言的工具属性与语言规划的可行性。有声语言是人类最重要的交际工具，文字是在有声语言的基础上产生的最重要的辅助性交际工具。"语言是用于交流的一种工具。正如使用工具的人可以评价、改进以至于替换他们的工具一样，使用语言的人也可以评价、改进、替换和创制他们的语言及其成分。"（柯平，1991）语言是人类交际的工具，为了保证交际功能的发挥，首先需要解决的就是信息交流和人际沟通的可能和顺畅的问题，这也是语言规划浅层和直接的目标。语言的工具属性决定可以对语言本身进行本体规划，从语言外部进行地位规划，使之更好地服务于交际和交流。

2. 语言的社会属性与语言规划的可行性。语言的工具性决定了其本质属性是社会性，语言从而成为一种社会代码。"社会代码一般都是规范化的。语言规范是语言本质的一部分，是进行经济而有效的语言交流的前提。而规范就意味着选择与规定，意味着人为的规划活动。"（柯平，1991）语言的社会代码属性决定使用语言的个体需要对这种代码和代码中的成分进行选择，也决定一个政体需要对多种不同的社会代码进行选择和规定，语言规划从而成为个体和政体的共同诉求。这也决定了语言规划是可行的。

3. 语言的可塑属性与语言规划的可行性。过分强调语言是自主发展的系统，就忽略了语言的人文性、社会性，也就忽略了语言的可塑性。陈章太

(2005: 20)认为语言具有可塑性,"语言及语言生活形成以后,并不是不可改变的,而是可以通过语言规划使语言及语言生活朝有利于国家、民族、社会和语言使用者的方向发展。在多语国家或多语社区中,语言规划可以选择一种或几种语言、方言作为标准语、共同语或官方语言,并为所选语言制定各种规范标准,在该国或该语言社区中推行,并从立法、政策、行政、文教、科技、传媒、出版、学术、宗教等方面,采取各种有效措施,增强这些语言的活力和声望,扩大这些语言的使用范围,从而逐渐改变该国该语言社区的语言生活状况,并使语言生活朝有利于国家、民族、社会及语言使用者的方向发展。"语言的可塑性是进行语言规划的基本前提。

(二)语言规划的目标

目标是动机的终点。语言规划的目标一般分为与语言相关的目标和与社会相关的目标两种。有关语言规范、语言改革、语言标准化、语言传播、词汇现代化、术语统一、文体简化、语际交流、语言保持、辅助码标准化等方面的目标均属于与语言相关的目标。有关国家统一、民族团结、经济发展等方面的目标,可以归入与社会相关的目标。语言规划的最终目标是为了服务,既服务于语言本身的发展,也服务于语言的使用。具体可概括为语言发展、身份认同、语言传播、语言安全、语言生态、语言生活等六个目标。

1. 语言发展目标。一般认为,语言本体规划主要包括全民共同语与民族标准语的推广与规范、文字规范标准的制定与推行、科学技术术语的标准化、新词语的整理与规范、书面语的口语化、字符改革等内容。柯平(1991)主张,"语言本体规划的目的在于使一种语言或语言变体标准化,也就是说,采用一切必要的手段,使它能够充分履行它的各种社会职能。"语言本体规划的最终目标是通过对语言,尤其是语言使用的人为干预,使之更好地服务于人们的交际。这恰好可以保证和提高语言的活力,从而使这种语言得以发展。

2. 身份认同目标。语言既是民族的身份,也是国家的身份。"当一个民族和国家试图发展自己的区别性特征时,语言往往成为其首选。"(刘海涛,2007)这在语言地位规划中表现明显。一般认为,语言地位规划"是指语言规划时为语言文字确定应有的、合适的地位,即它们在社会中的地位,并协调各种语言关系"(陈章太,2005:9),包括配合政府制定语言政策,选择确定标准语、共同语或官方语言等内容。制定语言政策、确定语言方言地位,都要充分考虑民族、语言以及方言的单一性和多样性问题,从而服务于国家和民族的身份认同。

3. 语言传播目标。语言的对外传播过程在一定程度上就是树立国家形象的过程。虽然不同国家语言海外传播的原因和目的不同,但传播确实需要语言规划为之服务。随着人们对语言的认识从"问题观"到"资源观"的转变,对语言的态度从管理到服务的转变,语言使用从单一国家或地区到跨国、跨境的转变,以及语言干预从强制性到市场调节的转变,人们不仅重视一种语言在所在国的维护、发展和传播,也更加重视在海外的传播。

4. 语言安全目标。Haugen(1962)最早提出"语言安全"这个概念。英国学者Ager(2001)首次将语言规划提升到语言安全的高度,将语言安全确定为语言规划的重要目标和价值取向。语言安全不仅指语言本身使用、地位和身份认同的安全,也关涉语言对于国家安全、政治稳定和社会发展等语言外部性问题。(沈骑,2016)从这个角度讲,语言规划需要为语言安全服务。

5. 语言生态目标。语言生态研究中的一个重要课题就是语言的多样性问题。语言生态是语言规划制定的现实依据。语言政策的制定"必须从其语言生态的实际出发,不能脱离语言生态的实际。在一些语言使用情况比较复杂的国家和地区,尤其是民族地区,制定语言政策时,除了充分掌握不同的人群、不同的民族等语言使用的具体情况之外,还必须考虑他们的语言态度,尊重他们的语言选择,在取得他们完全同意的前提下,制定合适的语言政策"。(冯广艺,2013)因此,语言规划必须服务于和谐语言生态的保护和构建。

6. 语言生活目标。语言规划对和谐语文生活建设起着至关重要的作用。我国多民族、多语言、多方言、多文字的国情和语情决定了不同语言、方言、文字关系的处理常常与国家统一和民族团结密切相关。李宇明（2012c）认为："推广国家通用语言文字，保证信息畅通，促进国家认同，这是国家根本利益之所在。……普通话和方言的和谐，各民族语言之间的和谐，是国家语言生活的理想状态；语言的相互尊重、相互学习和相互使用，是语言和谐、民族和谐的基础。"因此，语言规划必须服务于和谐语文生活的建设。

二、语言规划的视角

语言规划的视角是多维的。可以不同的理论为基础形成不同的观测角度，如语言战略的视角、治理理论的视角；可以不同的范围为视角，如中国视角的语言规划、欧盟视角的语言规划；可以不同的规划对象为视角，如汉语视角的语言规划、全球华语视角的语言规划等。从语言规划观念的角度着眼，可以区分为管理观视角的语言规划和服务观视角的语言规划。

（一）管理观视角下的语言规划

郭熙（2009）认为："传统上语言规划被定义为一种管理，并多被解读为对语言本身的管理。"这可以理解为管理观视角下的语言规划。管理观视角下的语言规划具有如下特点：

首先，管理观视角下的语言规划秉承的是语言工具观和语言问题观。语言工具观认为语言是人类最重要的交际工具，如杜威（2015：142）就认为语言最重要的作用就是人们社会交往的工具性。因此语言工具观指导下的语言规划，其目标是要解决信息交流和人际沟通问题。当信息交流和人际沟通出现障碍时，就是语言的工具性作用出现了问题，就需要进行语言规划。

其次，管理观视角下的语言规划以社会管理理论为基础。社会管理是政府和社会组织为促进社会系统协调运转，对社会系统的组成部分、社会生活的不同领域、社会发展的各个环节进行组织、协调、指导、规范、监督和纠正的过程。语言规划属于社会管理的一个组成部分，是从对语言进行规划的角度实现对社会的管理。

再次，管理观视角下的语言规划所针对的对象和覆盖的范围往往是特定的国家或地区内的语言问题。管理观视角下的语言规划属于社会规划的一部分，受社会管理理论的指导和影响，因此这种规划行为或者是政府行为，或者是一个政府内的社会组织的行为。这就决定了这种规划往往只能在一个国家或者特定的地区进行。

最后，管理观视角下的语言规划的主导力量是政府。社会管理多是通过制定社会政策和法规，依法管理和规范社会组织、社会事务，维护社会秩序和社会稳定。在这个过程中，社会力量可以参与到语言规划中，但必须依靠政府来实现政策、法规的制定、发布和执行，才能起到规划的作用。因此，就语言规划而言，政府是主导，政策或法规是手段。

（二）服务观视角下的语言规划

服务观视角下的语言规划是一种新的语言规划思想，是在语言观念和社会治理模式发生变化的前提下出现的。郭熙（2009）提出的华语规划论就是基于服务观视角的语言规划。服务观视角之下的语言规划具有如下几个特点：

首先，服务观视角下的语言规划秉承的是语言资源观和语言文化观。"语言的资源观可以帮助我们摆脱'多语多言'是'语言问题'的错误观念"（徐大明，2008），语言文化观可以促使人们从多样性角度观照语言和方言。因此，要树立语言资源观念，"制定切实可行的语言资源保护、开发措施，已经成为当今国家语言规划的必务之事、当务之急"（李宇明，2008a）。

其次，服务观视角下的语言规划以社会治理理论为基础。社会治理理论更加强调多元主体合作共治，更加强调社会自治，尊重社会成员的社会政治权利,强调构建政府管理与社会自治相结合、政府主导与社会参与相结合的社会管理和公共服务体制。语言规划是社会治理的一部分,因此社会治理理论必将对语言规划的制定和实施产生相应的影响。

再次,服务观视角下的语言规划所针对的对象可能更多,覆盖的范围可能更大。服务观视角下的语言规划属于社会治理的一部分,受其指导和影响,因此这种规划行为可能削弱政府的主导力量,而使规划对象和范围发生变化。郭熙(2009)倡导的华语规划就认为,"华语规划论倡导跨国、跨境的语言规划,它是全球华人整体利益下的语言规划"。

最后,服务观视角下的语言规划政府主导力量削弱,强调社会公众的参与。在语言规划中,由于主体多元化、手段多样化、互动性增强,因此政府的主导力量就可能被削弱。华语规划论是一种典型的服务观视角下的语言规划观,"冲破了传统的国家、民族模式,着眼于跨国跨境的整体考量。按照这一理念,语言规划不应该由政府单独掌控,而应该充分动用整个社会的力量"(郭熙,2009)。

三、语言规划的结果

语言规划的结果属于语言规划的评估范畴。总体来讲,语言规划是人遵照社会发展和语言发展的规律,为达到特定的目的,对语言生活进行人为干预的过程。语言规划的目的性和过程性决定了任何规划行为都会产生相应的结果。郭熙(2009)将这种结果的两面性归纳为语言规划的贡献和语言规划的后果。

(一)语言规划的贡献

语言规划工作达到了预期目的、取得了预期效果,或者在社会、政治、经济、文化、教育等方面发挥了积极的作用,都可以界定为语言规划做出了贡献。

语言规划实践已经表明,它在促进国家统一、民族团结方面起着至关重要的作用,而在现代国家发展过程中,更是功不可没。(郭熙,2009)中国历史上,秦朝实行了"一法度衡石丈尺,车同轨,书同文字"的政策。秦始皇采纳李斯的建议,以秦国文字为主,凡是与秦国文字不同的一概废弃。为了提供标准的规范字体,李斯、赵高、胡毋敬分别完成《仓颉篇》《爰历篇》《博学篇》,作为秦朝文字的规范体系。这是我国历史上语言规划成功的范例。新中国成立以后,我国实行推广普通话的政策,开展语言规范化、推行简化汉字,实行语言文字信息标准化。这些工作为中国乃至世界华人的语言沟通、民族文化认同等作出了突出的贡献。

(二)语言规划的后果

语言规划工作偏离了预期目标,未取得预期效果,或者在社会、政治、经济、文化、教育等方面发挥了消极的作用,都可以界定为语言规划产生的后果。

我国历史上也有语言规划不成功的案例。中国现代语言规划中最早的不成功的例子应该是"老国音"(郭熙,2013a)。1913年,当时的教育部"读音统一会"确定了"老国音",后被所谓"新国音"所取代。另一个典型案例就是"二简字",即《第二次汉字简化方案(草案)》(下文简称《〈二简〉草案》)。该方案分为两个表:第一表收录了248个简化字,推出后直接实行;第二表收录了605个简化字,推出后仅供讨论,没有直接实行。1978年后停止试用。

语言规划的后果同样具有评估价值。基于对"二简字"等失败的语言规划实践,郭熙(2013a)指出:"成功的语言规划应该满足以下的条件:第一,有社会需求,这是基础;第二,有政府的推行。"

语言规划从本质上讲,是人遵循语言发展与社会发展的规律,通过对人的语言生活的干预实现对语言和语言生活的治理。国内外语言规划研究的实践表明,语言的工具性、社会性和可塑性,决定了语言规划的可行性。语言规划的终极目标可以用服务来概括,要为语言发展、身份认同、语传播、语言安全、语言生态、语言生活服务。语言规划的考察视角不同,就会出现不同视角观照下的语言规划。从语言规划观念的角度着眼,可以区分为管理观视角的语言规划和服务观视角的语言规划。从规划结果的角度看,既有成功的语言规划,也有失败的语言规划。但二者都具有评估价值。

思考与练习

(1) 一般 "语言规划" 都包含哪些层面?你如何看待这些说法?
(2) 有人认为语言是自组织系统,那么语言规划是否可行?
(3) 语言规划的结果可以从哪些角度分析?
(4) 阅读相关资料,结合国家治理能力,谈谈你对语言规划和语言政策的理解。

第二节　语言地位规划

语言地位规划是指对语言文字功能进行调整的规划活动。陈章太(2015:8)认为:"它是针对语言外部的一种规划活动,目的是确定语言文字在社会中的地位,以便使用语言文字的社会成员能够在合适的场合使用。对语言功能进行调整的规划活动主要包括:(1)语言政策的制定;(2)确定语言文字的地位;(3)语言立法。其中,语言政策的制定是语言地位规划最为重要的一项内容;语言立法是语言政策的最高体现。"

一、语言的选择

语言地位规划是国家组织实施的自上而下的活动,是一种有意图、有意识的语言改变。Haugen（1966，1983）将语言规划进程分为"选择、编制、实施、扩建"四阶段，其中，选择和编制属于地位规划，实施和扩建属于本体规划。一个国家一旦建立，面临的首要语言问题就是选择并确定一种或多种语言作为该国的国家语言、官方语言，规定政府及各类公共领域的公务语言，政府财政及其他资金可予以资助的语言种类等等。

（一）影响语言选择的主要动因

语言选择行为的基本要素包括选择主体、选择客体、选择环境。影响语言选择的动因涉及政治、经济、文化等诸方面。

一是政治动因。语言规划的组织者和主导者往往是政府，因此，在语言地位规划层面上的语言选择，具有明显的政治色彩。在语言的选择上，大部分摆脱殖民统治获得民族独立的新兴国家，通常选择民族语言作为国家语言，并在一定时期内大力推行，如老挝、马来西亚、泰国、缅甸等东南亚国家。官方语言的选择与国家的历史、政治、经济的发展有着千丝万缕的联系。如新加坡选择马来语、英语、华语和泰米尔语四种语言作为官方语言，其中，英语是新加坡事实上的第一官方语言，这是由新加坡的建国方略所决定的。

二是经济动因。现代信息一体化社会，语言作为一种资源和信息载体，具有极大的经济价值。"语言的经济价值主要是由该语言的社会文化功能和使用该语言所产生的经济效益所决定的。"（陈章太，2015：116）因此，一种语言所具有的经济价值往往决定了它的传播范围和竞争力。如英语在全球的贸易、科技、法律等领域的广泛使用，使它具有了远超其他语言的经济价值，国际地位显著；又如日语，从20世纪70年代开始，因日本经济进入高速发展时期而使其逐渐成为许多国家外语学习选择的新宠；再如汉语，随着中国综合国力的提升，全球学汉语的人数越来越多。

三是文化动因。语言是民族的重要标志，语言及其文化是不可分割的一个整体。选择使用何种语言与使用者的文化心理和群体意识紧密相关。

文化心理和群体意识的形成过程复杂微妙，与国家观念、民族意识、身份认同、宗教信仰等因素密不可分。许多国家（地区）在被殖民时期，由于殖民文化的强制推广，通常选择殖民者的语言作为官方语言，选择本土民族语言作为国家语言。20世纪中期经过反殖民抗争最终独立建国的国家大多如此。

（二）语言规划类型中的语言选择

周庆生（2014）根据国家民族构成，从语言选择与管理问题的角度将世界不同国家分为同质社会国家、二分社会国家或三分社会国家、多民族社会国家三大类。

第一类是同质社会国家，由于这类国家绝大多数人口即主体民族人口都使用同一种语言，因此又称同质语言国家。该类国家的少数民族人口较少，语种不多，通常不会产生语言选择上的问题。如西欧和拉丁美洲的大多数国家等。

第二类是二分国家或三分国家，即由于国内有两三种民族语言群体，人口数量相对均衡，语言地位功能大致相当。为避免语言问题处理不当而带来的民族分歧、分裂，通常的做法是选定使用这两三种民族语言为官方语言，再深入细致地定下一些关于管理和使用的政策细则。如比利时、瑞士、加拿大（魁北克）等。

第三类是多民族社会国家。世界上约有一半的国家由这样的多民族成分构成。多民族社会的语言选择问题着眼于如何处理好国内诸多民族和语言的复杂关系，更关注官方及教育语言的选择。由于不可能选定所有民族语言为主导语言，则首先应在众多语言中选定通用语或族际交际语，以利于国家一体化的建设需要。目前普遍的做法是发展和培植多种语言作为交际语或通用语，在国家层面使用两三种民族语言和一种殖民语言。一般准许初级教育阶段最大限度使用母语教育，中等教育和政府层面换用少数几种主要的交际语言。如印度大约有超过400种语言，教育用语有75种，国家宪法保护的官方语言有15种，英语是全国教学普及最广的外语，在35个邦和属地中,将英语纳入课程范围的有33个。

从经济发展程度与语言规划任务的关系来看,发达国家、发展中国家及欠发达国家的语言规划任务各不相同。发达国家的主要任务是继续加强标准语的本体规划,加强国家的外语教学;发展中国家主要是推广和规范民族共同语和标准语,提高官方语言的地位和声望,扩大官方语言的作用,大力发展教育,增强国民语文素养;欠发达国家则主要是维护民族共同语的声望和作用,处理好语言矛盾和冲突,加强语文教学,扫除文盲等。

从这些国家的语言政策特点和实际内容来看,语言选择上可基本分为四类:统一国语类,即国家的官方语言只有一种,如中国、英国、法国、德国、意大利、俄罗斯、马来西亚、韩国、泰国等;双语多语类,即国家的官方语言有两种或多种,如比利时、瑞士、加拿大、新加坡、南非、荷兰等;原一种殖民语言作为官方语言类,如秘鲁、智利、墨西哥、厄瓜多尔等;原多种殖民语言作为官方语言类,如哥斯达黎加、塞舌尔、莫桑比克等。

二、语言权利和语言权力

世界上绝大多数的国家都是多元语言、多元文化和多民族国家,国家的公共治理必须首先通过语言的方式来开展。因此,语言权利和语言权力成为国家语言规划中必须重点考虑的问题。

(一)语言权利

一般来说,语言权利又称语言权,其权利主体可以是人,也可以是群体,还可以是政府机构和社会组织。这些权利主体在语言选择、使用、学习、传播等行为上享有自由。李宇明(2008d)指出,语言权利是当今三大语言话题之一。语言权利包括个人的语言权利和群体的语言权利,涉及公民的生存权和发展权。语言的使用是语言权利的核心内容,语言权利的使用是为了表达个人或全体的思想、感情和认同等。

1. 语言权利的产生

语言权利作为一项专门的研究始于20世纪后半期。语言权利问题的产生和发展具有深厚的历史背景和丰富的社会基础。

一是语言的多元化现实催生出语言平等问题。多语并存是一种客观存在，语言的多元性客观说明了语言之于交流意义上的平等性。而在实际的语言生活中却表现出语言的不平等。当前，语言转用、语言消亡的速度正在加速。据联合国教科文组织濒危语言问题特别专家组（2003）的预测，到21世纪末，强势语言将取代世界上90%的语言。即使做最保守的推断，下个世纪也将有50%的语言消失，约3000种语言在100年内消失。这意味着平均每两个星期就有一种语言消失。语言的不平等催生了对语言权利的研究。自20世纪70年代开始，联合国教科文组织便开始开展濒危语言问题的研究和抢救工作。

二是多元语言对于民族发展具有重要意义。语言是文化的载体，是体现族群文化特征的一项重要指标。当语言进入公共治理体系之内，为更好地管理社会，必然结合社会实际情况做出语言选择，产生主导语言和非主导语言。主导语言得到国家的推广和使用，客观上对非主导语言的传承传播造成一定的影响。非主导语言的民族则有可能因其语言的受限而提出语言使用权利的诉求，甚至是对抗性的主张和行为。

三是语言之于个体与国家在认同上的重要性。从语言文化的角度，近代欧洲民族国家在世界各地的殖民扩张从某种程度上改变了世界原有的语言生态。英语、法语、西班牙语等欧洲语言的强制植入，使这些强势的欧洲语言强行参与到殖民国家人民的身份构建中。殖民统治结束后，殖民者的语言仍被部分国家继续保留，或为教学语言，或为官方语言，而当地的少数民族语言、土著语言等则所剩无几。在这一过程中，少数语言群体与国家之间在语言问题上既有冲突又有妥协。语言权利，尤其是对母语权的维护，则成为一种普遍的社会心理，关系到个体的身份认同及其对国家意识的构建。

四是独立国家不可避免地要面对语言选择。政治权力介入民族、国家的语言生活，这是近代以来多语并存的另一个处境。除了沟通的工具，语言更被看作是一种政治经济资源。如何利用好这种有声资源，就成为国家治理和公共领域的重要问题。国家语言政策对官方语言、教学语言、媒体语言等的选择和地位确立，将语言实践带入了政治地带。不难想象，少数群体语言、土著语言则被导向一种少数和非主导的处境，甚至进入快速消亡的快车道。由此产生了维护母语权的语言权利的呼声，其来源于被认可、被尊重与被保障的语言生活自由。

许多国家的宪法都已明确将国内各民族的语言权利列入其中，如中国、越南、马其顿、芬兰、匈牙利等；也有一些国家通过语言政策专门法的方式赋予其国内民族某种语言权利，如我国2000年的《通用语言文字法》、俄罗斯1991年的《民族语言法》、哈萨克斯坦共和国1997年的《国内语言法》等。

2. 语言权利的实践

当前的国际法和各国宪法中，语言权利主要通过探讨是否能平等地使用语言，是否有权自行选择语言表达自我，是否能决定接受母语的教育等而获得间接保护。对语言权利的实践主要体现在执法、司法、守法和法律监督上。郭友旭（2010：180—224）指出，语言实践中的公平和效率是矛盾的两面，难以兼顾。选择公平，则难言效率；选择效率，则罔顾公平。南非于1996年通过宪法确定英语、阿非利加语（南非荷兰语）、祖鲁语、科萨语、斯佩迪语等11种语言为官方语言，同时规定教育语言权只限于这11种官方语言，充分照顾了南非的白人、黑人、有色人等的语言权利，并在相对公平的范围内考虑了语言教育的效率问题。可见，公平为前提的效率，才是语言权利的客观走向。

个人维度的语言权利是有限的，而群体维度的语言权利，则对保护语言及其文化的多样性起到重要作用，这符合语言的群体属性。在语言权利的选择和行使上，则应结合具体情况而定。新加坡选择多语制，由于各民族语言群体散居于其国内,并非与特定的地域相联系,则语言权利的诉求倾向于个人对语言的选择。而在幅员辽阔的中国,少数民族或少数语言群体自古以来大都有特定的生活区域,则语言权利的保障客观上倾向群体利益的维护。

属地原则和属人原则是语言权利的两种模式。属地原则下的语言权利是"随地"的,即随地域的不同而不同,要求语言权利"入乡随俗"。德国分14个德语州,4个法语州,3个意大利语州和1个三语州,就是典型的语言权利采用属地原则的模式。属人原则下的语言权利"随人",即不以人所处的地域为转移,语言权利始终不变。如各国在宪法或法规中确立国家语言、官方语言等之后,规定公民有权学习这些语言,则基本属于属人原则。

(二)语言权力

针对语言与权力,语言学界通常将焦点集中在对权力集团影响语言使用及控制语言的方式上。社会是先于语言而出现的一个权力领域,每个个体的语言交往都在社会的不同权力领域内产生。因此,上层社会的语言形式在很大程度上主导了社会的语言体系。

语言与权力之间有一种天然的、共生的、内在的关系。语言是权力活动的基础载体。法国当代著名社会学和人类学家Pierre Bourdieu提出"象征性权力"(Symbolic Power)[①],他认为,人与人之间交流的语言所表达的是一种权力关系,语言的秘密不在于语言本身及其结构,而在于语言所表征的冲突、控制和权力。言语中的声调、语气、表情、肢体动作等自然因素,尤其是语言表达中的术语、句型、言语策略等,都代表了这种语言的权威性、社会地位和社会力量。(孙晓萌,2013:10)

随着历史的不断向前发展,国家结构中的意识形态及文化霸权日益加强,经济和政治利益的冲突常常具体表现为文化的、意识形态的冲突,各国

---

① Symbolic Power 被译为"象征性权力""符号权力""语言权力"等,是Pierre Bourdieu 在《语言与符号权力》《实践与反思》等著述中提出的一个核心观点。

政府和统治者对文化和思想观念的控制,往往通过教育、社会舆论等方式实现社会的自觉认同和效仿。国家和政府通过对主导语言的文本研究,以字典、词典、教科书等教育出版物的方式构建知识体系,并以大众传播的方式进行教育和推广,最终获得大众的自发认同和拥护,形成一种权力话语及其文化意识形态,达成其统治的目的。可见,语言及其文化,与权力之间的关系是广泛的、密不可分的。

1. 语言中的政治权力

在语言地位规划中,这种来自语言外部的冲突、控制与权力关系是语言之所以可能成为国家语言、官方语言等主导语言的决定性因素,尤以语言中的政治权力为最。

通过对语言中政治权力的运用而达到国家大一统的例子很多,如拉丁语的国家权力,培育了欧洲统一的政治理想。从罗马建城开始,拉丁语的使用范围则从拉丁姆平原一直扩展到地中海。拉丁语是罗马帝国的官方语言和外交语言,是市政管理的主要语言,也是帝国士兵和军队唯一的军事指挥语言。一直沿用到13世纪的十字军东征,使其成为一种特权,并逐渐形成了一个以拉丁语为媒介的"欧洲意识形态",第一次出现了"欧洲人"的称谓。这在客观上加强了分崩离析的欧洲城邦国家和封建领地间的政治联系。换言之,当时的拉丁语具备"公共纽带"的作用,在外交官和政治家中传递着欧洲统一的梦想。(唐晓琳,2011)

语言中的政治权力运用不当而使政党纷争的例子也不少,如乌克兰语。苏联解体后,1991年8月24日乌克兰宣布独立,国家宪法赋予乌克兰语国语地位,2012年的《国家语言政策基本法》依然声称乌克兰语是唯一的国语。然而,乌克兰语没有被成功普及而成为全民使用的通用国语,以往的语言政策不但没有达到整合社会的目的,反而导致乌克兰社会出现了不和谐现象。语言政治斗争一直延续至今,乌克兰语和俄语一直处于微妙并存之中。许多人把语言选择看作忠于两派对立政治势力、对立文化势力的象征。乌克兰政界最初置身于语言斗争之外，但是为了谋求更多的选票，开始利用选民的语言心态，在操控公共意识的竞选活动中凸显了语言问题的严重性，使语言政治斗争更趋复杂。(戴曼纯，2013)

2. 语言中的文化权力

语言并非个人现象，语言活动是具有群体意识的文化活动，是语言地位规划任务的重要组成部分。语言中的文化权力主要体现在语言自身发展过程中的规范化和标准化，这对于建立民族、国家的文化身份认同，具有非常重要的作用。

走向认同的语言中的文化权力，华语视角下的中国语言规划(郭熙，2006)是个典型案例。从当今汉语走向世界的情况来看，中国语言规划从汉语视角走向华语视角是历史的必然。我国自20世纪50年代开始的汉语语言本体规划，极大地促进了中国语言文字应用的规范化和标准化。当今时代，华语作为全球华人的共同语，表明汉语不再仅是中国的，更是世界的。作为一种语言资源，华语属于全球华人。近年来，国内外学者共同努力、携手合作，对华语的规范化和标准化开展了大量的、卓有成效的工作，如《全球华语词典》和《全球华语大词典》的出版，"海外华裔青少年华文水平测试""华文教师证书"项目的成功研发等，在海内外产生了一定的影响。需要特别指出的是，在华语视角下展开语言规划，不是语言沙文主义，更不是语言扩张。它和老牌帝国主义的语言扩张的根本区别在于，它是建立在保障各种语言使用者语言权利的基础上，以扩大各地华人沟通、方便华语使用者而进行的，不具有强加于人的性质。只要规划科学实用，必将得到华人社会的广泛认同和接受。又如拉丁语的文化权力，奠定了欧洲人的认同观念。拉丁语作为基督教语言成为"圣坛语言"，拉丁文著作从信仰领域扩展至文化领域，并作为一些罗马公教会神学院的教学语言，成为欧洲有知识的人的母语，成为当时欧洲的重要学术语言。(唐晓琳，2011)

语言中的文化权力，若运用不当，则有可能走向文化霸权。英国在北尼日利亚殖民统治初期以武力征服的方式建立了殖民政权，此后通过"间接统治"方式对殖民地实行"有效统治"。"间接统治"在语言方面的体现是对非洲本土语言豪萨语的利用、改造和推广,将英国的行为准则、思维方式、文化价值等"意识形态"通过本土语言塑造的"知识"灌输给殖民地民众,进而强化殖民统治的合法性、稳固统治政权基础,体现出明显的"文化霸权"特征。(孙晓萌,2013)

三、语言声望和弱势语言的保护

声望指公众对个体或组织的认可程度,代表着权威性的名声。一种语言具备社会声望基础,则易于得到普遍的认可、广泛的传播和使用。在语言规划中,可通过主动营造一种有利的文化和心理环境,使该语言得到社会的认可和保护,从而逐步增强其社会声望。从这个角度看,声望规划可以说是语言地位规划的一个先决条件,是保护弱势语言的一种出路。

(一)语言声望

Haarmann(1986)首先提出了语言声望规划的概念,与本体规划和地位规划一道构成了语言规划的三分法框架。陈章太(2015:15)将语言声望定义为:在地位规划和本体规划后面,影响规划活动实施的社会文化因素、心理因素对地位规划和本体规划起着价值判断的作用。这些价值判断与规划活动的声望直接相关,具有声望价值。从事与声望价值有关的语言规划活动就是语言的声望规划。

1. 语言声望规划的内容

语言声望规划的内容主要包括语言规划者及其规划接受者两方面的声望。据苏金智(1992)[①]、陈章太(2015:15—16),语言规划者的声望包括:(1)语言规划者和语言规划机构本身所具有的权威性的声望;(2)语言规划者和语言规划机构所进行的语言地位规划和本体规划活动所产生

[①] 苏金智(1992)将"语言规划"称为"语言计划",即语言计划包含本体计划、地位计划和声望计划。本章统一称为"语言规划"。

的声望。语言规划接受者的声望包括：(1)语言规划工作者和语言规划机构在接受者心目中的声望；(2)语言规划工作者和语言规划机构所进行的语言地位规划和本体规划活动在规划接受者心目中的声望。

可见，声望不是一种单一因素，而是一种可变的、由个体价值判断所组成的复杂因素；虽然声望规划不是直接对语言本体和地位进行规划，但却与其密切相关，贯穿于语言规划的整个过程，有其自身存在的价值和功能范围。三者的关系如图5-1（苏金智，1992）：

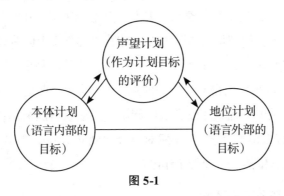

图 5-1

首先，语言声望规划的成功实施要保持语言规划机构及其规划者的权威性。法国语言规划的成功经验之一就是法国政府对语言规划工作的高度重视，总统和总理皆亲自领导和参与语言规划活动。自新中国成立以来，我国的语言文字规划工作得到了历任国家领导人的高度重视，正是因为他们的崇高威信，使我国的语言规划得以顺利实施。其次，要不断开展社会心理调查工作，不断调整和完善规划内容。如马来西亚的"数理英化"政策，由于未经过充分调研便于2003年仓促实施，对此国内各界出现了不同的声音。马来西亚教育部随即对每年各层级学生英文成绩和数理成绩开展分析，结果证明该政策对学生英文和数理科能力的提升不一定具有促进作用，最终于2012年宣布取消。

2. 语言声望与语言平等

语言规划的实施过程是一个复杂的、充满矛盾与冲突的语言管理过程。理论上，政府及语言规划者应在规划制定的过程中充分考虑各种社会影响因素及不同规划接受者的心理因素，以避免实施过程出现矛盾和冲突。实际上，这些很难完全避免，只能从总体上考虑规划接受者的心理因素和价值判断。因为矛盾和冲突依然存在，甚至会在某些实施环节和某些区域出现语言不平等问题。

据不完全统计，全球语言有6000多种，各种语言的社会功能有很大的差异，许多少数群体的语言被主导语言边缘化。提高语言声望有助于语言平等。这种语言上的不平等交流在19世纪末便被提出。1887年，波兰眼科医生柴门霍夫创造了"世界语"，它是在印欧语的基础上创造出的国际人工语言，对于母语非印欧语的人来说，学习和使用并非易事。所以世界语并未能真正在国际范围内得到推广和使用。又如欧盟一直是国际多语制的标杆，欧盟各成员国的区域性或少数民族语言要求获得国家承认，27个成员国共有23种官方语言，语言互译配对组合达到506种。但在实际工作中，英语、法语等语言依然是主要的工作语言。

（二）弱势语言的保护

弱势语言是相对于强势语言而言的。在信息交换高速发展的今天，两者之间的差距既有可能逐渐拉大，也有可能逐渐缩小，这在一定程度上取决于对语言的积极规划和保护。弱势语言，如各国民族语言，很可能在不断的语言竞争中逐渐弱化、衰退甚至濒危。我们认为，在快速发展的现代化进程中，使用人口少的语言或杂居程度高的语言有的会衰变，甚至会濒危，这是多民族国家语言关系演变的一种自然趋势。中国如此，世界其他各国也是如此。面对这一变化，正确的态度是开展语言保护。（戴庆厦，2016）

1. 语言的强势与弱化

"从语言势力的角度，语言可分为强势语言和弱势语言。从语言活力（或语言安全）的角度，语言可分为活力语言（或安全语言）和濒危语言。弱势语言和濒危语言是两个不同的概念，但具有密切的关系。弱势语言容

易演变成濒危语言,濒危语言必然是弱势语言。"(曹志耘,2009)

据估计,公元前全世界约有15万种语言,中世纪还有7—8万种,而到了20世纪仅剩6000多种了。那么,是什么原因造成语言的弱化,进而衰退、濒临灭亡呢?这与语言规划、语言接触、语言竞争、语言转用、语言同化等因素密切相关。李锦芳(2006)认为一种语言走向濒危、消亡是一系列因素交互作用的结果,历史原因主要是民族融合,政治与文化变迁,政权更替,民族歧视等;现今的主要原因是民族杂居,通婚,使用人口数量变化,文化、教育的普及,外出务工现象及民族心理和语言态度。

英语是世界公认的强势语言,在一百多个国家和地区得到迅速传播和广泛使用。英语之所以能在世界范围内得以广泛传播,主要是由历史、政治、科技、商贸等多种因素造成的。从近现代历史来看,以英国为首的资本主义国家的对外扩张、殖民掠夺和文化渗透,使英语成为殖民地的官方语言,并沿用至今;从政治权益来看,若干中小国家迫于政治压力,主动靠拢以英美为首的北大西洋公约组织,是英语在这些中小国家迅速传播的重要原因;从科技发展来看,英语在科技领域的使用率远超其他语言;从经济贸易来看,绝大多数的国际商务活动都使用英语作为主要工作语言。英语的强势传播,对语言的多样性带来了竞争和挑战:美国的印第安语从约2200种锐减至现今的155种,预计到2060年将剩下20种。这是美国政府实行了"唯英语教育"(the Only English Movement)以及语言同化政策的结果,而印第安语一开始就被"规划"在外,语言活力逐步弱化。(李丽生,2005)

2. 弱势语言的地位规划

弱势语言的生存和发展,不仅与使用者群体及其内部的认同感、共同的文化基础、稳定的语言社区等密切相关,在很大程度上,还取决于其所在国家对弱势语言在地位上的制度性支持和规划。

我国有56个民族,除汉族外,55个少数民族分别使用120余种语言(孙宏开、胡增益、黄行,2007),其中24个民族有记录自己语言的文字。自20世纪50年代开始,我国在语言规划、语言立法和语言政策等方面做了大量的工作,保护少数民族语言文字是我国的一项基本国策。陈章太(2014)对我国1949年以来的语言规划工作进行了全面的总结,关于弱势语言的规划主要有:一是首先确定民族语言文字在民族自治区域的地位,规定各民族语言平等共存,各民族都有使用和发展自己的语言文字的自由;二是保障公民使用母语的权利;三是确定普通话为全国通用的国家通用语言,同时保护、发展各民族语言,并为方言的使用与发展保留广阔的空间,努力构建以普通话为主,各民族语言、方言共存的主体化、多样性的和谐语言生活;四是对弱势、濒危的语言、方言采取保护、扶持的政策;五是关注、扶持弱势群体的语言,主要是残疾人群体、农民工群体和各种移民群体语言。对弱势语言的扶持主要采取加强语言教学与培训,为残疾人设计、创造、改进盲文、手语,并加强其教学、培训,提高弱势群体的语文素质等做法。

3. 弱势语言的保护

多元语言与多元文化并存发展,是全球语言文化生态建设的目标。语言及其文化价值不可替代,保持语言的多样性有助于人类文明的延续。语言保护就是通过各种有效的政策、措施、手段,保持语言、方言的活力,使其得以持续生存和发展,尤其是要避免弱势和濒危的语言、方言衰亡。(曹志耘,2009)

据联合国教科文组织濒危语言问题特别专家组(2003)统计,在全世界600多种语言中,约96%的语言的使用者只占人类总人口的3%,平均每种语言的使用者只有3万人。全世界6000多种语言中至少有半数语言,其使用人口正在减少。预计到21世纪末,全世界的大部分地区约90%的语言可能被强势语言取代。世界范围内多种语言在全球化大背景下的迅速弱化和衰退引起了各国政府、国际组织和专家学者们的重视,联合国、世界语言组织就语言濒危问题召开了多次国际会议,不少抢救濒危语言的基金会、网站等相继建立。我国宪法规定各民族都有使用和发展自己语言文字的自由,这是我国开展语言保护工作的宪法前提和理论基础。2011年10月召开的第十七届六中全会通过了《中共中央关于深化文化体制改革推动社会主义文化大发展大繁荣若干重大问题的决定》,明确提出了"科学保护各民族语言文字"的决策。"科学保护"成为我国开展弱势语言保护工作的根本准则。当前,我国已开展了多项研究项目,如中国语言资源有声数据库、汉语方言地图集、中国濒危语言方言调查研究、新编《中国语言地图集》等,语言保护观念已逐步深入人心。

思考与练习

(1) 什么是语言地位规划?地位规划包含哪些内容?
(2) 如何区分语言权利和语言权力?语言权利是一种单一的权利吗?它包含哪些内容?
(3) 什么是语言声望?你认为影响语言声望的决定性因素有哪些?
(4) 是什么原因导致语言的强势和弱化?你认为是否有必要开展弱势语言的保护工作?

第三节 语言本体规划

冯志伟(2000)认为,语言文字的本体规划,指在某一语言或文字内部其自身的普及推广以及标准化和规范化的问题,这是语言文字本体内部的关系问题。语言本体规划,指对语言文字形式本身进行调整的活动,目的是使语言文字形式规范化、标准化,以便社会成员正确使用,社会语言生活健康发展(陈章太,2015:11)。可见,语言的规范化和标准化是语言本体规划最重要的内容。

语言本体规划主要包括:(1)语音的标准化(定音);(2)文字和词汇

的标准化(定形和定量,另外,还包括民族文字的创制问题);(3)语法的规范化(词汇的搭配关系和词汇的组合顺序,即定性和定序);(4)新词语的整理与规范(定时);(5)方言和共同语的关系(定地)。"定"即规定、规范化,是语言本体规划关键所在(薄守生、赖慧玲,2009:7)。

本节主要以20世纪50年代初以来的中国语言本体规划实践为分析对象,具体讨论语言规范化、标准化及其规范和标准的实施等问题。

一、语言规范化

语言的规范化是语言本体规划最重要的内容之一。制定语音、词汇、语法的规范是语言规范化的重要工作,共同语的推广和规范化是语言文字本体规划最重要的工作。人们对语言文字的干预、规范由来已久,比如秦朝的"书同文"。工业革命以后,欧美发达国家十分重视共同语规范化工作,把普及教育和推广共同语作为国家文化建设的基础性工作,较早形成并且普及了标准的共同语。共同语的普及推动了教育的进步,而教育的进步则又助推了欧美国家的现代化。日本在明治维新(1868)以后,仅用20年的时间就普及了以东京话为标准的国语,做到了一切学校讲国语,一切公共场所讲国语,为日本经济的腾飞做好了准备。简言之,国外典型的本体规划主要包括:为一种口语设计一种书写系统,着手进行拼写改革或文字改革,创造新词术语,出版语法书。本体规划的核心是建立统一的语言标准和语言规范,实现语言标准化。(陈章太,2015:373)

自清末以来,我国就开展了国语运动。1903年制定的《奏定学堂章程》中的《学务纲要》第24条明文规定:"自师范以及高等小学堂,均于国文一科内,附入官话一门。"这里的"官话"也就是国语。1911年通过了《统一国语办法案》,1917年成立了国语委员会,1919年成立了国语统一筹备会。"五四"运动以后,国语运动进入推行期,修订注音字母,制定国语罗马字拼音法式,调整国音标准,推动学校的国语教育,培训国语师资,出版国语的书刊。1949年新中国成立后,全民共同语的规范化取得长足的进步。语言规范化成果涵盖了文字、语法、词汇和语音各个部分,构成了汉语规范化的基本框架。

(一)语法规范化

吕叔湘、朱德熙合著的《语法修辞讲话》最早在一定程度上确立了语法规范。1951年6月6日《人民日报》发表社论《正确地使用祖国的语言,为语言的纯洁和健康而斗争!》的同时,开始连载《语法修辞讲话》。连载从1951年6月6日起,到12月15日全部登完。《语法修辞讲话》一经刊载即受到社会各个阶层的欢迎,对人们的语言生活产生了很大的影响,大大地促进了语言文字应用的规范化。(陈章太,2015:204)《语法修辞讲话》的意义不仅在于提供了语言使用中语法和修辞的规范参考,更重要的是带动了全社会语法学习的风气和热情,同时也影响了语言规划者对语言本体规划宽严尺度的把握,一度使标准失之严格。(李海英,2015:69)

1956年拟定的"暂拟汉语教学语法系统"是另一项重要的语法规范。在新中国建国初期,语法学家各持观点,教学上也没有统一的体系,在广大人民群众要求统一教学规范的大背景下,同时为了配合"语言""文学"分科教学的需要,由张志公主持,语法学家们共同拟定了"暂拟汉语教学语法系统"。"暂拟汉语教学语法系统"是一个折中的语法体系,在传统语言学的影响下,以词为本位。这个语法系统在长达二十多年的时间里,为全国的语法教学提供了统一的体系,对语法规范的完善和推行起到了积极作用。1984年公布的《中学教学语法系统提要(试用)》,是在"暂拟汉语教学语法系统"的基础上重新研讨构拟的教学语法系统,仍由张志公主持,吸收了国内语言学最新研究成果,理论基础更换为结构主义语言学,以短语为本位,重视句法结构的层次性,强调教学语法重在应用,要力求让语法知识有助于语言的理解和运用。《中学教学语法系统提要(试用)》既作为语法规范,也是学习语法规范的工具,至今仍在发挥作用。

此外，标点符号也归入语法规范。《标点符号用法》确立了17种标点符号的名称和具体用法，以实现辅助语法规则进行汉语表达的功能。

（二）文字规范化

文字规范方面主要包括汉字的整理、简化成果和汉字的辅助系统《汉语拼音方案》的制定。《第一批异体字整理表》是汉字整理的重要成果，共收异体字810组，合计1865字，经整理共精简1055字。1964年3月7日国务院正式发布了《简化字总表》，共包括三个表：第一表收录了352个不作偏旁用的简化字；第二表收录了132个可用作偏旁的简化字和14个简化偏旁；第三表收录的是用第二表的简化字和简化偏旁组合而成的简化字，因该类字可类推而未尽收。1965年1月30日，文化部和文改会共同公布了《印刷通用汉字字形表》，共含6196个字，采用宋体。以上三个规范表基本确立了现代汉字的字形规范。

汉字的辅助系统《汉语拼音方案》是新中国建国初期最重要的本体规划成果之一。《汉语拼音方案》由1958年第一届全国人民代表大会第五次会议批准，包括"字母表""声母表""韵母表""声调符号""隔音符号"五个部分，采用国际通用的拉丁字母，遵循"一个字母一个音素"的原则，规定其功能范围为给汉字注音、推广普通话、拼写人名地名及其他汉字不方便使用的领域。制定和推行《汉语拼音方案》一直是我国语言文字工作的重要内容。2000年，第九届全国人大常委会第十八次会议审议通过了《中华人民共和国国家通用语言文字法》，确定了《汉语拼音方案》作为国家通用语言文字的"拼写和注音工具"的法律地位。2012年，《国家中长期语言文字事业改革和发展规划纲要》确定了到2020年的工作目标，明确指出要使"汉语拼音更好地发挥作用"。

苏培成（1994）指出现阶段现代汉字规范化的目标是实现"四定"，"四定"指的是定量、定形、定音、定序。在政策规划的语言规范化领域有5项成果，其中4项为汉字规范化。即《简化字总表》（1986年重发）和《关于

"镕"字使用问题的批复》(1993)为汉字定形规范;《现代汉语常用字表》(1988)和《现代汉语通用字表》(1988)为汉字定量规范,汉字规范化工程向标准化目标又推进一步。至此,连同《普通话异读词审音表》(1985)和定序规范《汉字统一部首表(草案)》(1983),汉字形成了较为完整的"四定"基本规范框架。1986年,新时期语言文字工作会议顺应民意解决了汉字使用长期悬而未决的问题,废止了《〈二简〉草案》。为了避免社会上汉字用字混乱,国家语委经国务院批准于1986年10月10日重新发布《简化字总表》,共收简化字2235个,只有7处对原表做了修改,一定程度上减轻了"二简字"长期试用带来的负面影响。

确定"常用字"是从汉字使用频率角度给现代汉字定量,以满足教学和交际需要。国家语委和国家教委于1988年1月26日联合发布了《现代汉语常用字表》,共收常用字3500字,分为一级常用字2500字和二级次常用字1000字。经过检测,覆盖率达到99.48%。确定"通用字"是从汉字适用范围角度给现代汉字定量。国家语委和新闻出版署于1988年3月25日联合发布了《现代汉语通用字表》,共收通用字7500个。这两个规范字表,同时规定了每个字的规范字形,所以也是现代汉字定形的依据,反映了一个时期以来汉字整理和规范的主要成果,为当代中国的语言立法和其后《通用规范汉字表》的研制提供了依据和规范基础。

进入21世纪以来,汉字规范化达到新高度。2013年发布的《通用规范汉字表》,是汉字规范化集大成者,也成为汉字规范化水平新的标志。该字表阐释了信息化时代汉字规范和文化传承的新寓意,对提升国家通用语言文字的规范化、标准化、信息化水平,促进国家经济社会和文化教育事业发展具有重要意义。字表共收字8105个,分为三级:一级为常用字表3500字;二级收3000字;三级收1605字。三级字表分层设计以分别满足不同层次的用字需求。整合优化了原有汉字规范成果,同时实现汉字的定量、定形和定序,一表多能多用,基本解决了多年来确定类推简化字的问题。

2009年3月《现代常用字部件及部件名称规范》和《现代常用独体字规

范》发布，提供了确立汉字部件的统一推荐标准。前者规定了现代常用字的部件拆分规则、部件及其名称，遵从"根据字理、从形出发、尊重系统、面向应用"的原则对3500个常用字进行拆分，得出514个部件；又根据变体、简繁、形近等关系归为441组部件。后者定义了独体字，并在现代汉字的范围内确定了256个现代常用独体字，给出了《现代常用独体字表》。两个规范虽为推荐性标准，但均适用于教育、辞书编纂和信息处理参考。

（三）词汇和语音规范化

1956年2月6日，国务院在关于推广普通话的指示中，责成中国科学院语言研究所（即今中国社会科学院语言研究所）编写以确定词汇规范为目的的中型现代汉语词典。1958年6月《现代汉语词典》正式开编。1960年的试印本采取了定稿一部分、印刷一部分的方式，印制了1000本，分送各大中学校、研究所修改审定。从1961年开始，各地的审定意见陆续反馈回来，编辑室经过两年多的修订，1964年试用本定稿，1965年试用本出版。虽然这一时期尚未正式出版发行，但语文辞书作为确立词汇规范工具的规范方式得以确立下来。在1965年《现代汉语词典》（试用本）的基础上，经过修订，1978年12月出版《现代汉语词典》（第1版）、1983年1月出版了《现代汉语词典》（第2版）。《现代汉语词典》（第1、2版）收词约56000条，以记录普通话语汇为主，其中适当收录的方言词、旧词语、文言词语、专门术语等都在注释中说明或附加标记，区分性收录显示了较强的规范意识。《现代汉语词典》对词形的选择处理同样体现了规范性的原则：字头的编排，整理过的汉字、简化字、传承字为正体，括注繁体字、异体字以备查检。（李建国，1994）

1963年10月，普通话审音委员会发布的《普通话异读词三次审音总表初稿》，是语音规范的集中体现。这个"初稿"是把三次发表的《审音表初稿》辑录在一起而形成，共收异读词1800多条。直至1985年《普通话异读词审音表》修订发表，《普通话异读词三次审音总表初稿》一直作为普通话的读音依据,但由于本身存在一些问题,一些辞书未完全遵守具体字词的语音规范。1985年12月27日,国家语委、国家教委、广播电视部发布《关于〈普通话异读词审音表〉的通知》。《普通话异读词审音表》(1985)所审主要是普通话有异读的词和有异读的作为"语素"的字,共审订了839个异读字,统读字586个,区分了"文"读和"语"读。为了便于分辨语义,有些字除附带词例外,还酌加简单说明。《普通话异读词审音表》遵循明确的原则分类审订异读字词,在较为宽泛的"以北京语音为标准音"的普通话语音标准之上,按语言单位进行个体审音,使普通话有了精准的规范,自发布以来在文教、出版、传媒及社会其他各领域规范化与普通话推广中实现了规范功能。

二、语言标准化

语言标准化是语言规划的重要内容之一,对增强语言功能和语言活力,提供语言声望,方便人民群众使用,沟通社会交际,促进社会、经济、文化、科技等发展具有重要的意义。各个国家、民族都不同程度重视语言标准化建设。新中国成立后,政府和社会十分重视标准化建设,在这方面采取了许多措施,做了大量工作,取得了重要成就,为国家现代化、信息化建设和各项事业的快速发展做了重要贡献。新中国成立以来,我国共制定语言文字规范标准数百项,其中有国际标准、国家标准、部门标准,还有地方标准。(陈章太,2015:218)其中,语言规范国际标准由中国研制、申请,经国际标准化组织(ISO)审议、通过、批准并发布。国家标准由中央政府及其职能部门,如国家语言文字工作委员会等发布推行。下面主要介绍汉语言文字规范的国家标准。

(一)汉字标准化

一般而言,语言文字标准化是指为某些语言文字的应用制定国际标准或国家标准并加以推行。(苏金智,2006)1981年5月1日,国家标准局发布的

《信息交换用汉字编码字符集·基本集》为一般汉字处理、汉字信息通信等系统之间信息交换用标准。《信息交换用汉字编码字符集·基本集》共收有7445个图形字符,包括一般符号224个、序号60个、拉丁字母52个、日文假名169个、希腊字母48个、俄文字母66个、汉语拼音字母26个、注音字母37个和汉字6763个;参考使用频度,6763个汉字分为两级:第一级常用字3755个,按汉语拼音顺序排列;第二级为次常用字3008个,按部首排列。《信息交换用汉字编码字符集·基本集》提供了汉字编码定量标准基础,自此汉字编码研究、汉字字码本、汉字库、汉字点库的字量均以6763为准。

《现代汉语通用字笔顺规范》(1997)是在《现代汉语通用字表》(1988)的基础上形成的,将隐性的规范笔顺显性化,列出三种形式的笔顺。GF3002—1999《GB13000.1字符集·汉字笔顺规范》则以《现代汉语通用字笔顺规范》为基础,同时分类确定不同源字集(中、日、韩)汉字笔顺的制定原则,规定了20902个汉字的规范笔顺。这两个规范确立了完整的现代汉字笔顺标准,使汉字标准化完成了字结构内"定序"。

国家语委1999年发布的GF3004—1999《印刷魏体字形规范》、GF3005—1999《印刷隶体字形规范》和《GB13000.1字符集·汉字折笔规范》(2001)反映了汉字标准化"定形"规范的细化,从一般书写整体字形到分字体字形,再到具体笔画形体。前两种规范规定了两种字形的规范原则和要求,并给出了150个示范例字;《GB13000.1字符集·汉字折笔规范》在《印刷通用汉字字形表》(1965)笔形规定的基础上,进一步规定了汉字(印刷宋体)折笔笔形分类、排序、命名的原则及具体的分类、排序和名称,给出GB13000.1字符集汉字折笔笔形表,主要适用于中文信息处理、汉字排序检索等方面,并可供汉字教学参考。

2009年1月,《汉字部首表》和《GB13000.1字符集汉字部首归部规范》发布,统一了汉字部首,解决了汉字归部、排序问题,汉字归部有了国家标准。《汉字部首表》在《汉字统一部首表(草案)》的基础上制定,规定汉字的部首表及其使用规则,主部首201个(保持了原草案的部首数),附形部首99个,为工具书编纂、汉字信息处理、汉字排序检索及汉字教学提供了依据。《GB13000.1字符集汉字部首归部规范》综合汉字发展理据和现实需要确立汉字部首的归部原则和规则,给出了GB13000.1字符集20902个汉字的部首归部表,实现了汉字归部的标准化。

(二)书写符号标准化

2011年先后发布《出版物上数字用法》和《标点符号用法》国家标准,这两个标准均是对原有标准的修订,修订后的版本仍为推荐性标准,自2012年6月1日起实行。

《出版物上数字用法》规定了出版物上汉字数字和阿拉伯数字的用法,适用于各类出版物(文艺类出版物和重排古籍除外)、公文以及教育、媒体和公共服务领域的数字用法。GB/T15835—2011《出版物上数字用法》替代了GB/T15835—2009《出版物上数字用法的规定》,相较前一版本,新标准除标准名称有变外,内容上不再强调使用阿拉伯数字的倾向性;在坚持数字用法"得体原则"和"局部体例一致原则"的基础上,调整措辞、规定和示例,进一步明确具体操作规范;对原有的行文结构和部分基本术语进行了调整。

《标点符号用法》新标准按照国家标准编写规则GB/T15834—2009起草,在GB/T15834—1995的基础上修订,相比1995版本,根据国家标准编写规则,标准的编排和表述做了全面修改;更换了大部分示例,使之简短、通俗、规范;增加或修改了部分术语的定义;增加或修改了一些标点符号的用法。

(三)词汇标准化

GF1001—2001《第一批异形词整理表(试行)》(2001)是第一个真正意义上的词汇规范。其创新性还在于是当代语言规划进程中第一次采用"推荐使用标准",彰显出词汇规范的"柔性原则",开启和践行了语言规划的柔性规划观。(李海英,2015:114)

GB/T20532—2006《信息处理用现代汉语词类标记规范》为信息处理领域的词汇规范，适用于汉语信息处理，或供现代汉语教学与研究参考。其规定了信息处理中现代汉语词类及其他切分单位的标记代码，具体的切分单位包括词、短语和习用语、缩略语、前接成分、后接成分、语素字、非语素字、标点符号、非汉字符号等。《信息处理用现代汉语词类标记规范》的出台统一了语料库建设等信息处理的工作程序，保证了所开发系统的通用性。

《信息处理用现代汉语词类标记规范》规定了信息处理中现代汉语词类及其他切分单位的标记代码，适用于汉语信息处理。

（四）汉语拼音标准化

汉语拼音方面出台了GB/TF28039—2011《中国人名汉语拼音字母拼写规则》和GB/T1659—2012《汉语拼音正词法基本规则》。《中国人名汉语拼音字母拼写规则》规定了使用汉语拼音拼写中国人名的规则，包括汉语人名和少数民族语人名，同时给出一些特殊场合的变通处理方法。2012年公布的新版《汉语拼音正词法基本规则》是1996年发布的《汉语拼音正词法基本规则》的修订版，"规定了用《汉语拼音方案》拼写现代汉语的规则，内容包括分词连写规则、人名地名拼写规则、大写规则、标调规则、移行规则、标点符号使用规则等，同时规定了一些变通规则以适应特殊需要"。

三、标准和规范的实施

据不完全统计，20世纪下半叶以来制定、推行的国家语言文字规范标准有上百项之多，比较大的规范标准也有数十项，内容包括汉语言文字、少数民族语言文字及其使用，外国语言文字在中国的使用等各项规范标准，还包括信息处理用各项语言文字规范标准。地方性、行业性的语言文字及其使用的法规、标准更多。这些规范标准的制定与推行，大大加强了当代中国语言文字的规范化标准化，增强了语言交际功能和活力。（陈章太，2015：364）

中国具有注重语言规划的传统，在政府主持或干预、教育垂范以及辞书推广等方面都有成功的范例。中国是一个多民族的国家，民族多、语言多、文字多、双语双言多，汉语使用人口最多，方言差别很大等是基本国情。中国语言国情特点本身体现了加强各种语言关系协调、创造和谐语言环境的重大意义，同时也为我国语言规划的理论研究提供了客观条件，为语言规划的实践提供了广阔天地。（陈章太，2015：253）此外，当代少数民族语言本体规划也取得丰硕的成果，如创制、改进和改革文字，民族语文的规范化和标准化，民族语文的信息化，抢救和保护少数民族濒危语言等。（陈章太，2015：296—317）

从总体上看，当代中国语言规划的制定都坚持科学性、政策性、稳妥性和经济性等语言规划基本原则，总体上进行得比较顺利，无论是语言地位规划或是语言本体规划，都取得很大的成功。如实行语言平等保障语言权利，协调语言关系，加强语言接触与语言交流，缓和语言矛盾与防止语言冲突，以及国家通用语言文字和区域通用语言文字的确定与推行，文字的改革与创制，语言文字的规范化标准化，语言信息处理用语言文字标准的制定与管理，地名、术语规范化标准化等。（陈章太，2005a）具体而言，通过中国当代的语言规划，普及了语文知识，提高了全民语文素质。开始进行语言立法，完善国家语文法律规章。借助法律体系，依法管理语文工作。适应时代需求，加大信息化工作。加大研究力度，构建规划理论体系。存在的主要问题有：新理论新概念不断提出，相应的系统研究相对滞后；规划体制机制不够科学，还需不断创新；规划部门的权威性有限，与其他社会规划协调不够等。

当代中国的语言规划还有许多事情要做，特别是在进一步处理好语言关系，保障人民群众的语言权利，加强社会语言生活监测与社会语言问题调查研究，加速推广和普及普通话，加强语言文字规范化标准化，进一步增强语言活力，认真实行双语政策，保护弱势、濒危语言与方言，正确对待汉语的对外影响和英语对我国的影响，保持语言生活的统一性与多样性等方

面,需要给予更多的关注与着力,借以促进我国的社会语言生活继续朝着丰富、健康、有序的方向发展。(陈章太,2005b)

思考与练习

(1) 什么是语言本体规划? 语言本体规划主要包括什么内容?
(2) 简要谈谈"暂拟汉语教学语法系统"形成的过程及意义。
(3) 什么是《通用规范汉字表》(2013)? 它的研制有何重要作用?
(4) 我国当代的语言规划取得哪些成就? 还有什么方面需要继续完善?

第六章

语言传播和传承

第六章

常力作用下の運動

第六章 语言传播和传承

人类作为语言的使用者,在空间上,有各种原因造成的移居迁徙;在时间上,有不同生存环境下的代系蕃息。移居迁徙,带来了语言的传播;代系蕃息,伴随着语言的传承。本章我们将讨论语言作为一个实体,在空间与时间两个维度如何传播与传承,以及在这一过程中,人类活动起着怎样的作用。

第一节 语言传播

语言传播指某种语码使用范围的扩大。在各类文献及媒体中,语言传播现象还有着其他的术语表述,例如语言扩张、语言推广等,但这些词语的侧重点或感情色彩不甚相同。(郭熙,2013b)例如,"语言扩张"具有贬义色彩,一般指语言侵略行为;"语言推广"带有官方色彩,有强制的感觉;"语言扩散"和"语言播迁"虽为中性术语,但其适用的范围略显狭窄,前者不能包括自然的"语言传承",后者则无法涵盖语言传播中"人为"的一面。相比之下,"语言传播"这一术语不仅外延较宽,感情色彩也较为中性,更能反映出这一现象的多维性和复杂性特征。

语言传播可分为自然传播和有意识传播两类(郭熙,2004b:63),同时传播也会遇到阻隔甚至防御。以下分别对语言的自然传播、有意识传播和语言防御进行介绍。

一、自然传播

语言的自然传播,指语言(或方言)较少受外力影响的自发性的空间扩散。传统农业社会的语言传播多为这种情况。由于当时生产力较为低下,缺乏超视距的传播手段,识字率也不高,因此语言,特别是语音,多为口耳相传,其传播效率也很低。此外,由于传统农业社会以家庭为核心社会单元,而语言在家庭内部的代际传递更多地呈现出的是一种纵向传承,而非横向的传播,因此从整个社会而言,纵向的传承远远多于横向的传播。

尽管如此,横向传播的现象仍时有发生,成为影响语言或方言历史格局演变的重要推动力。以汉语方言的传播为例,主要受到历史移民和政区沿革两个外部因素的影响。中国历史上战争、自然灾害频仍,历史移民也呈现出多波次、多来源和多方向的复杂特点。但从宏观走向上看,大致有几个关键的时间节点,大量人口在这些时间节点前后的百十年间发生大规模迁徙,从而将各自的方言传播到距祖地较为遥远的地域(周振鹤、游汝杰,2006;张光宇,1999等)。

一是西晋末年的"永嘉之乱",中原士族移民江南,史称"衣冠南渡",形成了现代吴、闽方言的前身。

二是中唐的"安史之乱"和晚唐的"黄巢起义",开启了第二次北民南迁的浪潮。这一时期鄱阳湖流域得到了进一步的开发,现代赣、客方言开始形成;同时北方移民越过大庾岭,拉开了珠江流域大开发的序幕,现代粤方言开始形成。

三是元末明初的"洪武大移民",有名的"江西填湖广""湖广填四川"就发生在这一时期,使鄂东南、湘东地区成为赣方言区,并将西南官话传播到四川;在北方,山西洪洞移民外迁河北、河南,也将晋方言传播到这些区域。

及至晚清变局,国门被迫打开,汉语的自然传播又发生了新的变化。"闯关东"将河北话和胶东话带入东北,"走西口"将晋方言扩展到内蒙古,"迁台湾"增加了台湾省闽、客方言的使用人口,"下南洋"则将闽、粤等方言传播至东南亚。

在自然传播的过程中,移民语言不可避免地要受到当地语言的影响,从而变得跟传播起源地不甚相同,甚至大相径庭。早在公元6世纪,颜之推在描摹当时南北方言的不同特色时,就曾感叹各地方言"南染吴越,北杂夷虏,皆有深弊,不可具论"(《颜氏家训·音辞篇》)。关于这一句的详细解读,参看本书第二章第一节。

以今天的粤方言为例,在全国各大方言中,粤方言在等呼、韵尾等方面跟隋唐时的中古音最为接近,但这并不表示粤方言就是当时长安或洛阳话。袁家骅(2001)就曾指出,今天粤方言有些不同于一般汉语的现象,要联系两广地区的历史及少数民族语言加以考察,就能看出历史上粤方言曾受当地其他民族语言影响的蛛丝马迹。如粤方言把"细想"叫"谂",把"玩"叫"撩";一些双音节词常把修饰性语素放在被修饰的语素之后,如把"客人"叫"人客",把"公鸡"叫"鸡公";甚至两广地名中常见的"那""六""南""板"等,这些都是壮语留在粤方言中的底层,反映了汉、壮两族人民在长期的生产生活实践中相互学习、相互借鉴的历史。

汉语如此,印欧语亦然。今天的法语是古代罗马人的语言——拉丁语的直系后裔,但其面貌已跟拉丁语相去甚远,甚至跟西班牙语、意大利语等近亲语言也很不一样,如"一"拉丁语叫"unus",意大利语和西班牙语都是uno ['uno](仅举阳性),但法语却变成了un [œ̃]。

从拉丁语到法语变化非常之大,究其原因,也是民族接触的结果。法国古称"高卢",高卢人的语言属于印欧语系凯尔特语族。凯撒征服高卢以后带来了大量操拉丁语的罗马人,他们与操凯尔特语的早期居民相互融合,形成了早期法语的雏形,史称"奥依语"(langues d'oïl)。此外在古代法国南部还有大量操非凯尔特语的早期居民,他们也跟罗马人的语言融合,形成了法国南部方言的雏形,史称"奥克语"(langues d'oc)("奥依""奥克"的意思均为"对"或"是")。无怪乎有学者将法国的民族起源概括为:"北部是部分罗马化了的凯尔特人,南部是完全罗马化了的非凯尔特人。"(Chambers and Trudgill, 2004: 102)

此外,语言自然传播的样态还与移民方式关系密切。一般而言,聚居的生活方式更容易保存原有语言和文化,这一点在古代到近代的东南亚汉语传播中体现得尤为明显。如西马来西亚从北到南汉语方言各异,槟城说福建话,怡保和吉隆坡说广东话,而马六甲和新山说华语;印尼巴淡说华语,棉兰说潮州话，西加里曼丹的坤甸说潮州话，山口洋和邦加则说客家话（郭熙，2013b）。这种马赛克式的分布是东南亚华人移民源地以及移民时间差异的生动写照。

而在北美，华裔移民没有形成像东南亚那样的大规模聚居，于是很多散居移民的后代不再以汉语为母语，其根源在于文化认同的转移。美籍华裔作家谭恩美的小说《喜福会》就非常细致地描绘了这一微妙的变化。虽然作为老一代移民的母亲很希望孩子能在适应美国环境的同时保留中国的气质，但孩子在面对家庭内弱势的中国文化和家庭外强势的美国文化时，很自然地选择了后者；孩子不耐烦同自己的母亲用汉语交谈，很少讲汉语去适应母亲，反而是母亲用结结巴巴的英语去迎合孩子，这时孩子又会嘲笑她们的英语（胡亚敏，2001），文化冲突、身份认同冲突都淋漓尽致地体现在了语言上。

二、有意识的传播

跟自然传播相对的是有意识的语言传播。应当承认，语言的传播跟许多自然物的传播不尽相同：种子靠风力传播，鱼卵靠水流传播，其间可以完全没有人为因素参与。语言具有符号性，其产生与传播过程都不可能摆脱人的主观能动性而独立存在。

但在不同的社会形态和发展阶段，语言的传播又有着巨大的差异。如在天灾或战乱时期，政府对社会的管理能力相对较弱，这时人口流动和语言传播也更接近于自然状态。但在丰年或和平时期，政府对社会的管理能力相对较强，能够组织大规模的移民，从而有意识地传播其语言；此外，政府还有充足的能力和资源去实施各种显性或隐性的语言规划，从而影响甚至改变语言传播的格局。因此这里所讨论的"意识"主要指特定政权或政治团体的语言意识形态，而非个人的意识。

语言规划和语言政策的基本理论本书第五章已有详述，下面以法国、美国和中国等三国为个案，观察语言规划与语言政策的实施对语言传播的具体影响。

1. 法国语言政策对语言传播的影响情况

语言意识形态是社会意识形态的鲜明反应,会因时、因地、因人、因事而异,如当代欧洲的语言价值观追求平等、多元,就跟近代以来欧洲民族国家的形成不无关系。但在历史上,特别是近代以前,民族国家尚未稳固之时,很多欧洲政权都采取了强力推行标准语的显性语言政策,法国就是一个典型。

吴瑶(2017)指出,法国语言政策一直强调国家干预,从古法语发展到近代法语,从法兰西岛的地方方言到民族共通语,干预政策贯穿了法语统一与规范化过程的始终。其主要时间节点可概括如表6-1:

表6-1 法国对法语的国家干预(从古代到近代)

时间	实施者	具体政策
1539年	弗朗索瓦一世	颁布并强制实行统一法语的敕令(l'ordonnance de Villiers-Cotterêts, le 6 septembre 1539),宣布"母语即法语",禁止使用拉丁文和其他方言。
1635年	红衣主教黎塞留	奉国王之命建立法兰西学术院,进一步向文学及艺术领域推进单一母语的政策,标志着政治权力开始对语言进行强力控制。
法国大革命时期	国民议会	塔列朗提交"独尊法语,驱逐方言"的陈述报告;雅各宾派提出法兰西的民族标记就是使用统一标准的法语,"一语、一族、一国"的原则是法兰西共和国的立国之本。强硬的语言政策开始以驱赶旧制度余孽为名,用各种政令取缔方言,所有不寻求使用统一语言的人将受到法律惩罚。
19世纪	拿破仑一世	法语被作为帝国的语言,在整个欧洲普及时遇到隐形的阻挡,欧洲其他民族为寻求自身独立与自由,纷纷强烈抵制法语。这从侧面反映出,法语经过大革命所确立起的国家民族内涵已十分清晰和稳固,与法兰西民族的独特性已不可切分。

由此可见,法语作为民族共同语的地位始终得到敕令、政令和法律的保障,即使到了现当代,在抵御强势的英语和英美文化方面,法国的语言

政策仍表现出一定的连贯性和稳定性。

2. 美国语言政策对语言传播的影响情况

美国的国情与法国很不一样,从建国伊始就是多民族的移民社会,素有"民族熔炉"之称。但在语言规划领域,两国在有意识地进行语言干预、形成单语主义的语言意识形态方面却有着一定的相似性。同法国不同的是,美国的语言干预政策既有显性的,又有隐性的。

从隐性的方面来看,据李英姿(2013)的研究,尽管英语在法律、政治、社会和立法术语等领域的权威地位早已得到普遍认可,但没有任何联邦法律专门确立英语在美国的官方语言地位;作为一个高度法制化的国家,建国200多年来,美国参议院第一次涉及官方语言问题的法律文件竟是在2006年制定的,但该文件完全回避了"官方语言"(official language)的提法,而代之以"民族/国家语言"(national language),以强调民族和国家认同。此外,在美国,实施英语的标准化、规范化工作的是梅里亚姆出版社(Merriam Webster)及其出版的一系列韦氏词典,这跟法国通过全国性法律和政府机构来实施相关工作的做法大相径庭。

从显性的方面来看,美国在运用法律法规或政策措施来有意识地确立英语标准语地位方面毫不逊色,在不同的历史时期,针对不同的群体,都有着具有针对性的做法,以下仍据李英姿(2013)概括如表6-2:

表6-2 美国对英语的国家干预

时期	特点	历史背景	具体政策
殖民时期至19世纪80年代	无为而治	语言多样性是北美大陆成为欧洲殖民地之后最重要和最显著的标志之一,除英语外,还有操苏格兰语、威尔士语、爱尔兰语、法语、意大利语、德语等语言的早期移民。	这一百年间美国对欧洲移民语言使用的态度比较宽容,允许除英语外的欧洲语言在社会上使用,有的州还采用立法形式确立了非英语语言的地位(如宾夕法尼亚州对德语、路易斯安那州对法语的确认),还有十几个州制定了双语教育法案。

（续表）

时期	特点	历史背景	具体政策
19世纪末至20世纪上半叶	语言限制主义	美国通过收购等方式获得大块南部和西部领土，大量不说英语的人被动成为美国公民；一战和二战前后，美国接受了大量欧洲、亚洲和拉美等地移民和难民。	开始限制语言多样性，追求统一性和一致性，甚至出现排外主义倾向（如臭名昭著的《排华法案》等）。1906年规定加入美国国籍须掌握英语。受一战影响，原本很受欢迎的德语受到排斥，1917年通过的《与敌国贸易法》更将德语等外语的出版列为非法。在单语主义意识形态主导下，美国各州在这一时期开始施行大规模的限制性语言政策，到1923年已有32个州规定只能使用英语作为公立和私立学校的教学语言。
二战后至20世纪80年代	双语教育蓬勃发展	民权运动兴起，从为黑人争取平等权利到在全社会各领域都实现公平，主张所有人不论种族、宗教还是语言，都应享有平等受教育的权利。出于国家安全考虑，外语教育受到重视，开始有了联邦层面的指导。	1964年美国通过《民权法案》，1965年废除了实行长达半个世纪的限制国家出身的配额体系和歧视亚洲人的移民配额方案，开启了亚洲和拉美地区的移民浪潮，极大地改变了美国社会的人口构成。1968年，约翰逊总统签署了《双语教育法》，双语教育被第一次写入联邦法律。该法案明确双语教育项目是联邦教育政策的一部分，应给少数民族学生平等的受教育机会。其后双语教育法几经修订，出台了更加细化的指导意见。

(续表)

时期	特点	历史背景	具体政策
20世纪80年代以后	唯英语运动	美国社会民族主义、保守主义势力抬头,面对经济萧条带来的种种压力,各种右翼组织、本土主义纷纷复兴,抨击社会和文化的多样性。	最早从加利福尼亚、密歇根等州开始,部分人士通过政治活动、直接提案等方式敦促联邦及州议会通过将英语确立为官方语言的提案,并废除《双语教育法》,因此被称为"英语官方化运动"或"唯英语运动"。到2005年年底,全美已有27个州通过正式立法或其他形式确认了英语的官方地位。"9·11"恐袭之后,保守主义浪潮高涨,小布什政府于2002年正式废止了《双语教育法》。同时通过《国家安全语言法》实施"国家旗舰语言启动计划",积极培养阿拉伯语、汉语、俄语等影响国家安全的关键语言人才。

3. 中国语言政策对语言传播的影响情况

我国的社会历史状况与法国、美国均有较大差异,自古以来就存在着主体性与多样性并存的局面,在历史上不同民族、不同政权都有着有意识传播本民族语言文字的措施。

周庆生(2017)将中国从先秦到晚清两千多年的语言政策概括为主流、支流和暗流三条线索:

> 汉字统一政策、文字音韵规范政策、佛经翻译政策和汉字传播政策,是中国古代语言政策长河中的主流,这些政策跟中国语言文化中的"大一统"思想,跟中华文化的先进性、包容性紧密相连,跟中国封建社会的统一性、长期性和稳定性相适应。
>
> 少数民族文字创制推行政策、少数民族"国语""国字"政策和少数

民族多语并用政策,是中国古代语言政策长河中的支流,该项政策跟少数民族政权的建立和巩固息息相关,跟语言民族认同、语言民族主义思想相关联。用少数民族文字记载的少数民族优秀文化,在各民族文化的发展史中占有重要地位,同时也为中华民族语言文化宝库增添了宝贵的品种。

焚书坑儒和文字狱政策则是中国古代语言政策长河中延绵不断的一股暗流,该政策跟中国封建王朝奉行的政治文化专制主义一脉相承。

其中,汉字统一政策和文字音韵规范政策对维系国家统一、促进民族团结的意义尤大,为历代所重。在字形方面,秦始皇废除六国文字,整理、推广小篆为全国规范文字,使汉字出现了历史上第一次空前的统一("书同文");隶变之后的两千多年时间里,汉字不仅形体再未发生较大变化,还远播朝鲜、日本、越南等地,形成了汉字文化圈,其地理广度和时间跨度为世界语言文字所未有。时至今日,汉字字形的规范仍是我国语言文字工作的一项重要内容。

在字音方面,一方面由于古代社会人口流动性总体较低,另一方面也缺乏远程传播声音的媒介,只能口耳相传,这些客观条件的局限使得古代一直没有、也很难实现"语同音"。尽管如此,有意识地传播"雅言""正音"在古代却从未间断,宋代以后官修的《广韵》《集韵》《洪武正韵》等韵书影响尤大,通过文化教习在全国各地传播,从而在各地方言中留下了当时共通语的痕迹,形成与口语音(白读)对应的读书音(文读)。两者"叠置"于同一汉字之上,形成了汉语独特的文白异读景观。(王洪君,2009)文白异读现象在汉语方言普遍存在,在东南方言表现更为显著,如苏州话"人"在"一个人"里读[ɲin^{24}],在"人物"里读[zən^{24}];"问"在"问问"里读[mən^{31}],在"问题"里读[vən^{31}],前一个发音为白读,后一个发音为文读。闽南方言的文白异读更为复杂,几乎每一个字都有两个甚至更多读音,如"三国"读[sam^{55} kok^{32}]指汉末魏、蜀、吴三国,读[sã^{55} kok^{32}]则指不特定的某三个国家;"大家"读[tai^{33} ke^{55}]是众人的意思,读[tua^{33} ke^{55}]则指大家庭。(袁家骅,2001)

三、语言防御

有传播就有阻隔。在古代社会，阻碍语言传播最重要的因素是自然地理，但不同自然地理因素的作用又有很大差异。如同为天险，大江大河因有舟楫之利，其对语言传播的促进作用远远大于阻碍作用。长三角、珠三角和江汉平原等地都为大江分隔且水网密布，但却都是我国方言分歧较小的区域，分别通行北部吴语、广东白话以及西南官话；而浙江南部地区、福建省以及粤北地区却山岭纵横，河流窄且急，只在下游地区部分能够通航，因此方言差异十分显著，邻县甚至邻乡不能通话的现象十分常见。

与自然地理阻隔相比，心理性、制度性的阻隔更为重要，后者可称为语言防御。

心理性的语言防御指心理上对外来语言或语言要素的反感、抵触或排斥。从汉语文献记载来看，汉语语音在发展过程中受外来影响较大，从前述《颜氏家训》里"南染吴越，北杂夷虏"的描述已见端倪，同时颜之推也指出这种南北差异造成全国语音"各有土风，递相非笑，指马之谕，未知孰是"。

近现代以来，汉语书面语在由文言文向白话文过渡的进程中，词汇、语法也发生了较大变化。虽有新文化运动时的诸多争议，但由于白话文有着古白话书面语与方言口语的基础，因此这一进程总体较为平顺。进入现代，特别是改革开放以来，字母词开始以较快的速度进入汉语，客观上成为当代汉语词汇系统的一个组成部分，这一现象引发的争议之大前所罕有。

第一次争议浪潮是在2000年《中华人民共和国通用语言文字法》正式施行之后。针对有学者认为应该提倡在汉语文出版物中使用外文字母词的观点，周晓林（2003）指出，这类使用既不合法、表达意义也不够明确，容易在言语交际中造成误解。应区分不同情况，规范使用外文字母词，如有些在汉语中已有对应的意译词语（如"国内生产总值"之于GDP，"世贸组织"之于WTO），就不应当再使用；有些在汉语中一时难以做出简短而又明确的意译(如CT、KTV、SOS等),应当在外文字母词后加汉语注释。

此后的十多年间,字母词快速涌入汉语的势头未降反升,终于以《现代汉语词典》(第6版)字母词收录问题为导火索,引发了第二次争议浪潮。

2012年8月,有多人联名向国家新闻出版总署和国家语言文字工作委员会递交举报信,称7月商务印书馆刚刚出版的《现代汉语词典》(第6版)收录了239个西文字母开头的词语,违犯了《中华人民共和国国家通用语言文字法》《出版管理条例》(国务院第594号令)等法规(参见杜丁,2012),一时引起轩然大波。不少学者对这种将字母词问题政治化、意识形态化的做法持批评态度,《中国社会语言学》杂志刊发了特约评论员的文章,指出:

> 首先,有关法律法规并未禁止使用字母词,相反《国家通用语言文字法》第十一条规定"汉语文出版物中需要使用外国语言文字的,应当用国家通用语言文字作必要的注释",《现汉》所做的正是法律所要求的注释工作,为一般读者查找、理解字母词提供了方便。
>
> 其次,汉语词典收录字母词由来已久。自20世纪初以来,随着西学东渐,汉语词典就开始收录西文字母词,新中国成立后《学习辞典》(1951年黎锦熙主编)、《辞海》等也都收录。《现汉》第3版(1996)开始收录字母词,就是为了客观记录改革开放以来我国词汇发展的新面貌。
>
> 再次,字母词的产生有其必然性,当今世界上非英语国家的语言中普遍都吸收了数量不等的英语字母词。在高科技飞速发展的信息时代,只要有国际间文化接触存在,字母词就有出现的土壤;同时,许多字母词在使用过程中会被逐渐汉化,语言自身的淘汰机制也会使一些不适用的字母词逐渐退出。

应当承认,字母词的确有其局限性。由于西文字母不具备汉字直观的表意性,某些字母词如果没有一定英语水平或不是某方面的专业人士,就很难弄懂其含义,造成这类词语在大众层面认可度低,难以普遍使用;因此要想减少西文字母词的使用,除了国家相关部门加强科学管理之外,最必要、最有效的措施还是"切实加强字母词的翻译审定工作","对新出现的字母词及时翻译,尤其要加强对汉语译名简称的创制工作,定期向社会推荐字母词的规范译名及其汉语简称"(江蓝生,2012)。

2014年,《人民日报》在一个月之内先后刊发了《外来语滥用,不行!》《"零翻译"何以大行其道》《理直气壮拒绝"零翻译"》等三篇报道和评论,字母词问题被再次推上了舆论关注的焦点。作为语言文字主管部门的国家语言文字委员会已经行动起来,通过制定《〈国家通用语言文字法〉实施办法》《外国语言文字使用管理规定》等法规加强外语管理力度;截至2017年8月,国家语委已先后推出了五批《推荐使用外语词中文译名表》,以规范社会各领域出现的外语词中文译名,如社会高度关注的"PM2.5"已统一译为"细颗粒物"等。

以上是心理性的语言防御,而通过法律法规进行监管则进入了制度性防御的层面,在这方面法国是一个典型。二战后,由于英美在科技、经济等领域的领先地位,大量英语词汇进入法语,甚至开始出现"英法混合语"(Franglais)。面对这一形势,法国政府积极采取了多项"捍卫"法语纯洁性的措施(戴冬梅,2012):

> 20世纪60年代成立了直接由总理领导的"法语高级委员会"。
>
> 1970年成立新词委员会,希望通过创造和推广法语新词,替代进入法语的英语经济、科技词汇。
>
> 先后在1975年发布巴—劳里奥尔法、1994年发布图邦法,对法语在商业、教育、科技、学术、出版等的使用做出硬性规定,制定惩罚措施,并与国家财政补助挂钩。
>
> 提出"文化特例"和"文化多样性"等原则对本国音像文化实行保护,20世纪90年代强烈反对《关贸总协定》把文化产品列入"自由化市场",在国内制定了一系列电台、电视台必须遵守的法语或欧洲节目额度。

1992年通过修宪，规定"共和国的语言是法语"，从最高级别确认了法语的至尊地位。

其中，1994年8月4日法国议会通过的"图邦法"（又称《法语使用法》）在技术层面最为重要，其主要内容是（转引自戴曼纯、贺战茹，2010）：

规定公立学校教学语言必须是法语，不使用法语作为教学语言的学校不能接受政府的资助。

规定工作场合使用法语，所有的劳动合同和需要劳动者知晓的企业内部文件必须用法语撰写；如果合同涉及的内容没有对应的法语词，需使用外来语时，应对外来语进行解释。

政府的官方出版物和涉及公共利益的出版物必须用法文印刷；由国家公务人员签署的合同、商业合同、利用公共场所或公共交通工具发布的广告必须使用法语。

外语广告必须附带法语译文；商业服务行业中，如给消费者提供产品或介绍产品时，必须用法语。境内销售的商品包装上也必须使用法文。

广播、电视等媒体要为保护和传播法语做贡献，其节目和广告内容，不论以何种方式发送或传播，必须使用法语，电台放送的歌曲至少40%为法文歌曲。

现实生活中的语言防御往往是隐性的，体现在一些习焉不察的小事上，如公共媒体、公共交通工具的语码选择等等。这些小事当中往往蕴含着复杂的语言情感，如果不加重视，很容易积小成大、积少成多，诱发跟语言文字相关的公共事件。为此，我们需要提高对相关现象的辨别能力。

思考与练习

(1) 调查一下你的家庭，比如你的同辈、父辈或祖辈。他们从一出生就居住在本地吗？是否有迁移的经历？这些经历对他们的方言有哪些影响？如有可能，调查一下你所在的社区或城市，看看是否有较大规模的迁移人口，他们的方言状况如何，以及他们对本地方言是否产生了一定影响。

(2) 当前，参加各类外语考试已成为大学生活的重要内容，如大学英语四六级考试、专业英语八级考试、托福、雅思、德福、法语水平考试、日语水平考试、韩国语能力考试等等。这些考试的主办方是谁？分哪些等级？收费如何？在国内及相关国家的认可度如何？请就这些问题做一个简单的小调查。

(3) 二战后，日本和韩国都深受美国影响，大量英语词汇进入日语和韩语。对于这一现象，他们采取了哪些应对措施？成效如何？可结合学习日语或韩语的经历略做思考。

第二节 语言接触

语言接触主要是指不同语言或方言，因为各种原因，发生接触关系。它是人类学、社会学、历史语言学、社会语言学等多学科都关注的话题，但不同学科关注的侧重点有所不同。应用语言学关注的是导致语言接触的原因和语言接触的结果，尤其是语言接触对语言使用的影响。应用语言学还关注语言的输入和输出与语言接触的关系，以便在语言政策和规划中制定合理的输入和输出策略，引导语言生活健康发展。

一、语言接触的原因

人类的各类交往活动十分频繁,操不同语言或方言的人因各种原因产生交集,发生语言接触。导致语言接触的原因很多,如经济、政治、文化等引起的人群流动,第二语言的学习等等。

(一)经济因素

经济因素是导致语言接触的最普遍因素。人类生活离不开贸易往来,商人频繁到各地贩卖商品,商人的母语自然会与商贸目的地的语言发生接触。阿拉伯人自古有经商的传统。阿拉伯商人通过陆路、海路走向世界各地。其中许多阿拉伯商人在经商地定居,与当地民族通婚,繁衍后代。阿拉伯语又随着阿拉伯商人传播到世界各地。(国少华,2009)世界上有近百种语言程度不等地受到过阿拉伯语的影响,其中有的语言,甚至采用了阿拉伯文的字母,例如亚洲的波斯语、土耳其语(至1928年)、阿富汗语、普什图语、库尔德语、阿塞拜疆语、哈萨克语、信德语、克什米尔语、泰米尔语、乌尔都语、爪威文(马来半岛、爪哇岛用语)以及非洲的斯瓦希里语、豪萨语、冈比亚语等。有些语言在历史发展过程中已经放弃了阿拉伯文的书写形式,放弃原因或是民族主义的改革,如土耳其语,或是西方殖民者的占领,如马来语、印尼语、斯瓦希里语等,但这些语言从阿拉伯语借入的大量词语却保留下来。据统计,仅在波斯语、土耳其语翻译的《圣经》前34节中,阿拉伯语借词就分别有111个和104个。

2015年,中国向世界发出"一带一路"倡议,中国政府秉持和平合作、开放包容、互学互鉴、互利共赢的理念,全方位推进务实合作,打造政治互信、经济融合、文化包容的利益共同体、命运共同体和责任共同体。2015年,我国企业共对"一带一路"相关的49个国家进行了直接投资,更多的中国企业和中国人走到世界各地。在"一带一路"框架下,经贸往来过程中,汉语也将随之进一步走向世界各地,并与当地语言发生接触关系。这对汉语的传播和本身的发展，会有什么影响，还需要我们进一步观察总结。伴随"一带一路"倡议而来的汉语传播及其与沿线国家语言的接触，为应用语言学带来了一系列新的课题。

（二）文化因素

文化因素也是导致语言接触的重要因素。罗常培（2004：1）曾提到语言与文化关系密切，语言的历史和文化的历史是并行的。文化交流过程中，说不同语言的人进行交流互动，自然会发生语言接触。文化交流活动包括宗教传播、文化教育、语言传播、语言传承等。

东汉以来，佛教传入中国，对汉语产生很大影响，在词汇借入和词义演变方面影响尤为突出，甚至还影响了汉语语法的某些方面。阿拉伯人游历到世界各地，习惯集中居住，并且在聚居地都会建清真寺，以便于履行宗教礼仪。清真寺在传播伊斯兰宗教知识的同时也传播了阿拉伯语。在阿拉伯世界的伊斯兰宗教文化传播过程中，阿拉伯语、波斯语等对世界诸多语言产生了很大的影响。

另外，华文教育作为一种语言传承教育，在语言接触中也发挥了很大作用。东南亚华人有华文教育的传统，例如，马来西亚形成了从幼儿园、小学、中学、大学全方位的华文教育体系，马来西亚华语也成为全球华语的重要区域变体。华文教育事业保持了东南亚华语的独立性，造就了东南亚华语的特殊面貌。

第二语言学习作为语言接触的一种文化因素，过去一直被人们所忽视。佐伊基（1989：72）认为第二语言学习或者外语学习，也是一种语言接触现象。这种不自然的语言获得过程，会出现一系列的习得偏误，进一步导致语言演化。第二语言学习，实际是一种完美的语言接触过程，学习过程中出现的语音、词汇、语法偏误或跟第一语言干扰有关，或者跟学习者态度有关。作为一种不自然的语言接触，观察第二语言学习过程，对于观察语言接触本身的规律有重要意义。另外，以语言接触的视角来研究第二语言学习，也可以带来很多启发。比如，二语学习的教室布置，显得尤为重要。如果是汉语学习的教室，应该多一些汉语文化作品，如对联、字画等，通过这些文化作品，加强语言接触的强度，增进第二语言学习。

（三）政治因素

语言接触有时候也是政治因素导致的。战争、殖民等都会带来人口的迁移。迁移过程中，语言的接触不可避免。政治因素还会影响双语或多语社区中几种语言的语言地位，对于语言接触的影响非常重要。政治上强势一方所操之语言往往成为语言接触中的强势语言，即使开始时使用人口并不多，但是却因为政治上的强势，产生违背自然接触规律的语言变化。比如，英语的演变过程中，政治因素发挥了重要作用。戴维·克里斯特尔（2016）提到，1066年法国征服了英国。法语深刻影响了中古英语向现代英语的转变。当时，统治英国的官僚和贵族大部分是法兰西人，法语是宫廷语言。在政治上处于强势地位的法语，自然而然地向英语中输入了大量词汇，并且在语音和词形上与英语同化，成为英语词汇的组成部分。以生活中的教堂建筑为例，法国建筑师们到英格兰后借鉴大陆式样设计教堂。为了表达这一基本变化，从建筑工具到审美表达的相关专用法语词汇全部进入英语。建筑语言不仅关乎词语本身，还因此出现了新的拼写，又因采用了外来的复合词、成语、惯用语以及其他词汇结构，短语和句式特征也随之发生了改变。

后来，新航路开辟，全球市场形成过程中，欧洲国家，例如西班牙、葡萄牙、英国等进行了针对全球的殖民活动。在这个过程中，当地土著、奴隶等学习欧洲商人、士兵的语言，因此有的原有部落语言被替代，一直将西班牙语、英语等作为自己的通用语言，有的形成了皮钦语或克里奥尔语。

一个统一多民族国家关于语言文字方面的政策、法令等也会影响语言接触。中国现在以现代汉语普通话为国家通用语言文字，在推广普通话的过程中，普通话的强势输入，与方言和民族语发生了广泛接触，产生了深远影响。李宇明(2012a)指出在多方言的民族中,在多民族的国家中,在领土尚未统一的国度里,妥善处理民族共同语与方言的关系,妥善处理各民族语言间的关系,特别是妥善处理国家通用语言文字与少数民族语言文字的关系,至关重要。制定适合国情的语言政策,需要把握语言接触的一般规律,在此基础上,倡导双言双语制度,培养双言双语人,"提倡主体性与多样性辩证统一的语言秩序,是构建和谐的语言生活、维护国家团结统一的重要方略"。

(四)地理因素

上述影响语言接触的因素都是社会因素,地理作为一种自然因素,也是语言接触的重要原因。地域造成了很多语言的自然接触,特别是不同语言社区的边缘交界处,因为地理原因,不同语言群体交往密集,语言接触非常频繁。地域因素在科技、交通等不发达地区更加突出。青海湟水河流域生活着汉、回、蒙古、藏、土、东乡、保安、撒拉等民族,来自不同语系的语言在这里接触、渗透、融合,使得各自的语言面貌发生了一些变化。湟水河流域分布着汉藏语系和阿尔泰语系的语言。汉藏语系的语言有藏语(安多方言)、汉语方言(中原官话、兰银官话);阿尔泰语系的语言有蒙古语族的蒙古语(卫拉特方言)、保安语、东乡语、土族语和突厥语族的撒拉语。这两大语系的语言在这里接触交融形成了独特的区域性特征。(汪什代海·卓玛等,2016:417)另外,处于两种语言边界上的语言接触也非常活跃。史皓元等(2006)调查江苏中南部长江沿岸,江淮官话和北部吴语交界地区,这一地区的官话因为地理原因,和吴语接触频繁,具有浓烈的吴语色彩,有很多成分可能来自吴语。郑伟主编的《边界方言语音与音系演变论集》(2016)收录多篇论文,探讨边界地区汉语方言接触导致的音系变化。现代科技和交通的发展,正在不断打破地理因素的限制,在山东一样可以收看粤港澳地区的粤语节目,在海外华人社区,也可以通过微信和国内的亲友聊天。地理因素的影响不断降低,语言接触的格局也会发生变化。

二、语言接触的结果

语言接触会引起语言结构的演变和语言使用的变化(陈松岑,1999)。语言结构的演变是历史语言学关注的重点,包括语音、词汇、语法等方面的演变。

(一)语言结构变化

在语言接触过程中,最容易受到影响的是词汇层面。词汇是语言中最活跃的部分,不同语言的词汇存在很大差异,在语言接触中,各种语言都会为了交际的需要,吸收其他语言中的词汇。以汉语为例,早期汉语吸收了很多来自西域的词语,如"琵琶""菠菜""葡萄""苜蓿"等。后来佛教传入中国,如"佛""塔""袈裟""菩萨""和尚""罗汉"等词也随之进入汉语。近现代,汉语词汇中又吸纳了大量来自英语和日语的词汇,如"沙发""坦克""布丁""咖啡""哲学""意识""经济""封建""消极"等等。新中国成立初期,汉语中的外来词主要来自俄语,如"拖拉机""布拉吉"等。改革开放后,普通话还从粤方言中吸收了大量词汇,如"的士""埋单"等。据调查,白语、土家语等吸收汉语借词的数量超过词汇总量的一半。(戴庆厦,2004:90)

语音层面也会受到语言接触的影响。语言接触对语音的影响,主要包括两个方面,一个是一种语言在与另一种语言接触过程中,直接借入新的音位或音位对立条件,包括辅音、元音、声调等。借入音位一般是通过借词实现的。少数民族语言调查发现,很多少数民族语言本来没有[f]音位,通过和汉语接触借入了[f]音位,例如景颇语、东部裕固语等。另一方面,一种语言会受到另一种语言的语音干扰。元代,蒙古语与汉语充分接触,形成了很有特色的"蒙式汉语",尤其是语音上的影响,都通过《蒙古字韵》一书记录了下来。宋洪民(2017)提到,汉语中匣母一分为二,是蒙古语中辅音和谐原则的制约影响形成的,汉语复合元音被拼作单元音也是由于蒙古语缺乏后响复合元音所致。随着科学技术的发展，将计算机应用到语言学研究中，变得越来越方便。学者利用Praat等语音信号处理软件，精准分析语音信号，对于充分认识语音演变具有重要意义。

　　语言接触也会影响语言的语法系统。语法是语言中最稳固的组成部分，不容易受到其他语言的影响，但是，长时间、高强度、频繁的语言接触还是最终会影响到语法层面。例如，小亚细亚地区的希腊语处在土耳其语的包围之中，经历了几百年的接触，希腊语语法受到了土耳其语的深刻影响。因为土耳其语没有形容词和名词一致的规则，希腊语这种规则也逐渐消失；希腊语的关系小句模式，也已经跟土耳其语一样了。西宁方言与藏语、土族语、撒拉语等长期密切接触，这些语言都是SOV语序语言，西宁方言的"名+个"结构无论是语序还是功能都是因为与这些民族语接触导致的。（王双成，2015）当下，为了研究语法变异，可以利用语料库提供更充分的材料支持。建立大规模的多模态语料库，包括口语语料库、语言景观语料库、媒体语料库等，对于研究语言接触导致的语法变异也至关重要。

(二) 语言使用变化

　　语言接触对语言使用的变化产生很大影响。语言接触会导致双语或多语社会的形成，关于双语问题在第四章中已经有过介绍。本节主要谈双语社会中的语码转换。语码转换是语言学者普遍关注的现象，指的是在交际过程中，使用两种或两种以上的语言。Poplack（2001）认为语码转换指的是在连续讲话中，出现不同语言的句子或者片段，但是这些句子片段在内部结构上符合该语言的语法规则。Cooper and Greenfield（1969）提出，在稳定的双语社团中，不同语言分布范围不同，与语言的威望、交谈的话题和场合以及交谈双方的关系有关。

　　郭熙（2017c）谈到了马来西亚华人社区的语码转换，引用了马来西亚电影《天天好天》里语码转换的文本。女主人公阿娇，一边与马来西亚当地保姆用马来语对话，转身与七岁女儿用华语交谈，又与七十岁的父亲林老伯用闽南语聊天。马来西亚华人一般都是多语者，在生活中，语码转换经常发生。双语或者多语社区，语言交谈中还伴随着语码混杂现象，马来西亚华语中就会夹杂英语、马来语、闽南语、粤语等语码成分。例如：

(1) 你要不要call（打电话）她一下，我给你number（号码）啦。（英语）

(2) 我的心定了，tapi（但是）哦，我有先天畏高症。（马来语）

(3) 她比观音嬷（奶奶）还美。（闽南语）

(4) 安哥林，你也很劲（厉害）一下喔。（粤语）

(5) 你甲我（闽南语，你给我）diam（马来语，闭嘴）啦！①

语码转换和混杂现象的研究，一方面需要语料库作数据支持，另一方面需要深入到双语社区，进行田野调查，完整记录双语社区的语码转换和混杂现象，然后总结其中的规律，发现其与外部社会因素之间的关系。

语言接触还会导致出现洋泾浜语和克里奥尔语。洋泾浜语又称作皮钦语，是语言接触的产物，它一般结构简单、词汇匮乏。这类语言主要产生于大航海时代，欧洲商人、水手、士兵等移民，将其母语带到殖民地，与当地的土著或者贩卖来的奴隶交流过程中产生的。所以，洋泾浜语大多以英语、西班牙语、葡萄牙语、法语等欧洲语言为基础。例如，近代上海开埠后，是外国商人聚集之地，也是华洋接触最为频繁的通商地……华人在洋行中工作，下层百姓不得不与洋人打交道，于是"一种带有浓重上海口音、用上海话语法拼缀的简单英语语句就此产生并流行"，后来甚至英国来的洋人也必须学了它才能通话。（钱乃荣，2003：318）近代的广东地区出现过广东葡语（或称作澳门葡语、洋泾浜葡语），是一种由葡萄牙语、英语、印地语、马来语和中国粤语混合组成的杂交体，起初主要用于澳门地区，是唯一有助于澳门地区中国人与葡萄牙人进行有效交往的语言。（周毅，2006：23）

一般认为，洋泾浜语成为一些人的母语，语法和词汇逐渐完整，就形成了克里奥尔语。通常，克里奥尔语是以某种（或几种）语言的词汇为词

---

① 例句引自郭熙（2017c）。

汇，以另一种语言的语音和语法为其语音和语法的语言。例如，吉普赛人的罗马尼语（Romani）使用印地语的语法，词汇则来自欧洲各种语言；爪维语（Javino）使用爪哇语语法，词汇主要来自西班牙语；波丢语（Petjo）用马来语语法，词汇来自荷兰语；四川境内的倒话使用藏语语音和语法，词汇来自汉语。

最近，有学者对从洋泾浜语发展成为克里奥尔语的论断提出质疑。萨里科科（2012）指出，"将克里奥尔语从皮钦语分离出来的讽刺之处"是，1907年才有了"皮钦语"这一概念，然而"克里奥尔语"这一术语在1825年出版的《牛津英语大词典》中已经出现了。另外，18世纪晚期，广州出现了皮钦英语，但是广州并没有出现克里奥尔语。他还根据自己对于非洲克里奥尔语的田野调查，提出要用语言演化的观点重新认识克里奥尔语。关于这一话题的争论，某种程度也反映了对语言接触研究的不足。只有长期地、深入地进行语言接触社区追踪调查，才能更深刻研究语言接触。这一方面，陈保亚（1996）对汉语和傣语两种语言的接触和互相影响进行了长时间追踪调查，总结了匹配、回归、并合、母语转换等一系列语言接触的理论。

语言接触还会导致语言发生祖语化。语言接触过程中，两种语言或者多种语言在自然使用中形成竞争关系。语言的交际功用也随之在竞争中此消彼长。在接触环境中，一种语言的使用范围扩大，使用场合和人口都不断增加，则会伴随另一种语言使用人口的下降、使用场合的减少。当一种语言的使用范围和人数不断缩小，就会导致语言消亡。历史上，很多语言都在接触竞争中消亡，中国古代的西夏、鲜卑、契丹等民族的语言都是在与汉语的接触中消亡的。语言接触过程中，濒危、消亡或者功能衰减实际是一种"祖语化"。语言祖语化过程中，会越来越边缘化，使用人口不断缩减的同时，使用范围和场合主要也是家庭。比如，在马来西亚，华人只在家中交流使用闽南语。而且祖语化后，语言的传承需要通过文本学习，而不是自然习得传承。很多新加坡华人已经把英语作为第一语言，新加坡华语祖语化严重，新加坡华人的华语传承大多依靠学习。郭熙（2017b）在长期研究海外华人华语的基础上，提出"祖语"概念。他指出建立科学理性祖语认识观的重要性，准确把握祖语的概念、性质和特点，会改变对以往很多语言现象的认识。例如，从祖语的资源性重新审视语言保护、语言传承等问题，会有很多新的启发。

语言濒危、语言消亡与语言保护，已成为语言研究的重要课题。濒危语言的现状、判断标准、个案研究等都已经开始了。范俊军（2015）研究了仙岛语，联合国教科文组织《世界濒危语言图谱》将仙岛语列为"极度濒危语言"。关于语言保护研究，2015年，国务院启动"语保"工程，将用5年时间按照统一标准完成全国1500个地点的汉语方言和少数民族语言的调查、摄录和整理工作。（曹志耘，2017b）

三、语言的输入和输出

语言接触研究通常会更关注语言接触后果的研究，语言的输入和输出研究比较少。语言的输入和输出是语言能够发生接触关系的前提，应用语言学重视语言使用研究，应该研究语言的输入和输出问题，研究清楚语言的输入和输出，理清语言接触关系中的社会因素，更能加深对语言接触后果的理解。

（一）语言输入

语言输入指某语言社团引入某种其他语言，语言个体学习并使用这种语言。比如，新中国成立之初，中国奉行"一边倒"外交政策，全面学习苏联，社会各界掀起学习俄语的大潮。改革开放后，为了全方位地融入世界，中国学生从小就开始学习英语或其他外语。还有隋唐时期的日本，为了更深入地学习中国的政治、经济、文化，鼓励当时的青年人学习汉语。这些都是在经济、政治、文化等因素影响下，语言社团主动输入某种语言的行为。

语言输入，是语言社团主动接受其他语言影响的一种方式，更强调语言社团的主动态度。语言社团的主动态度，会导致两种语言在社团层面和地位上产生差异，被引入语言就会变成强势语言，从而更容易影响引入者的语言。近代中国落后挨打，仁人志士睁眼看世界，大量翻译英文著作，在此过程中，汉语语法也因此受到影响，出现了很多欧化现象。另外，主动进行语言输入的社团，一般会制定相应的语言政策，激励语言个体学习输入的语言。比如，各国争相学习汉语，不仅体现在孔子学院和孔子课堂的快速发展上，还体现在国外的公立学校、中文培训机构等在汉语教学上的大力投入。各国民众学习汉语的原因很多，其中很多国家将汉语纳入教育课程体系，这也是很重要的政策激励，体现了世界各国输入汉语的主动意愿和态度。

（二）语言输出

语言输出指某语言社团主动输出语言到其他语言社团。世界近代史上，西班牙、葡萄牙等对南美洲进行殖民统治，同时向当地输出西班牙语或葡萄牙语。语言输出要以本社团的政治、经济发展为基础。近年来，日语和汉语同时输出到泰国，但随着中国经济的发展，汉语在输出过程中更有竞争力。根据2004年到2013年泰国赴中国、日本的留学生统计数据，泰国来华留学生数量直线上升，每年涨幅都在10%以上。泰国也成为来华留学生主要生源地，泰国来华留学生近年来增长迅速，2013年达到20,106人次，总数在所有来华留学生生源国家中排名第三。赴日留学的泰国学生每年也呈增长趋势，但增长速度缓慢，每年留学生数量比较平稳，涨幅不大。2004年至2014年10年间赴日泰国留学生仅仅增长了1235人。这一数据，可侧面反映汉语和日语在泰国的输出情况。

语言输出的方式主要分为柔性输出和强制输出。柔性输出，是指语言社团采取柔性措施，抱着文化交流的良好愿望进行语言输出。比如，中国的孔子学院，以中华传统文化为载体，向全世界输出汉语。强制输出，是指语言社团以暴力的方式强迫其他社团学习其语言的方式。马关条约签订后,日本占领中国台湾,就强制台湾人学习日语。二战时期,纳粹德国要求捷克斯洛伐克等国用德语进行交流。柔性输出是一种良性的语言接触方式,语言接触的后果更符合语言接触的一般规律。强制输出会严重影响受压迫社团的语言态度,反而适得其反。马来西亚政府曾严厉打击华人进行华文教育,强迫华人学习马来语、英语,反而激发了马来西亚华人保存本族语言的斗志,他们建立了完整的华文教育体系,成为世界上独一无二的海外华语社区。按照一般语言接触规律,华语深处南岛语的包围接触之中,语言结构会发生巨变,然而,马来西亚华语在语音、词汇、语法等方面与中国国内的汉语普通话大同小异。

柔性输出和强制输出,实质是语言输出的策略差异。语言输出要讲究策略,能够与其他语言社团的语言输入形成良性互动,才是成功的语言输出策略。第一,语言的输出要采取柔性手段。在语言输出过程中,要强调语言的交际工具性,让对方看到该种语言发挥交际工具作用,对于经济、文化、政治等都有广泛影响,从而让对方积极主动输入此种语言。中国少数民族地区的人民,主要是自己意识到学习国家通用语言的重要性,然后主动输入汉语普通话,以期实现经济发展的目标。第二,语言的输出要通过合适的载体。语言与文化息息相关,借助文化输出语言是比较成熟的策略。所以强调文化自信,不断丰富本民族的文化内涵,增强本民族文化的魅力,更有利于语言的输出。第三,语言的输出要利用新技术、新手段。互联网时代,人们的交际方式发生了很大变化,比如现在手机、电脑是日常生活中的重要工具,我们传播汉语过程中,不仅仅是深入到当地去开展课堂教学,还可以利用网络软件等新手段,推出更便捷的网上汉语课堂,借助技术发展,实现更加便利的语言输出。总之,语言的输出策略研究,应该遵循语言接触的规律,在语言接触研究的基础上寻找更合适的输出策略。

(三)语言外交

语言外交与语言的输入、输出密切相关。语言外交,是指将语言作为一种外交工具,以此来实现更深层次的外交目的。语言促进外交的发展,2017年美国总统特朗普访华期间多次介绍自己外孙女学习汉语的事实,不是为了让他的外孙女以后成为好的中文翻译或老师,而是以美国第一家庭都在输入汉语的事实来增进与中国人的感情。将某种语言的输入作为一种外交行为,会刺激整个语言社团输入某种语言。外交也对语言的输出产生深刻影响,外交上的发展,有利于语言的输出。随着中国经济的快速增长,中文在世界上越来越受到欢迎。据《中国语言生活状况报告(2017)》,在中外双方共同努力下,2016年孔子学院继续稳步发展,已在140个国家建立了511所孔子学院和1073个孔子课堂;中外专兼职教师达4.6万人,各类学员210万人,各类文化活动的参与者1300万人;已有61个国家和欧盟将汉语教学纳入国民教育体系,全球学习汉语的人数越来越多。

  世界范围内掀起了"汉语热",让孩子学汉语是很多外国家庭的选择。"汉语热"的背后实质是"中国热"。2019年年初,华尔街金融巨头吉姆·罗杰斯在网络上分享的女儿背诵古诗的视频迅速走红。在中国香港举行的亚洲金融科技发展论坛上,吉姆·罗杰斯说,无论他在什么地方做演讲,特别是在西方,他都会告诉听众,当他们有了孩子,应当让孩子们学习中文,因为中文将是他们余生最重要的语言。在接受访问时他称,他计划让女儿到中国上大学,并说"到耶鲁上大学已经是过去式了,大家要向前看"。他强调,"19世纪是属于英国的,20世纪是属于美国的,无论我们愿意与否,21世纪将是属于中国的"。(汤先莹,2017)

  Thomason and Kaufman(1988:35)认为,语言使用者的社会语言学历史,是决定接触导致的语言后果的关键因素。他们还强调,语言干扰,首先取决于社会因素而非语言因素,并且语言干扰的方向和程度也是由社会因素决定的。语言的输入和输出,是影响语言接触的重要社会因素,会影响语言使用者对引入语言的态度,然后影响接触的强度,最终影响语言的演变。

思考与练习

(1) 互联网时代对语言接触有什么影响?

(2) 语言接触导致的演变和语言自身的演变主要区别在哪儿?

(3) 查阅资料,了解语言接触导致的借入和干扰有什么区别,区分标准是什么。

(4) 结合语言输出的策略研究,为普通话的推广提一些建议。

(5) 汉语中的字母词曾经产生很大争议,语言输入时应该注意什么?

第三节 语言传承

伴随语言传播的是语言传承。语言传承是文化传承的一个重要组成部分,是保存和发展人类有形和无形遗产的最有力的工具。因此,许多民族都把民族语言传承作为文化传承的基本形式,努力开展民族语言教育,以保留或延续自己的文化。但是,如何进行语言传承教育并取得成效则是一个世界性难题。难处有多个方面,包括经济状况、语言地位、语言环境等。应用语言学对语言传承教育的介入显然有助于对语言传承中一些因素的认识。中国语言多而复杂,历史上不同时期的移民又把中国的语言和方言带到世界各地,海外华人华侨民族语言传承教育的传统和经验都值得总结,从应用语言学的角度对相关问题进行探讨,会是一件有意义的事情。

一、语言传承中的"祖语"

最早关注语言传承教育的并不是语言学家,而是一些家庭的家长或社区的前辈。他们秉持语言是自己身份的象征,这就有了"宁卖祖宗田,不丢祖宗言"的信条,为下一代学习使用自己的语言付出了种种努力,也取得了不少成效。20世纪70年代以来,语言传承教育开始引起学术界的重视,其中围绕"祖语"和"祖语传承"话题的讨论逐步多起来,也对中国多年来的语言传承研究产生了影响。

(一)"祖语"的来源和发展

"祖语"这个术语译自英语Heritage Language(以下简称HL)。HL本是20世纪70年代加拿大安大略省的一个语言学习项目,当时指加拿大的非官方语言或土著语。①在美国,HL一般多用来指移民用语、土著语言或殖民者使用的语言。Fishman(2001: 81)认为HL是指除英语之外的语言,是与学习者有"某种特殊家族联系"的语言,是家庭和文化传承的一部分。它可能已不再使用于家庭,也可能不会说,而要作为第二语言来学习。国外学者对不同国别的相关研究取得了不少成果。在海外华语方面,吴英成、邵洪亮(2014)以新加坡华裔为视角,指出国籍身份、当地的社会语言生态以及华裔的不同世代、不同家庭常用语、不同教育背景等都会使个体对祖语的认同产生深远影响。周明朗(2014)则从华人社会语言与身份匹配的角度对华语传承教育进行了讨论。

国内一些学者以介绍西方相关研究为起点,对此给予越来越多的关注。吴文(2012)介绍了HL研究的历程以及对中国的影响;曹贤文(2014)则在梳理"继承语"研究历程的基础上,以"继承语"作为理论视角对华文教学进行了细致的考察;郭熙(2015b)在长期关注海外华语和华文教育的基础上,把海外华语定义为一种"祖语",其学习者则称为"祖语生",并就祖语生的祖语教学提出了建议;方夏婷(2016)对澳大利亚华裔中学生的祖语学习认同问题进行了调查和分析;王汉卫的"'华二代'祖语保持研究"被批准列为国家社科基金2016年的重点项目。

---

① 欧洲用ethnic minority/language来指劳工、移民和难民及其语言,同样意思的"社区语言"(community language)1975年以后也出现在澳大利亚学者的研究中。

（二）"祖语"的名称和含义

在将Heritage Language译为"祖语"（郭熙，2015b）之前，HL已经有多种中文译名，如"遗产语言"（周庆生，1994；秦悦，2013）、"祖裔语"（李丽、张东波、赵守辉，2013）、"继承语"（吴文，2012；张广勇，2013、2014；曹贤文，2014）、"祖籍传承语"（张天伟，2014）、"族裔语"（吴英成、邵洪亮，2014）。而高虹（2010）还就HL的译名进行过专门讨论，建议译成"继承语"。

简单地把heritage翻译成"遗产""继承"或"传承"，可能会在某种程度上限制人们思考问题的范围，而用"祖语"或许更能准确地表达Heritage Language的含义，更容易为中国人所理解，也更容易凸显语言传承研究的对象和范围，有助于从宏观上把握祖语传承的方方面面，为中国乃至世界范围的祖语传承研究的理论建设提供一些思考。

跟"传承语、继承语、族裔语、遗产语言"等相比，"祖语"的结合能力更强，更易构成概念链术语群，相关术语的语义透明度也比较高，容易"见字明义"。例如：

祖语现象、祖语能力、祖语生、祖语政策、祖语中断、祖语传承、祖语崇拜、祖语文化、祖语使用者、祖语环境、祖语文献、祖语生态、祖语维护、祖语景观、祖语教育、祖语教学、祖语习得、祖语学习、祖语保持、祖语认同、祖语期待、祖语压力、祖语焦虑（感）、祖语磨损、祖语失却、祖语丧失、祖语消亡、祖语共同体、祖语机制、祖语分化、祖语异化

这些术语可以带来更多的思考空间。它涉及应用语言学、理论语言学、社会语言学、语言教学法、语言政策以及其他相关领域。

"祖语"源自Heritage Language，但并不是完全的照搬。这里的"祖语"取字面上的"祖传语言"之义，主要指社会主体语言之外作为语言文化传承的祖辈语言。

祖语不等于母语，尽管二者有密切的关系。母语这一术语不同学者、不

同国家或地区有不同的理解，常跟第一语言和民族语言混淆。戴庆厦和何俊芳（1997）、李宇明（2003）、郭熙（2007：5）等分别从不同的角度对母语问题进行过论述，方小兵（2015）在前人的基础上重新给母语下了定义。尽管如此，今后一个时期里，分歧依然会存在。在新加坡和马来西亚，不少人不理解为什么教华人华语要用"教洋人的方法来教"，他们不了解华人的华语学习者中有的确实需要用第二语言教学的方法去教。一些年轻的新加坡人还在英文报上提出英语是自己的母语，老一辈新加坡华人面临一种忧虑：英语会不会逐渐被新加坡人认为是自己的母语？（周清海，2007）显然，新加坡年轻人提出英语是自己的"母语"，是"母语"这一概念的双重性所致；如果用"祖语"这个概念或许就不会产生歧义了，因为他们应该不会把英语当作祖语。因此，使用"祖语"这个术语，或许有助于厘清上述分歧，凸显研究焦点，更有利于教学和教育目标的确定。

祖语也不等于民族语。不同的民族可能使用同样的语言，同一民族也可能使用不同的语言。祖语也不一定必然跟民族共同语、国家通用语或标准语相对应。它也可以指方言，例如，在澳大利亚，许多华裔都是把粤语作为传承语言来学习的（方夏婷，2016）；在菲律宾，有的华人社会把闽南话作为文化传承的工具，而方言在文化习得和传承方面的作用重要和突出。

二、祖语的性质和特点

祖语现象遍布世界各地，是一种跨文化现象。只要有移民、有殖民、有语言入侵，就会有祖语问题。因此，对祖语性质和特点的认识可以有多个角度，包括族裔、历史和社会政治，语言功能（如认同功能、情感功能和交际功能），语言学习等。下面主要就祖语的发展和现实地位做些讨论。

（一）性质

1. 历史性

就理论上说，祖语之所以成为祖语，一定有"祖"的历史存在。祖语现象大都是一定的历史条件下形成的。费什曼从美国社会的具体情况出发，把祖语分为三类：(1)移民祖语，指美国独立后来自世界各国的移民所使用的任何一种语言，比如华裔使用的汉语，日裔使用的日语；(2)原住民祖语，指居住在美洲大陆的原住民使用的印第安语；(3)殖民者祖语，指独立之前到来的欧洲殖民者使用的语言，主要有荷兰语、德语、芬兰语、法语、西班牙语、瑞典语等。(高虹，2010)移民自然是导致"祖语"现象的主要因素，"原住民"之所以为"原住民"是因为有了"入侵者"。即使是征服者的语言，也可能伴随着征服者的消亡，而成为弱者。殖民者在取得殖民胜利的同时，也会因为脱离"祖国"久远，无法习得自己的"祖语"而带来困扰。例如，葡萄牙语在世界各地发展很不相同。澳门的葡萄牙语曾经是唯一的官方语言，随着社会的发展，尤其是澳门回归之后，逐步被边缘化，只能作为一种祖语存在。2011年澳门人口普查数据显示3岁以上用葡萄牙语的人数为4022[①]。

多民族国家内部语言竞争也会导致"祖语"问题。例如，在中国，国家通用语言的推广和使用，国内经济快速发展、人口迁徙和流动，以及国家通用语言基础方言的天然主体地位，汉族作为中华民族主体民族的地位，使得一些民族语言(如满语、畲语等)或方言正在或已经"祖语化"。

充分认识祖语现象发生的历史性，对于建立科学理性的祖语认识观非常重要。祖语现象的出现，不少都伴随着"语言征服"和"反征服"，伴随着各种各样的语言权利，涉及多方的利益等，而对这些问题的认识都会影响到祖语传承，祖语保持，祖语教育和教学的目标、标准的成效等。

2. 象征性

周明朗(2014)指出海外华语教育的目标有四个方面：(1)与华语匹配的身份认同；(2)提高华语沟通能力；(3)传承中华文化；(4)维系与祖籍国的联系。作为祖语教育，这是一种非常理想的境界或状态，也有其实在的

---

① 数据由黄翎教授提供。

意义。然而,在不少情况下,祖语教育的象征意义却大于实际意义。

祖语与家族、家庭、认同、归属密切相关,它是与生俱来的、有特殊情感关系的语言。(高虹,2010)这种情感,主要是父辈的情感,随着代际距离的拉大逐渐减弱,大量移民第三代语言发生转移的现象已经证明了这一点。或许也正是因为如此,父辈希望通过祖语教育来努力增进这一感情。大规模移民、聚居会伴有系统的祖语教育,但在此之外,其语言文化传承是相当困难的,有的或许无法避免地衰减为一种象征性的纯粹的文化符号,真正成为所谓的"遗产语言"。这种象征性的祖语很难长久维持所属者的归属感。

身份纠结在不少移民的后代中都存在。一位缅甸华人后裔问:"在缅甸,我们被当成中国人;而在中国,我们被当成缅甸人。我们到底是什么人?"前文所说新加坡青年的母语认同也反映出了这种纠结。澳门则是另一种情况。黄翊(2007:113)提及葡萄牙语在澳门有三种:(1)葡语土语;(2)土生葡语,说法虽因人而异,但却十分接近宗主国的葡萄牙语;(3)中国人说的葡萄牙语。其中葡语土语有学者建议列为濒危语言,呼吁赶快抢救。土生葡人的语言特征是通晓葡汉两种口语,不少是严格意义上的双语人,即同时以葡语和汉语粤方言为母语,但土生葡人大多认为葡语是他们的母语。

3. 资源性

祖语虽然是一种被边缘化的语言,但它的资源性并没有改变。祖语的资源性是其价值的一个体现。

有人把祖语当作一种政治资源或社会资源,更有学者指出,语言是一种人力资源。(徐大明,2010b)在语言传承问题上,祖语在个体人力资源方面或许会缺乏活力,因为它往往不能直接获取个体利益;但作为族群或社会群体资源,祖语则具有指向群体利益的作用(郭熙,2013b),成为族群的黏合剂,成为一种文化符号。语言话题很容易引起社会的共鸣,最容易跟情感联系起来,"保卫母语"之类的口号往往跟感情有关。中国纳西族的东巴文已经处于濒危状态,但在丽江古城区的语言景观中却在大量使用。这里

东巴文的使用更多的是体现了其作为旅游文化资源使用的文化符号。(李丽生、夏娜,2017)

祖语是否可以作为经济资源还值得进一步讨论。语言的市场价值也决定了祖语的地位。一般说来,政治、宗教、科技和经济是祖语保持和祖语教育的动力,是祖语活力的决定因素。在一些地方,由于祖语教育的要求,使得它成为获取经济利益的一个手段;但与此同时,也意味着社会或者个人也得为祖语传承付出经济上的代价。新加坡的发展在很大程度上获益于英华的双语资源。(郭熙,2010a)在中国,葡萄牙语是一门外语,但在中国澳门,如果充分重视它的祖语地位,对中国的发展会有不少帮助。

祖语作为学术资源应该是没有疑问的,因为它可以给学者带来新的研究领域,形成新的研究视角。以澳门的葡萄牙语为例。黄翊(2007:113)说到的三种形式可供不同学术背景的人分别进行研究,例如,葡语研究者去研究葡萄牙语的殖民地变体,汉语研究者可以研究土生粤方言,社会语言学可以去研究克里奥尔化。近年来展开的华语视角下的新词语研究、中国语言规划研究等也在不断地取得成果。

(二)特点

目前对祖语的特点还缺乏足够的认识。这里从社会中的地位和祖语自身的使用两个方面做些讨论。

1. 边缘化

被"边缘化"是祖语的一大特点。从历史和现状看,随着祖语使用者社会生活环境发生的各种变化,祖语的应用价值不断衰减。这种衰减首先表现在交际功能的弱化上。作为主流社会以外的语言,祖语的使用范围受到一定的限制,是劣势语(罗伯特·迪克森,2010:67),它的交际范围和场合十分有限,通常主要是在家庭或社区使用,在更广阔的领域往往失去了交际功能,甚至在社区和家庭也无法讨论"高层次"的问题。在新加坡,华语虽然被作为官方语言之一,但它不是行政语言,只限于华人社会使用,很多情况下,只是"巴沙语言"(郭熙,2008)。在马来西亚,华语仍作为母语使用,是华人社会语言生活的主体语言之一,而"福建话"只用于家庭。

导致祖语边缘化的原因各种各样。人们通常会首先想到生态。由于历史和现实的各种因素,不同祖语的生态并不相同。祖语的生态可以从内外两个方面考虑。祖语外部生态主要指祖语的母体的活力,内部生态则主要指内在的活力。例如,海外华人祖语的母体是中国的汉语,包括汉语的各种形式,如方言、不同时期的标准语或通用语等;澳门葡萄牙人的祖语母体是葡萄牙语;东干人的祖语是汉语西北方言。在共时状态下,有的祖语母体仍活跃在它的发源地,如华语和葡萄牙语;也有的祖语母体已经不存在,或处于濒危中,如中国的满语。祖语的生存和发展与祖语国或地区的关系非常复杂。祖语母体的强弱对祖语传承会有影响,但影响力似乎非常有限。

祖语的边缘化也受到内部生态的影响。国家的语言政策决定了内部生态的基调。不同国家、地区祖语的地位和生命力各不相同。所谓地位包括政治地位、经济地位、文化地位、功能地位等,生命力包括活跃、稳定、衰减等。其中语言地位的影响应该是很大的。以新加坡为例,无论是人口比例还是华人的地位,华语在这里都不应该成为一种"祖语"。但是,新加坡的社会实际决定了新加坡的语言政策,从而构成了新加坡的祖语生态。在这里,马来族群是少数,但是由于地缘关系,保证了马来语传承的正常进行;印度族群因为自身的英语化,其使用的泰米尔语也就自然"祖语化"了。

2. 需要学习

赵元任(Yuen Ren Chao, 1976)发现,美国华人原先的语言在一代或两代人以后就会消失。"第二代"只对口语拥有有限的被动知识,而"第三代"就完全融合在这个"大熔炉"里了。父母和祖辈常常煞费苦心保留祖语,但所有这一切都全盘消失。

由于缺乏习得环境,或是语言政策的不支持,加上一些移民无条件或无意愿让下一代自然获得祖语,祖语学习就成了祖语传承的重要途径。

祖语学习的内容包括几个方面:(1)祖语的语言系统,包括语音、词汇、语法和语用；(2)祖语所负载的文化；(3)祖语书面语。与一般的母语学习相比，祖语学习的压力要大得多。除了超出语言系统的学习外，还要跟主流社会语言或强势语言争时间。

祖语学习也不同于一般的二语学习，可是我们在这方面还所知甚少。就目前的情况看，有习得的，也有非习得的；所习得的，有的是方言，有的是共同语。习得有不同的过程，学习也有不同的阶段。可以从静态的角度去看，也可以从动态的角度去看；可以从群体的角度去看，也可以从个体的角度去看。

祖语学习者在祖语使用上有一些特征，例如发音类似母语，也比较流利，掌握大部分句法规则，词汇也比较丰富，熟悉与语言使用有关的基本隐性文化规范。不过，这些学生缺乏正式的语域知识，读写能力较弱，词汇量不足，尤其是文化词汇缺乏，表达不自如等。或许正是这种表达的不自如，使得祖语学习者或使用者缺乏自信，从而减少使用频率，进而导致学习成果的不稳固；当然，有的祖语本身就没有书面语。

影响祖语学习和使用的还有交际本身。例如，在新加坡，一些华语使用者不知道对方的祖语状况，为了避免交际的困惑，只好采用回避祖语使用的方式，优先选择地位强势的英语；为了照顾对方，还会采用语码混合的方式，在说华语时大量使用英语词汇，而且多是常用词。这样的一个后果是，下一代无法习得这些常用词，而只能通过第二语言学习的方式来获得。(郭熙，2010b)

祖语传承需要动用大量社会和个人资源，尤其是移民后裔，会把祖语学习看成是一个包袱，因为祖语教育给他们带来了学习上的压力，需要更多付出。新加坡一些英语华人语群对政府逼迫自己的孩子学习华语愤愤不平(郭熙，2008)，有的还因此而离开新加坡。

三、祖语传承的类型

祖语传承的理论问题讨论得已经不少,下面根据已有的观察和研究对祖语传承的类型做些初步的归纳,并就祖语传承研究应关注的方面做些讨论。

(一)祖语传承类型

就目前已知的情况来看,祖语传承类型主要有以下几个方面:

1. 完全传承

完全传承者通常有其社会和家庭基础,除了完整习得母语外,还有机会接受系统的祖语教育,例如马来西亚华裔、新加坡部分华裔。

2. 传承中断

祖语传承中断的情况远比我们过去所想的复杂。

就新移民后代而言,大体有两种情况:一是习得期中断;二是语言教育期中断。例如,西班牙、葡萄牙、意大利、匈牙利有大量的新移民,其后代有的尚未完成母语习得,即随父母到新的居住地生活;也有不少是在学龄阶段随父母到这些地方。这些类祖语生虽说已经受到关注,但目前还缺乏具体的数据。在美国有相当数量的收养儿童,其中不少都出现了不同程度的祖语中断,也可以归属此类。

就史上华裔来说,又有种种不同的情况。例如,有的是家庭中部分习得祖语,但缺乏后续的祖语教育;有的则是部分接受了祖语教育,但没有持续下去。不同地方的学习情况不同,有的纳入正规的民族语言教育,如菲律宾的华文教育;也有的地方仅以半日制、周末班等方式进行。

3. 完全隔绝

这里所说的完全隔绝是说下一代完全没有接触祖语的情况。当然,所谓完全隔绝其实并不绝对,因为他们所处的祖语家庭或者社区或多或少地给了他们一定程度的接触机会。

上述复杂情况导致了祖语生群体的复杂性,也带来了祖语层级复杂多样。从语言习得的角度看,祖语生可以分为一语祖语生和二语祖语生两类。一语祖语生显然不同于外语生,但二语祖语生也与外语生有一定的差别。有迹象表明,他们中尽管有的并不会祖语,但其学习祖语的速度高于同等二语学习者,可惜的是还缺乏系统的比较。另一方面,第二语言教学在理论和方法上都取得了巨大的成就,但对祖语教学的研究才刚刚开始。探寻这两种学习的不同,显得非常重要。传统上有人把祖语限定在习得中的第一顺序,这可能会把具有祖语基因的学习者排斥在外。祖语教育在不同的国家呈现不同的状态,甚至在一个国家的不同地区也呈现不同的状态,需要区别对待。有一些祖语生习得了祖语,但可能是祖语语源地社会的方言,这种源语言的优势如何利用,也是这些祖语标准语教学应该注意的。

(二)祖语传承研究

祖语和祖语传承的复杂性带来祖语传承研究的广泛性和复杂性。下面提出几个较为迫切的话题做些初步讨论。

1. 母语到祖语的演变过程

从母语到祖语,是一个复杂的演变过程。祖语传承研究应该重视这一演变过程。祖语现象多发生在移民及其后裔身上。由于多语言、多文化引起沟通的障碍和文化冲突,因此移民语言历来被看作是问题,而且很长时间里一直致力于去解决它,但长久以来,对母语演化为祖语的条件研究不够。前面我们曾试图从不同的方面讨论祖语被边缘化的因素,包括外部生态和内部生态等,这些实际就是祖语化的因素,但并未能将其具体化。联合国教科文组织曾就濒危语言的确定制定了各种活力指标,母语和祖语的鉴别似乎也需要类似的指标或标准。事实上,明确了这些指标,也就明确了祖语形成的条件;而了解了这些条件,也就为阻止"祖语化"打下了基础,做好了准备。

2. 祖语教育目标的确定

就目前的祖语学习者来说，多是迫于家庭或社会的压力学习祖语的。从社会和家庭的角度，不少家长希望下一代能尽可能地传承好自己的语言，希望他们能具有一定程度的祖语能力，而不仅仅限于家庭使用，但他们对下一代的最终能力未必能真正地认识。例如，传承什么？是语言能力、语文能力，还是其他？这种视角更加关注祖语学习者的语言能力及其水平上的差异。因此，如何建立与之相适合的教育目标非常重要。祖语生有责任也有权利学习和掌握祖语，重拾丢失的传统以再造历史。祖语教育是一种特殊情况下的语言文化传承教育。中国素有祖语教育的传统，打开华文教育的历史，到处都可以看到对祖语的重视。从私塾式教学到新式学堂，都是以祖语文化传承为目标的。然而，中国祖语教育传统的贡献只是近年来才为人们所重视。（郭熙，2013b）

3. 祖语保持与祖语教育的形式

祖语保持是祖语社群所迫切希望的。在祖语、当地主流语言和国际语言之间的角逐中，祖语保持并不占优势。祖语保持需要多重努力，祖语教育是一个重要方面，但不是唯一的方面。祖语生组成复杂，背景动机各异，如何有针对性地开展教育，用何种方式进行教育，需要有更多的研究投入。祖语保持一直以来的理念是建立在教育上的，但"永久第二代"应该是很有诱惑力的一种假想。教育的关键期应该予以重视。有必要进行关键期前的祖语储备，一旦祖语生的祖语意识得到增强，这将为他们提供更好的学习资源。上学和受教育有不同。上学是受教育的条件，但如果学校教育不能很好地开展，就等于打断了孩子受教育的过程。与上学相比，教育更具开放性，内容更广泛，可以在任何场合下进行。

4. 祖语本体研究

祖语有原祖语，也有变异或本土化后的祖语。祖语的混合交错也是常见现象。祖语在核心区会继续发展，这种发展的新形式也属于祖语；祖语使用者因种种原因也会拉大与祖语母体的距离，"世界英语""世界西班牙语"和"全球华语"这些概念都表明了语言在不同区域的发展和变化。其中的共性和个性及其关系,需要得到更多的关注。世界英语、世界西班牙语的研究有不少成果,全球华语研究也开始了词汇、语法的系统研究。这种研究既有学术意义,也有传承上的实际需要。

5. 祖语资源库建设

祖语是一种资源,建设祖语资源库既是祖语传承教育的需要,也是语言研究的需要,更是语言服务的需要。祖语资源库可以给祖语传承者提供线上虚拟现实服务。祖语资源库可以包括语言景观或风貌、语言实况的数字化转化,以及语料、相关典藏、数据等。不少语言研究者都在濒危语言、方言方面做了类似的工作,但祖语资源库的建设还很少看到,而这些祖语在各地的足迹留下的历史印证,是一批宝贵的语言遗产。

6. 祖语活力调查与祖语能力评估

祖语活力是从社会的角度看相关祖语的存活状况或前景预测。可以通过不同的方式评价一种祖语的活力,应该充分认识祖语的外部生态和内部生态,就内部而言,包括祖语政策和祖语地位、祖语使用者及下一代的祖语态度、祖语的功能、祖语使用的场合等。

祖语能力评估则是祖语使用者或学习者个体的祖语潜力和使用能力。祖语能力缺失有群体和个体两种情况。就华语作为祖语来说,目前所谓的"华二代、华三代"规律在不同的地方情况并不相同。"华二代"未必是实际上的第二代,在有的地方,第四代、第五代仍然可能是祖语的第一代。如何保持祖语处于第二代状态应该是祖语传承的一个重要任务。

祖语现象是世界范围内的一种复杂的语言现象,祖语传承受到越来越多的重视。世界的语言多种多样,祖语现象也多种多样。祖语传承中的一系列问题该有一个整体的理论框架和概念系统。祖语的历史性、象征性和资源性,以及边缘化和需要学习的特点,促使我们关注祖语的外部生态和内部生态,有针对性地对祖语状况、祖语态度、祖语活力和各种祖语中断现象进行研究;祖语的变异、祖语规范的缺失、祖语规范的依赖、祖语的"独立"等也应该逐步进入我们的视野。此外,在祖语与当地主流语言和国际语言的角逐中不占优势的情况下,如何处理祖语保持和融入主流社会,获取更多政治、经济资源等的关系,更应引起重视。语言学、应用语言学和社会语言学家们可以从不同的角度来研究祖语问题。

思考与练习

(1) 为什么会有语言传承问题?语言传承教育有哪些困难?祖语的资源性体现在哪些方面?

(2) 你对"祖语"相关的术语有什么看法?你认为可以从哪些角度区分母语和祖语?

(3) 祖语传承有哪些特点?是否所有的语言都有祖语传承问题?

第七章

语文工具的掌握和改进

第七章 语文工具的掌握和改进

语文工具在这里主要指记录语言、学习语言时用到的各种工具，如文字、拼音、注音符号、手语、盲文、字典、词典等。语言是发展的，语文工具也会随着语言和时代的发展而改进，以便更好地为掌握、学习和运用语言服务。

第一节 语文现代化

语文现代化，是20世纪70年代以来，随着应用语言学在我国的发展逐渐明晰化的一个理念。"中国语文现代化"的含义是：语言通用化、文体口语化、文字简易化、表音字母化、中文电脑化和术语国际化，使语言文字的社会应用适应社会主义现代化建设的需要。中国语文现代化是国家语言规划（language planning）的主要内容，是中国走向工业化、信息化的基础工程之一。[①]事实上，语文现代化就是现代化时期的语文改革，它要求改革那些不适合现代社会需求的旧的语文生活观念和方式，建立能满足现代化社会交际需要的新的语文生活。回顾语言文字的发展史，通过应用者的约定和规范，语言生活的各个方面一直在不断发生调整，以顺应社会需求和语言本身的发展。因此，我们对语文现代化的理解，更注重其提倡的语言文字规范化对掌握语文工具的作用，以及其倡导的语言文字发展观的科学性。

一、语文工具改进的原因

语文工具的改进，归根结底是要提高语言交际的效率。一是便于使用者学习掌握，应用便利；二是能够准确记录语言，在交流范围内有效传递

---

① 中国语文现代化学会简介，见中国语文现代化网http://www.yuwenxiandaihua.com/showSummary.html，访问时间：2019-05-07。

信息。为了达到这样的目的，语言教学、语言规划、语言规范化和标准化、语言技术处理等领域，都承担着不同的研究和实际工作任务。

载体的变化是影响或促使语文工具改进的因素之一。例如，文字从书写阶段进入印刷阶段后，对文字形体的规范化要求显著提高。计算机的出现，对传统的语言文字工具提出了更高的标准化需求，国际标准化组织（ISO）的文字编码标准在信息化领域发挥了显著作用。近几十年来智能型数字化工具的发展，使得语言文字的应用面貌发生了很多改变。新的语言文字处理技术催生了新的语言应用方式，要求使用者学习新技术、具备新能力，从而影响了语言生活的面貌。

从世界范围看，有意识地、系统地选择并改进语言工具的趋势起于14—16世纪的欧洲，与区域民族意识滋长和宗教改革的推展相伴而生。拉丁语的神圣地位崩解，印刷术助力启蒙时代的到来，文化教育的普及需求，现代国家的兴起……这些都是英语、德语等区域语言得以提升应用价值的时代背景和社会基础。

英语发展到现在成为世界性的语言，经历了15个世纪之久。古英语阶段（500—1100），拉丁文统治了教会和政府的文件书写，英语文献数量极其有限。中世纪英语（1100—1500）受到诺曼底法语的深刻影响，但英语在正式场合的使用，如文本书写、学校教育等，要到14世纪才逐渐实现。1420年，英语成为议会的官方语言，"在宫廷语言基础上，形成了政府使用的官方书写方式，并在全国普及"，成为书面交际的标准形式。（亨利·罗杰斯，2016）现代英语（1500年至今）的书写规范，得益于16世纪印刷术的普及，在《圣经》和其他书籍的印刷中，拼写标准逐渐统一，直到今天变化也不大。英语的拼写规范并未通过官方机构来规划，词典起到了至关重要的作用。英语在世界范围内的巨大影响力，是以英国遍布全球的殖民侵略活动为先导的。英语拼写方式也佐证了语言文字工具与经济政治影响力的关系。大部分使用英语的国家都遵循英式拼写法，不过由《韦伯斯特词典》确定的美式拼写标准，随着美国在全球影响力的提升，在20世纪的影响越来越大,英国本土也受到波及。

又如,直到16世纪,苏格兰西北部地区都使用中古爱尔兰文字,记录爱尔兰语和苏格兰语。但是"15—16世纪,这种情况彻底改变了。现代语言开始成为书写形式。此时,爱尔兰文字和苏格兰盖尔文字成为具有区别性特征的两种文字"。"苏格兰盖尔语的拼写规则,明显地有别于英语、芬兰语或者其他使用罗马字母的大部分语言。"(亨利·罗杰斯,2016)比如在正字法层面,用字母"h"标志辅音的弱化,以及将辅音前的后元音字母改为前元音[i][e],在书写层面标示颚化辅音。①

再以文字系统的改革为例。在长达数个世纪中,以罗马字母为表征的欧洲文化,在经济、军事、政治扩张的挟带下,被冠以优势文化的光环,罗马字母记录的欧洲语言,也被解读为具有"先进性"的语言。受到西方文明的冲击,19至20世纪新创文字多采用罗马字母。没有文字系统的语言采用罗马字母创制文字,如曾被欧洲国家殖民的多个非洲国家的文字。一些本来拥有文字系统的语言,也创制罗马字母文字替代原来的文字系统,如越南的文字,或用罗马字母作为辅助文字系统,如日本的罗马字母和我国的汉语拼音。发展经济、普及教育、提升国民素质、趋向先进文明等需求,与民族国家的建立,与创制或改造文字系统联系起来,这是值得应用语言学研究者关注的重要语言现象。

二、汉字简化和整理

文字简易化是中国语文现代化的一个目标,它主要是指汉字的规范整理,包括异体字整理和汉字简化、印刷用字的标准化等。

汉字有5000多年的历史,期间用于记录汉语,从未中断,累积了大量的汉字形体。即使不考虑历史发展的累加影响,共时状态下未经整理规范的

---

① 如"马"的单数形式是"each",复数形式是"eich",后元音[a]改为前元音[i],标示复数形式中的"ch"颚化。

汉字系统也很庞杂。因此，需要对储存备用的汉字与实际应用的汉字进行区分，分别整理。

进入20世纪，发展教育、开启民智的强烈愿望，促使有识之士寻求语文改革的途径，汉字简化就是其中之一。现代汉字简化的基础与历史上的俗体字有密切关系。俗体字与正体字相对而言。正体字是由官方认可的字形，主要通过官方发布的经典文献来呈现。1909年，陆费逵发表《普通话教育当采用俗体字》一文，提出俗体字"笔画简单，易学易记"。汉字简化的倡议在20世纪二三十年代逐渐从民间和学界的研究倡导上升到政府层面。汉字简化的历史与现实基础，在这个时期都得到了较为充分的研究。1935年8月国民政府教育部正式公布了《第一批简体字表》，共计324个。

1949年，中华人民共和国中央人民政府成立前，已经由中国文字改革协会开始着手语言文字方面的工作。汉字简化延续了之前的研究和工作思路，在精简字量和减少笔画两个方面着力，积极有效地实现了现代汉字的简化。1950年6月，教育部社会教育司在收集整理已有字汇表和识字课本用字的基础上，增补报纸印刷常用字盘等资料，增删后提出了1017个最常用字和539个次等常用字，当年9月编成《常用汉字登记表》。1951年春，经过再次增删调整，形成了《常用字表》初稿1500字，其中一等常用字1010字，次等常用字490字。

1950年8月9日，教育部社会教育司召开简体字的研究和选定工作座谈会，确定了选定简体字的四条原则。一是从已经通行的简体字中选取；二是选定简体字以楷书为主，少数时候也参考行书和草书；三是以最常用的汉字为范围，不必给每个字都选定简体字；四是选定后由教育部报中央人民政府政务院公布实施。

1952年2月5日，中国文字改革研究委员会成立，继续进行汉字简化工作。提出的《常用汉字简化表草案（第一稿）》收录较为通行的简化字700个。1954年，在《常用汉字简化表草案（第五稿）》的基础上，开始研制《汉字简化方案草案》。1955年1月，该草案公布征求意见并进行了修正。1956年

1月28日,国务院全体会议通过了《汉字简化方案》和《关于公布〈汉字简化方案〉的决议》。

1964年,文字改革委员会编印了《简化字总表》并发布。《简化字总表》分为三个表,第一表是352个简化字,不作为偏旁使用;第二表是132个可以作为偏旁的简化字和14个简化偏旁;第三表是应用第二表类推简化的字,范围基本上是《新华字典》1962年第三版的字头。与《汉字简化方案》相比,《简化字总表》的内容构成更为明确,特别是偏旁类推简化,使用者更容易理解简化的规律性,也扩大了简化字的字量。

1972年7月开始,《〈二简〉草案》开始研制。从1977年12月20日至1979年1月,《〈二简〉草案》试行并征求意见,由于简化幅度太大,引起了极大争议,虽然后续仍有修订,但没有再获得试用。1986年6月24日,国务院批复国家语委的请示,废止了《〈二简〉草案》。

1986年10月10日,重新发布《简化字总表》。这次重新发布宣告现代汉字的改革进入了稳定期,也意味着无论是恢复使用繁体字,还是进一步地简化,都不是国家政策的方向。

汉字整理的主要工作,还有字量和异体字的整理。

1965年公布的《印刷通用汉字字形表》,其目的虽然是给印刷用字确定字形,但是在规定标准字形的同时,也根据印刷出版领域的需要确定了现代汉字通用字字量,并对每个字的笔画数、笔画形状、字的结构和笔顺等都有所影响。1985年发布的《现代汉语通用字表》就是以《印刷通用汉字字形表》为基础。2013年《通用规范汉字表》颁布,成为新的现代汉字字量规范,其中的一级字、二级字合称"通用字",共6500字,在字量、字种、宋体字形方面基本延续了《印刷通用汉字字形表》和《现代汉语通用字表》。

通常将字音和字义相同而字形不同的一组字称为异体字。从不同视角分类,大体上有历时异体字/共时异体字、严格异体字/交叉(包孕)异体字等区别。就应用角度而言,异体字往往造成书面交际的冗余。《第一批异体字整理表》于1955年公布,是新中国建立后发布的第一个有关汉字规范的文件，起到了精简汉字字数和规范汉字形体的作用。这个表整体上是可行的，个别不合理的字组，在应用过程中陆续有所调整。2013年公布的《通用规范汉字表》吸收了此前调整字际关系的意见，进一步研究后，将6个异体字调整为规范字，39个字在特定意义上调整为规范字。

通过汉字的简化和整理工作，我们掌握了现代汉字使用的基本状况，制订的一系列现代汉字基础规范为教育、文化出版、汉字信息化等工作提供了良好的基础。1985年之后，新时期的语言文字工作方针作出调整，明确在一段时期内保持汉字的稳定，不再继续简化，同时也批评了滥用繁体字的现象。2001年1月1日起正式实施的《中华人民共和国国家通用语言文字法》规定"国家推行规范汉字"，作为配套规范，研制《通用规范汉字表》被提上日程。该字表的研制从2002年启动，2013年经国务院批准正式发布实施。《通用规范汉字表》规定了社会通用层面的规范汉字字量，共分三级，一级字3500字，二级字3000字，三级字1605字。《通用规范汉字表》是新时期的现代汉字基础规范。《通用规范汉字表》的附表《规范字与繁体字、异体字对照表》呈现了规范字与繁体字、异体字之间的字际关系，有助于正确使用规范汉字。

三、文字改革

文字改革的狭义概念，是指改变记录某种语言的文字符号。

文字系统的调整始终都是存在的。"根据变革的程度和影响力度，书写系统或文字改革通常可分为剧变和微调两种。剧变型改革指的是文字替代，即使用一种新的文字系统来全局性取代该语言原有的文字系统。微调则是对文字系统进行局部、小范围的调整，即我们通常所说的文字规范化，这在各种语言中都很普遍……有统计显示，在过去的150年间，全球共计有31种主要语言曾对书写系统进行过程度不等的改进。文字改革的推行是由多种因素促成的，其中政治、科技、教育等方面的动因起着主导作用。"

(赵守辉、尚国文,2014)

文字改革,尤其是剧变型的文字改革,是19世纪末至20世纪在世界范围内发生的文化风潮。例如,日本在明治维新后转向全盘西化,有些人提出应废弃"落后的"汉字,虽然未能实现,但是汉字的使用受到了限制,并创制了罗马字母的拼写方式。1928年土耳其国会以立法的形式强制推行改革方案,实现了从阿拉伯文字向罗马文字的转变。1945年越南独立后废弃汉字,改用拉丁化文字。1990年苏联解体,很多加盟共和国如土库曼斯坦、乌兹别克斯坦、吉尔吉斯斯坦、阿塞拜疆、格鲁吉亚等国家纷纷采用拉丁文字,取代以前的西里尔文字。

19世纪末20世纪初,面对西方文明的强势侵入,中国在军事、政治、经济等方面的落后刺激了很多爱国知识分子,他们对国家民族的前途忧心如焚,反思中华文明为何会衰弱到任人欺凌的地步。对语言和文字的反思,也是文化反思的一部分。"文字改革"就是在这样的背景下提出来的。究其根本,文字改革的目的是缩短文字学习的过程,迅速提高一般民众的文化水平,尽快提升民族素质。需要说明的是,"文字改革"并不是作为一个学术概念提出来的,并没有清晰严格地界定其内涵与外延。梳理其产生和发展的过程,我们会发现文字改革的内容随着时代变迁也在变化。

拼音文字的研制和汉字的简化,是早期文字改革的两个主要任务。

1892年至1910年间,设计推行拼音字母的运动被称为"切音字运动",代表人物有卢戆章、王照、劳乃宣。卢戆章著有《一目了然初阶》,借鉴罗马字,拼写厦门话。王照作为"戊戌党人",曾避祸日本,借鉴日本的假名,设计了《官话合声字母》,推行汉字笔画式字母,与汉字并用,拼写官话口语。劳乃宣在南方推行合声字母,撰写了《增订合声简字谱》,增加了拼写南京话、苏州话和闽(福州话)粤(广州话)方言的字母。

中华民国成立后,教育部总长蔡元培主持召开中央临时教育会议,通过了"采用注音字母案"。1918年发布的注音字母以汉字笔画为基础,与日语的假名很相似,之后又经过调整,改名为"注音符号"。这种注音符号不如罗马字母具有国际性,也不能表示音素,有时记音也不够准确,并不是作为文字方案来设计的。

1929年,瞿秋白在莫斯科出版了《中国拉丁化字母》,引起了苏联学术界的注意。在此基础上,参考其他方案,由列宁格勒苏联科学院东方学研究所组织的中文拉丁化委员会拟成《中国拉丁化新文字的原则和规则》。这个方案采用拉丁字母,包含了音节拼写法和正词法,按照文字系统的要求来设计。

但是,不论是当时的社会条件,还是研究水平,都不足以支持直接用拼音文字取代数千年历史的汉字。相形之下,以汉字简化作为过渡手段,虽然只能"治标",但也暂解"燃眉之急"。①胡适在《国语月刊·汉字改革号》"卷头言"中也认为"这虽不是彻底的改革,但确然是很需要而且应该有的一桩过渡的改革"。

1949年10月10日,中国文字改革协会在北京成立。吴玉章在大会报告中提出,文字改革的第一项任务就是汉字改革的研究,以采用拉丁字母的拼音方案为研究的主要目标。另外两项任务是汉语的统一、少数民族语言文字的研究。1951年12月,周恩来建议在教育委员会设立中国文字改革研究委员会,由拼音方案组、汉字整理组、教学试验组等组成,工作任务包括研究提出中国文字拼音化方案、整理提出汉字简化方案等。1954年,文字改革工作由研究阶段进入实施阶段,设立国务院直属机构"中国文字改革委员会"(简称"文改会"),设立拼音方案、汉字整理、方言调查、词汇研究、语文教学、技术指导、编辑出版、宣传推广等部。文改会工作期间,我国语言文字规范化工作取得诸多成绩,《汉字简化方案》(以及之后的《简化字总表》)、《第一批异体字整理表》、《汉语拼音方案》、《普通话异读词审音表》等一系列现代汉语基础性规范,在此期间研制完成。

---

① 钱玄同在国语统一筹备会第四次大会上提出《减省现行汉字的笔画案》,认为"改用拼音是治本的办法,减省现行汉字的笔画是'治标'的办法,但是由于汉字"在学术上、教育上的作梗,已经到了'火烧眉毛'的地步",不能等拼音文字成功以后才改革。

1955年10月15日至23日,全国文字改革会议在北京召开。会议决议阐述了文字改革的基本方向:"汉字的根本改革要走世界文字共同的拼音方向;而在目前,逐步简化汉字并大力推广以北京语音为标准音的普通话——汉民族共同语,是适合全国人民的迫切要求和我国社会主义建设的需要的。"文字改革的工作概括为简化汉字、推广普通话、制订和推行《汉语拼音方案》[①]。

与各民族平等的政策相呼应,我国在少数民族语言文字的研究、改革和创制方面,也卓有建树。

我国是多民族国家,1954年《中华人民共和国宪法》规定"各民族都有使用和发展自己的语言文字的自由",这一基本政策至今不变。自1956年起,由中央人民政府组织力量,帮助壮族、苗族、布依族、凉山彝族、黎族、哈尼族、傈僳族、景颇族(载瓦支系)、佤族、纳西族、侗族、土族、羌族等13个少数民族创制了拉丁化拼音文字;帮助傣族、景颇族、拉祜族修订改进原有文字,改革了滇东北苗文,规范了老彝文,把维吾尔、哈萨克族的阿拉伯字母文字改为拉丁字母文字。少数民族新文字的创制和推行,有成功有失败。"壮文和改进的老彝文分别于1957年、1980年由国务院批准正式推行,苗文、布依文、黎文、哈尼文、傈僳文、景颇载瓦文、佤文、纳西文、侗文等经国家民族事务委员会批准试验推行,土文、羌文等经国家民族事务委员会批准试点推行,凉山新彝文、新维吾尔文、新哈萨克文等经试验推行后被废止。"(王爱云,2013)

20世纪70年代末,语言文字工作领域已经开始用"语文现代化"这个

[①] 关于三大任务的表述,基于两个主要文件。一是1956年1月27日中共中央发出的《关于文字改革工作问题的请示》,批转了文改会党组和教育部党组《关于全国文字改革会议的情况和目前文字改革工作的请示报告》,部署了汉字简化、推广普通话和制订《汉语拼音方案》三项工作。二是1958年1月10日周恩来总理在政协全国委员会所做的报告,题为《当前文字改革的任务》,全面阐述了以上三项工作。1958年2月3日,文改会主任吴玉章在第一届全国人民代表大会第五次会议上做《关于当前文字改革工作和汉语拼音方案的报告》,也是重要的文献。

表述代替"文字改革",认为语言文字工作要始终与时代需求相适应,不断发展。1985年2月16日,国务院发出通知,中国文字改革委员会改名为国家语言文字工作委员会,工作方向、工作内容均有所调整。1986年1月6日至13日,全国语言文字工作会议在北京召开。国家语委主任刘导生做大会报告,报告的整体思路是保持语言文字稳定,完善一系列规范标准,面向信息化处理开展工作。特别强调了今后相当长的时期,汉字作为国家法定文字继续发挥作用,《汉语拼音方案》不是代替汉字的拼音文字,而是汉语、汉字的注音工具,也用于汉字不便使用的方面。本次会议标志着我国的语言文字工作进入了新的阶段。

四、关于文字改革的思考

语言文字与政治、经济、文化等多种社会因素的联系是错综复杂的。文字改革不是单纯的语言学问题,也不是纯粹的技术问题。以我国的文字改革历程为例。简化汉字的必要性和价值评判、汉语拼音的作用、推广普通话与方言和少数民族语言保护的关系等问题,在不同的时期,因为经济、文化和社会心理等的变化,对这些文字改革事项的看法也会有所不同。思考文字改革,首先需要回到具体的改革事项发生的历史时期,分析时代背景,联系前后时期,理解促成其发生的条件、产生的效果。其次,如果将文字改革作为国家政策或社会文化现象,分析其合理之处或不当之处,需要综合语言学、文字学和公共政策研究、社会学等多个学科的方法,多角度观察。

文字的改革,关系到文化生态系统的调整,涉及多种关系要素。世界范围内的文字改革,大多经历过激烈的或漫长的博弈。影响成败的因素涉及多个方面,比如:政权力量越强越容易成功,民众意愿越热烈越容易成功,文化宗教传统越强大则阻力越大,主要民族人口优势明显则易于推行,全民文化水平越低越易于推行,改革幅度越小越易于实现改革目标。(赵守辉、尚国文，2014）我国文字改革的历程中，既有与上述规律较为一致的现象，也有从实际情况出发、适应实际需求而形成的特点。

首先，政权的稳定与强大，是文字改革最终取得成功的基础保障。1949年中华人民共和国成立后，文字改革的核心任务与研究方式基本上延续了此前半个多世纪以来的努力，并且在规范化的内容上有所扩展，从文字系统到语音、语法，从口语交流到印刷出版，基本涵盖了现代汉语规范化的各个方面。与之前的屡遭失败挫折不同，稳固的政权、强大的行政动员力量，保障了简化汉字和汉语拼音等改革事项能够通过各级政府、学校教育、广播和报纸杂志等方式得到贯彻和普及，最终取得显著的社会效果。

其次，19世纪末以来，建设强大的国家、尽快提高教育水平等强烈的意愿，促使文字改革的理念逐渐获得认可。1949年以后，在汉语拼音、简化汉字、普通话异读词审定等讨论中，参与者的数量众多、身份多样，讨论热烈，形成了深远的社会影响。

另一方面，在强大的文化传统、汉字的悠久历史这样的背景下，彻底废弃汉字、采用拉丁文字或其他拼音文字的文字改革方式是不可行的。汉语拼音主要作为注音工具使用，《汉语拼音正词法基本规则》提出了分词连写等规则，但尚不足以实现完整的文字系统功能。同样，《〈二简〉草案》最终废止，也说明大幅度的文字改革难以获得认可。

回顾我国的文字改革历程，还应注意到，在各个重要节点上，通常有多种观点、不同力量在发挥影响。例如，在创制拼音文字取代汉字这一问题上，既有积极促动的一股力量，也有持反对和质疑态度、要求保持稳定的一方。在汉字简化的问题上，既有主张尽可能减少笔画数，通过合并同音字，甚至合并同义词减少用字量的观点，也有坚守传统的汉字形体，不同意任何简化方案的观点。我们今天所使用的汉语拼音和规范汉字系统，是文字改革过程中不同的观点各自发挥作用的结果。

文字改革是与社会变革相呼应的语言和文化现象。20世纪70年代之前汉字系统的改革，以及1949年之后少数民族语言文字系统的创制或改造，与世界范围内的语言文字改革潮流的方向是一致的。20世纪70年代以后，社会发展需要稳定的文字系统，国家语言文字工作方针也适时作出了调整。剧变型的文字改革退出，但文字系统的微调仍在不断进行。有的微调通过规范标准落实下来，例如现代汉字规范标准的体系化，涉及计算机字库、主用字体和教学出版等社会领域应用等诸多方面，ISO10646在持续修订增补，各种新字型不断开发出来，繁体字的规范字形正在研制，《汉字部首表》正在修订。有的是在汉字应用当中正在发生，例如"囧"（本作"冏"）这种生僻汉字经由网络语言戏谑式的使用，重新回到现实应用层面，但并没有进入《通用规范汉字表》。在目前的社会条件下，采取微调的方式，满足社会应用的需求，是更为恰当的方式。

五、汉字书写的现代化

按照工具载体来区分，汉字的发展大致上经历了手写、印刷和计算机信息化处理等阶段。手写阶段所用的载体主要有甲骨、竹木简帛和纸，工具有刀笔、毛笔、铅笔和钢笔。印刷阶段有刻字（木版和泥版）、活字和铅字印刷，载体主要是纸。20世纪50年代以来，汉字应用进入计算机信息化处理阶段，文字的存储形式从普通人面前消失——使用者看不到计算机后台的字库运行。使用者脱离了纸和笔，以键盘为主要输入方式，也有书写板感应输入和语音输入等。工具和载体的变化，改变了汉字的应用方式，使用者对于文字整理与规范化的关注点和需求也随之发生变化。

手写汉字与汉字学习关系最为密切。为了满足学习手写汉字的需要，掌握书写的规则，就必须重视汉字字形的规范化。从汉字的演化趋势看，减少笔画数是手写汉字所需要的。精简字数和形体，也就是汉字的字量、字种、字形的整理与规范。

现代印刷关注标准字形的确定，需要多种印刷字体的整理规范。尤其是对字体设计的要求，逐渐上升到工业标准。20世纪50年代初期，组建了北京和上海字模厂,1958年文化部建立的文化学院设立印刷系——印刷用字的字体设计有了专门机构。1965年《印刷通用汉字字形表》发布,实现了现代汉字印刷宋体字形的统一,进一步稳固了宋体作为现代汉字代表字体的地位。

20世纪中叶,计算机的出现是人类发展史上的重要一环。半个多世纪以来计算机信息处理技术已经对人类生活产生了极大影响。"过去的语言规划主要处理语言与人的关系,现在必须要处理语言、人、机器三者之间的关系。"(李宇明,2012b)

李宇明(2009b)认为,"信息化除了硬件设施之外,是由三个层次构建起来的工程:底层是由语言文字规范标准、字库和词语库等、语言文字的处理软件构成的语言文字平台;中层是对文档、音像等进行操作的软件系统;上层是各种内容的集合。在这三层构造中,语言文字平台是基础,它的水平直接影响到信息化的水平。"

语言文字平台的建设,首先要解决的是文字如何进入计算机。计算机输入键盘是按照英语的输入需要设计的,非英语的文字输入都要适应这种键盘。汉字输入计算机的编码工作主要是基于键盘输入展开,从汉字的字形和字音入手,分别设计形码(如五笔字型等输入法)和音码(各种拼音输入法)。同时,手写识别输入和语音识别输入的研究也在持续进行,并且取得了能够产业化的成果。汉字输入法的研究,与汉字字形规范、读音规范、图形识别、语音容错、词联想等一系列研究都有相关性,从而扩展了应用语言学的研究内容。

"中文信息技术标准体系架构可分为三层,编码字符集标准与点阵字型标准是中文信息技术标准的基础标准,居于中文信息技术标准体系的核心层和中间层。"(代红、陈壮,2008)各类技术标准决定了使用者与信息处理设备交互时的体验,决定了哪些信息能够在数字化的世界中存在。

最初的中文信息编码字符集采用GB2311《信息技术字符代码与扩充技术》提供的技术来实现,形成的国家标准有GB2312-1980《信息交换用汉字编码字符集》及其一系列辅助集，少数民族文字也有相应的国家标准字符集。1984年，国际标准化组织（ISO）下属编码字符集工作组（IEC）着手研制国际编码字符集标准。1992年6月，ISO-10646标准获得通过，包括中日韩汉字，收字20902个。1993年，ISO/IEC10646《信息技术通用多八位编码字符集（UCS）》发布。国家技术监督局于1993年12月24日发布了对应这一国际标准的国家标准GB13000.1-1993，之后还推出了若干更新版。当前中文编码字符集的国际标准化工作主要是围绕ISO/IEC10646展开。到2017年，经我国提案并通过ISO/IEC JTC1/SC2的国家级表决而纳入ISO/IEC10646的中国文字包括：汉字及相关符号、藏文、蒙古文、规范彝文及其部首、维吾尔文、哈萨克文、柯尔克孜文（阿拉伯文系统）、傣文（包括德宏傣文和西双版纳新傣文）、朝鲜文、八思巴文、其他中国用的符号（如算筹、六十四卦、太玄卦等）、老傣仂文、西双版纳老傣文、傈僳文、苗文、古代维吾尔文等。

　　中文字型是文字在信息处理设备上显示与输出的基础，目前有点阵字型和矢量字型。点阵字型的字样由置于栅格内的若干个点的集合来表示。中文编码字符集有相应的点阵字型配套标准。为了适应不同场合或不同类型的中文显示输出设备的需要，每一个中文编码字符集标准可能有一个或多个配套的中文点阵字型标准，提供不同字体和不同点阵大小的字型。点阵字型是主要的显示字型，优点是显示速度快，缺点是放大后的笔画出现锯齿边缘。字型设计和打印等使用矢量字型。矢量字型的设计以记录笔画的起点终点坐标，计算弧度、半径等实现，理论上可以无限放大，仍保持轮廓清晰圆滑。

　　另外，键盘布局、文档格式等，也都是文字信息处理领域关注的标准化工作主要内容。

　　随着语言文字信息处理技术的迅速提高，虚拟世界的语言生活不但与现实语言生活的联系越来越紧密，并且呈现出一些新的特点。例如在文字系统方面，多种文字（以及符号）混杂使用的状况虽然经常被批评为不规范，但是仍然影响很大，是信息化时代文字应用的新现象。另一方面，语言信息化处理领域也为文字系统的呈现提供了更多可能。以汉字字体为例，铅活字只有一种隶书，到2004年为止，计算机排版又增加了6种隶书，分别是隶变体、细隶体、中隶体、粗隶体、黑隶体、古隶体，以名家书法为基础的字体设计就更多样了。

我们目前所处的时代，文字的三种应用方式并行不悖。信息化时代文字工具的学习和应用，具有了不同于以往的内容和特点。人类是使用语言文字工具的主体，必须学习掌握使用文字的新方式。虽然绝大多数人并不直接接触印刷和排版系统、计算机字库设计、输入法设计等后台技术，但是个人的语文生活也受到了影响。例如，普通使用者学习和掌握文字工具时，除了传统的识字、写字之外，也增加了新任务，至少要学习输入法、学习文字处理程序，为了顺利完成语音输入，还需要修正自己的语音，向标准发音靠拢等等。语言文字的信息化已经深刻影响了人类的语言生活，随着技术的不断更新进步，这种影响还将持续深入发展。

语言文字应用媒介的发展，对语言文字有什么样的反作用？计算机、网络空间、虚拟社会、智能设备、多媒体交互、人工智能、超大数据、无限信息流等，对语言这一人类的基本思维工具一定会造成某种或某些影响。显性的、切近的影响，比如"不符合"语法规范、语音规范的网络词语仍然在不断衍生，并且有些词语被传统媒体、辞书等接受；表情符号"笑哭了"当选《牛津词典》2015年度词语，促使人们思考传统的词汇定义是否不再适用。隐性的、深远的影响，比如凭借在信息处理方面的优势，通过互联网的各种传输形态，英语正在更加深入地渗透和弱化其他语言，语言版图的调整，不只是地理概念。回顾半个多世纪以来计算机已经给人类的语言生活带来的巨大变化，不难想象技术的发展将会继续要求人类语言调整适应，要求每个人给自己的语言技术版本升级。语言学研究，特别是应用语言学研究，应该及时跟进这种发展趋势，带着前瞻性的眼光去研究语言文字工具的变革。

思考与练习

(1) 结合提出"语文现代化"的时代背景,阐述其理念及其内涵。

(2) 扩展阅读苏培成《当代中国的语文改革和语文规范》(商务印书馆,2010),梳理汉字简化大事年表。

(3) 在语文工具的改进过程中,你认为交际效率与文化价值是否能够兼顾,结合实例分析说明。

(4) 你使用计算机、智能手机等信息处理设备的时候,在文字输入和输出方面遇到过什么问题?尝试扩展有关知识,理解为什么会出现这些问题。

第二节 汉语拼音和特殊语言文字

一、汉语拼音

如今人们接触和使用汉语拼音是件非常自然的事。在电脑、手机上输入汉字时要用拼音;招牌路牌上能看到拼音;在学校,拼音也成为语文教学和汉语教学的必备工具。我们可能会有种错觉,似乎拼音跟汉语是绝配,汉语是离不开拼音的。但事实上,汉语拼音的历史才不过几十年。1958年2月11日,全国人民代表大会批准公布《汉语拼音方案》,自此,中国才正式全面推广和使用这套拼音工具。想要真正认清"汉语拼音",首先必须明白,汉语拼音既不是汉语本身,也不是汉语必不可少的组成部分,对于汉语来说,它只是一个辅助性的工具。

(一)汉语拼音的产生

汉字是世界上历史最悠久的文字之一。这一古老的文字主要采用表意的手段，正是这个特点使得汉字在世界文字中独树一帜。但汉字的表意属性，让其无法做到见形现音。比如，汉字"月"在字形上很好地表现了语义，但无论如何也不能得知它的发音是yuè。反观英语的"moon"，虽然这些字母组合跟"月"这个事物毫无联系，但人们却可以依着这些字母，把它的发音拼读出来。

在这样的情况下，就特别需要创制出一套可以把汉字的发音表现出来的注音工具。有了这种工具，我们就可以标注出每一个字的发音了。

现在我们似乎无法想象，没有拼音之前人们怎么识汉字？其实很早以前中国人就已经发明了自己独特的方式来给汉字注音，只不过没有采用字母的形式而已。

在汉语史上，较早出现的给汉字注音的方法有"譬况法"（《淮南子》："蛟龙水居。"高诱注："蛟读交易之交，缓气言乃得耳。"）、"读若法"（《说文解字》："珣，读若宣。"）、"直音法"（《汉书》："高祖为人，隆准而龙颜。"注："准音拙。"）。这些方法都有很大的局限性，比如有的字没有同音字，或者用来注音的字比被注音的字还生僻。东汉末年，受梵文拼音原理的启发，"反切"这种注音方法出现了，比如："冬，都宗切。""反切"是用两个字共同来拼出另一个字的读音，因古代竖行书写，用来注音的两个字分别被称为反切上字与反切下字；拼读时，上字取声母，下字取韵母与声调，两者拼合成被切字的读音。"反切法"相对其他几种方法，是一个巨大的进步，表明人们已经能够对汉字音节做音理上的分析，意识到一个音节由声、韵、调三个部分构成。

但是反切注音法仍然存在不足，主要有三方面：（1）反切上下字都有多余成分，在拼合过程中会有一定障碍；（2）反切上下字用字过多，上字共有400多个，下字共有1100多个，一般人很难掌握；（3）有些字数少的韵，还需要借用其他韵的字做反切下字。（谢纪锋，2012：27）虽然后代学者不断对"反切法"进行改良，但只要是"用汉字拼音，无论如何改进，总有一定的局限性"（王力，2014：39）。因为汉字毕竟无法直观、细致、准确地展现语音的内部构成。

明清时期,西方传教士来到中国传教,为了更快地学会汉语和更好地推广教义,有的传教士自己创制了给汉字注音的拉丁字母方案。其中影响较大的是利玛窦、金尼阁、威妥玛的拼音方案。这些方案虽然都是民间行为,但它们给汉语注音的方式开创了新的视角,并为后来诸多的拉丁拼音方案奠定了基础。

20世纪初,汉语注音方案的研制迎来了转机。一方面,西方现代语音学传入中国,在理论上为汉语音节的音素分析做好了准备。另外更重要的是社会思潮的催进,清末"切音运动"就是提倡汉字改革,创制拼音方案。"切音运动可谓是中国人对汉字的认识的一个分水岭。中国人认识到了汉字的繁难,产生了为普及教育可以创制汉语拼音方案但不应废除汉字的思想"。(刘振平,2013:83)在切音运动中涌现出了一大批汉语注音方案。不过其中占多数的仍然是声韵双拼制、汉字笔画式字母方案。这应该与中国人长期以来对汉字的感情有关系。

可能也是出于这样的考虑,最终北洋政府教育部选择了注音字母方案,其符号是由笔画简单的古汉字或汉字部件修改而成。这是中国有史以来第一套由政府推行的表音字母。注音字母最显著的进步是由双拼法发展为三拼法,从韵母中析出了介音,体现了一定的音素化理念。从1918到1958年《汉语拼音方案》公布之前,注音字母一直通行,对统一汉字读音、推广国语、普及拼音知识等做出了很大的贡献。

虽然拉丁化拼音方案当时没有获得官方认可,但是一些学者并未就此停止探索和努力。事实上,自切音运动开始,采用拉丁字母为汉字注音的呼声就没有断过。1923年,由赵元任发起的"国语罗马字拼音研究委员会"成立。该委员会经过一年的研究,议定了《国语罗马字拼音法式》并提请教育部公布。1928年,在时任国民政府教育部部长蔡元培的推动下,此方案作为"国音字母第二式"(后人简称为"国罗")正式公布。只可惜时局动荡,国民政府无心也无力去推广一套新方案,后来便不了了之。

而几乎与此同时,在苏联文字拉丁化运动的影响下,莫斯科中山大学的中国问题研究所开始研究中国文字的拉丁化问题,一些中国学者如瞿秋白、吴玉章等都参与其中。1931年9月26日,"中国新文字第一次代表大会"上通过了《中国拉丁化新文字方案》(后人称为"北方拉丁化新文字",简称"北拉")。该方案后来通过一些团体和知名人士的支持一直在群众中推行。或许也因为它比较简便,比如不标声调,所以推广效果好,"历史上没有任何一个方案像它那样受到那么多人的欢迎、在那么大的范围内推行"(刘振平,2013:167)。

新中国成立后,中国文字改革委员会开始从事拼音方案的研究工作,希望能总结前人经验,制定出一套更为科学、完善的方案。1956年2月,汉语拼音方案的第一个草案发表,广泛征求意见。后来经过各方反复讨论和多次修订,直到1958年《汉语拼音方案》才正式发布。

汉语拼音方案与过往的许多拼音方案"都有着内在的历史渊源关系,它固然有自己匠心独运之一面,但更多的是吸取并发展了历史上许多拼音设计的长处"(王理嘉,2002)。"拉丁化""口语化""音素化"是汉语拼音方案的三大特点。汉语拼音在音素化方面做得比以往所有方案都更加彻底。汉字的注音方式从双拼到三拼再到汉语拼音的四拼,音拆分得越细,可以共用的字母就越多,所需字母的数量就越少。

汉语拼音方案既科学又实用,被认为是最佳方案。它在社会生活中发挥出各种作用,为汉语服务,为说汉语的人服务。

(二)汉语拼音的功能

《汉语拼音方案》经过几十年的推广和普及,已经家喻户晓,为我们的生活和社会做出了极大的贡献。周有光(2007:234)提到过汉语拼音许多有趣的外号:

> 由于它是汉字的注音工具,它被称为扫盲的"钥匙"。
>
> 由于它是护照上汉语姓名的拼写法,航空界说它是登机"通行证"。

由于它印上交际用的名片,它被称为"介绍人"。

由于它是东西文化的媒介,它得到东西文化"桥梁"的美名。

由于它有利于融汇中外文化,外国学者说它是文化的"催化剂"。

由于拼音用于索引,它被比作马路上的"指路牌"和"照明灯"。

由于它方便外国人学习汉语,留学生说它是"芝麻开门"。

由于"拼音变换汉字"已经是电脑输入中文的常用技术,它是电脑上的"芝麻开门"。

这些外号也就是汉语拼音各种功用的形象写照。汉语拼音有很多功能,其中最基本的就是给汉字注音。除此之外,它还在识字教学、文献检索、推广普通话、中文信息处理、对外汉语教学以及其他汉字不便使用的领域发挥了重要作用。

1. 扫除文盲

新中国成立之时,全国5.5亿人口中,文盲率高达80%。因此,当时的紧迫任务就是帮助人民群众识字,提高他们的文化水平。文盲数量如此之大,扫盲任务十分艰巨。假如没有汉语拼音,难度将会成倍增加。实践证明,"没学汉语拼音的文盲,学了一段时间以后如果停止,回生现象十分严重,不少人又成为新文盲。会汉语拼音的,即使不上学了还可以靠查字典认读生字,脱盲率就高"(吴洁敏,2003)。由此可见,汉语拼音在扫盲中发挥了重大作用,起到了事半功倍的效果。而且,汉语拼音使工人、农民在识字的同时,也了解了这些字在普通话中的标准发音,为学习普通话打下了良好的基础。

2. 推广普通话

建国初期与"扫盲"同等重要的另一举措是"推广普通话"。当时全国各地普遍都说方言,各地民众还不能有效沟通,大大影响了国家的团结和发展。在学习和推广普通话上,汉语拼音也是功不可没。所有普通话教材都是先教汉语拼音,"汉语拼音"是方言区人学习普通话最重要也是最方便的工具。比如，要区分平翘舌音、前后鼻音，一看拼音就一目了然。

时至今日，国家仍把推广普通话列为语言文字工作的重要任务，这也是由我国多民族、多语言、多方言的国情所决定的。未来，汉语拼音仍将在推普工作中发挥关键作用。

3. 语文教学

小学语文教学曾经掀起过"先教汉字还是先教拼音"的争论。反对先教拼音的人主要是认为汉字才是正统的汉语，既要识字又要学拼音，一是给学生增加了负担，二是占用了识字的时间。后来实践证明，如果先学习拼音，虽然一开始汉字暂时会认得少一些，但是学会拼音之后，就能提高识字的速度，反而是减轻了学生负担。

不仅如此，拼音还可使"先读书后识字"变为可能。有了拼音，孩子们可以自己认读生字。通过注音读物，他们能更早地阅读书籍，增长知识。80年代以来的"注音识字，提前读写"语文教学改革已经取得了成功，识字不多的小学生也可以记日记、写信、留言，成段表达能力的培养不会因为汉字的阻碍而被耽搁。这些都是汉语拼音的功劳。

4. 对外汉语教学

外国人学汉语最大的困难是认读和书写汉字。世界上大多数语言都是表音文字，所以碰到汉语这种表意文字，外国人的确束手无策，他们十分需要一种能掌握汉字发音的方法。就像前面提到的，中国最早的一些拉丁字母拼音方案，正是西方传教士为学汉语而研制的工具。

汉语拼音使汉字的发音可读化，再加上它使用的是全世界都熟悉的拉丁字母，外国学生立刻感到汉语不是那么遥不可及了。有了汉语拼音，学生的发音更准确；掌握汉语拼音，学生可以自己查词典；依靠汉语拼音，学生可以用"打字"代替"写字"，学习汉语的效率不会被汉字书写所拖累。一旦会打字，他们就能发信息、发邮件等，顺利完成交际任务。就算要书写，遇到忘记或不会写的汉字，也可以用拼音来代替。总之，对外汉语教学离开汉语拼音将寸步难行，汉语拼音是成就今日之"汉语热"的一个重要因素。

5. 中文信息处理

中文信息处理,是指用计算机对中文的音、形、义等信息进行处理和加工。在现代社会,无论是工作中还是生活中,"中文信息处理"可以说是我们的家常便饭。特别是随着交际软件和智能手机的发展,中文输入几乎变成了人们习惯性的行为:完成工作和作业要输入、跟朋友聊天要输入、订餐购物要输入……当我们享受这些便利的时候,当我们在互联网世界遨游的时候,应该感叹我们拥有汉语拼音是多么幸运,汉语拼音方案采用"拉丁字母"是多么明智。

的确,如果没有汉语拼音,古老的汉字不可能那么顺利地跟上现代科技的发展,毫不夸张地说,"离开拼音就谈不上现代化的一切"(王均,2003)。

6. 信息检索

有人说,物质、能量和信息是构成世界的三大基本要素,信息检索便成了现代社会生存的基本技能。而汉语拼音正是掌握这一技能的钥匙。

我们常见到两种排列人名先后顺序的方式:一是"按姓氏笔画排序",一是"按姓氏拼音排序"。这其实就是汉字的两种定序方法:形序和音序。过去图书馆的图书卡片大部分是用笔画法排列的,还有的用四角号码法,检索起来都很麻烦。有了汉语拼音以后,就可以用它来编制各种索引和代号等,检索起来又快又准。汉语拼音"突破了汉字作为检索工具的束缚,成倍地增加了效能","在检索速度和准确性方面都可被称为最佳选择"。(陈原,1985:14)目前我国各行各业使用计算机建立的汉语型应用数据库,都毫无例外地使用拼音排序和检索。试想,如果采用笔画的方法去建立一个汉语数据库,其难度将是拼音检索的数倍。

除此之外,汉语拼音在创制其他文字和特殊语言文字等方面也发挥了重要的参考作用。1949年以后,有关专家为少数民族创制的十几种拉丁字母形式的新文字,几乎都是以《汉语拼音方案》为基础创造出来的。在特殊教育领域,比如为盲人创制的盲文,为聋哑人创制的一些手语词汇,也跟汉语拼音有关系。

(三) 汉语拼音的未来

汉字是中国的瑰宝,然而不可否认,它的繁难确实给汉语学习带来了巨大的困难。汉语拼音的创制和出现,给汉字的命运带来了新的生机。可以说,没有汉语拼音,汉字便很难像今日这样在新时代的浪潮中如此运用自如。难怪有人把汉语拼音看作是新中国成立以来"中国语言学界的最大的成就,是影响千秋万代的杰作,是没有申请专利却有国际专利权的重大发明"(刘涌泉,1998)。

汉语拼音自诞生以来,不辱使命,其成绩和作用有目共睹。2000年10月31日,第九届全国人民代表大会通过了《中华人民共和国国家通用语言文字法》,它规定"国家通用语言文字以《汉语拼音方案》作为拼写和注音工具",从而肯定了《汉语拼音方案》的法定地位。

在国际上,汉语拼音的地位也一步一步得到认可。1977年联合国第三届地名标准化会议决定采用《汉语拼音方案》作为中国地名拼写的国际标准。1982年国际标准化组织规定汉语拼音是拼写汉语的国际标准。《汉语拼音方案》现在已经成为国际上拼写汉语最权威的拼音方案。

未来,汉语拼音将会有更大的舞台,汉语拼音还有很多用途等着我们去开发。正如语言文字法所界定的,《汉语拼音方案》是拼写和注音工具。重视汉语拼音的拼写功能,扩展汉语拼音的使用价值,挖掘汉语拼音的无限潜能,这是汉语拼音未来的发展方向。郭熙(2016b)提出了两点建议:一是"在不需要学习汉字的汉语学习群体中,只教拼音,不教汉字","与以汉字为载体的汉语教学形成互补";二是"把拼音出版物提升到汉语国际传播的战略高度来认识","办若干词汇量控制在一定范围内的拼音报纸、刊物和网站,每天向世界发布中国新闻,介绍中国文化"。这些都是非常务实、明智的做法。

有人担心过于重视拼音会威胁汉字的地位,甚至是要取代汉字。这种顾虑是杞人忧天,拼音不可能取代得了汉字。汉字有丰富的内涵,承载着中华民族的文化和历史,这些是只含有语音信息的拼音所无法企及的。拼音只能是汉字的一个补充,如果利用得好,它会发挥强大的辅助作用。拓展汉语拼音的用途,"为汉字找到高高飞翔、走向世界的翅膀"(朱春敬,2003:145)。

想要充分、有效地发挥汉语拼音的拼写作用,必须要注重汉语拼音使用的规范化,制定出科学严谨的汉语拼音正词法。1996年1月22日,国家技术监督局批准《汉语拼音正词法基本规则》为国家标准。它规定了用《汉语拼音方案》拼写现代汉语的规则,包括分词连写法、成语拼写法、外来词拼写法、人名地名拼写法、标题法、移行规则等,是《汉语拼音方案》的重要补充。当然,由于汉语拼音本身是作为注音工具而设计的,作为拼写工具必然还存在许多问题,这些都有待将来进一步完善和解决。

张志公(1993)提出"汉字不可废,拼音不可无"。汉字是中国唯一的法定文字,而汉语拼音是辅助性的文字工具。汉字为主,拼音为辅,这就是中国的语言文字国情。未来是科技、信息高速发展的时代,汉语拼音必将发挥更大的作用,携手汉字,将中国的语言文化发扬光大。

二、盲文

(一)盲文的性质

顾名思义,"盲文"就是盲人使用的文字。与汉语盲文同一个层面的便是汉字,它们性质相同,地位相同,都是用来记录汉语的书面语符号系统。当然,由于汉字的起源能追溯到甚为远古的年代,而盲文的历史还不足两百年,汉语盲文的研制甚至更晚,所以在人们心目中,很难将盲文与汉字相提并论。

盲人说话是没有问题的,就语音层面来讲,他们已经掌握了这门语言,只是还需要一种书面语来帮助他们阅读和书写。事实上,如果要书面记录一种语言,其手段存在多种可能性。我们中国人的祖先就使用了表意的手段,而很多其他语言则采用了表音手段。对盲人来说,他们则需要一种便于触摸感知的手段。

(二)盲文的发明

在真正的盲文发明之前,人们想了各种办法让盲人们摸读文字,比如,把字母雕刻在木板上,用大头针在软垫上扎出字母,或者用厚纸直接压印出字母等等。然而,一般的书面语文字,本身是用来视读的,必然不太适用于摸读,辨认速度慢,难度大。字母文字尚且可以通过触摸感知辨认,遇到汉字这种结构复杂的书面符号,其难度更甚。也正因为如此,中国的盲文历史上,没有经历过让盲人摸读汉字这个阶段。

早期供盲人摸读的那些凸起的文字,还不是真正意义上的盲文,它们并非专门为盲人而设计,而且它们只解决了摸读问题,而未解决书写问题,不能算是完善的文字工具。

盲文的英文是Braille,它得名于世界上第一套完整盲文体系的发明者法国人路易·布莱尔(Louis Braille)。布莱尔着手研制这套盲文的时候才11岁,他当时还在巴黎皇家盲人学校学习。布莱尔盲文的研制要归功于查理·巴比埃(Charles Barbier)。查理·巴比埃是一位陆军军官,因为部队在夜间作战时为了隐蔽,不能传递口头信息,又因为天黑看不清楚,也无法使用书面信息,为此,他创造出一套"夜文",让士兵们摸读信息。他的"夜文"由12个凸点组成,竖着两排,每排6个点,不同的凸点组合可以表达一定的意思。

巴比埃觉得这套"夜文"符号很适合盲人使用,1820年,他找到巴黎皇家盲校校长,介绍他的盲文,但是校方没有采纳。毕竟,最初巴比埃的"夜文"并不是一套完整的文字,其排列组合的原理、读音、表意以及运用的规则都不完善。然而盲校师生对这个新事物感到很新奇,布莱尔更是深受启发,从此开始钻研这种文字。

布莱尔毕业之后留校任教，这给他继续研究盲文提供了良好的条件。1833年，经过无数次精心设计、排列与实验，他终于编排出了一整套极易摸读、便于书写的盲文字母符号和标点符号，也就是6点制盲文。

6个凸点的好处是，字符面积跟普通人的指头面大小相适应，一指一符，明确清晰，摸读速度极快。而且，6个点加上数点位时上下左右的方向变化，可以生出63种不同的盲符，对于大多数语言的字母数量来说，都已绰绰有余。我们可以看一下如何用点符表示26个拉丁字母，见图7-1：

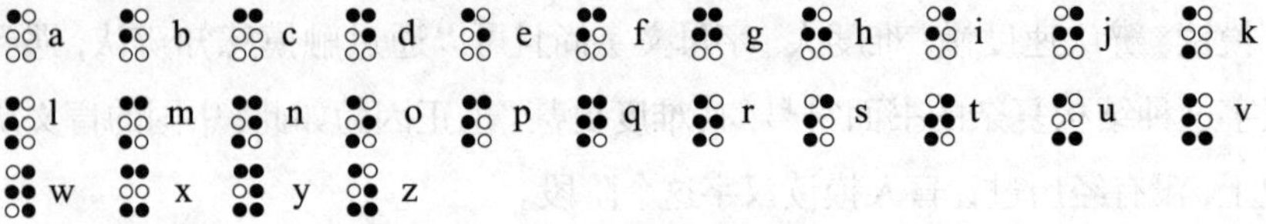

a b c d e f g h i j k
l m n o p q r s t u v
w x y z

图 7-1

布莱尔发明的是法语盲文，后来世界各国的盲文都是以这个体系为基础。到1882年，很多国家都按照布莱尔盲文的原理，创造出了适合本国语言特点的盲文。不过那个时候，中国的盲文还未出现。

（三）汉语盲文的产生与发展

近代西学东渐，受西方拉丁文字的启发，中国也产生了拼音化运动。这时，盲字和盲人教育也被传教士带到了中国。

1874年，英国传教士穆威廉（William Hill Murray）在北京创办了"启明瞽目院"，它是中国第一所盲人学校。学校的两位盲人老师同外国传教士合作，以英文盲字符号为范例，按照《康熙字典》的音序编排出以北京话为基础的汉语盲字。这就是中国最早的汉语盲文，又叫"北京盲文"。1900年，英国的女传教士葛尔南（Miss Ganland）编排出一套拼写南京话的盲文，叫"心目克明"，意思是心灵和眼睛都能看见。后来，又陆续出现了粤语、客家话等地方方言盲文。

在1949年以前，中国盲人没有统一使用的、规范的盲人文字。这当然也是整个国家的语言文字状况决定的，那时，全国共同语的推广和统一还尚未完成。1949年以后，推广普通话，研制汉语拼音方案，这才具备了研制全国统一的盲文的成熟条件。

1952年，教育部盲哑教育处黄乃等人，在"心目克明"盲字的基础上，编制出了以北方话为基础、以北京音为标准的《新盲字方案》。这套方案共有52个字母，每个音节由声、韵两个部分构成，实行分词连写。遇到同音字和生僻字时，可加声调符号以示区别。这套盲文迄今不衰，被称为"现行盲文"。

编制汉语盲文有一定的特殊性，难度很大。盲文从本质上来说是一种表音的书面语符号，只不过不是读音，而是摸音。其他表音文字的语言只需直接把书面文字照搬过来即可，然而汉字是意音文字，所以先要有拼音方案把汉语的语音拼出来，然后才能设计汉语盲文。《新盲字方案》推出的时候，汉语拼音方案还未出台，所以它参考的是注音字母和"北拉"[①]。

设计汉语盲文还有几个争议问题：

第一，声调。现行盲文一般是不标声调的，这也是它被认为缺乏科学性和准确度的主要原因。设想一下，如果我们的汉语拼音不标声调，认读起来也会比较混乱。但盲文若要标调，则声韵调各占一方，就要三方。这样一来，盲符长度会大大增加，从而影响摸读速度。

第二，双拼还是音素化。前面提到汉语拼音方案的一个优点就是音素化。但就盲文而言，音素化却又未必是好事，它会导致音节所需方数太多，违反了盲文的经济性原则。事实上，在《汉语拼音方案》出台之后，相关部门很快研制出一套《汉语拼音盲字方案》，试图使盲文与汉语拼音一致。然而试用之后发现行不通，这种音素化的盲文词形过长，有时一个音节要使用6方。使用者的摸读速度和书写速度都要减慢，影响使用效率。所以后来又变回双拼。

第三，分词连写。世界上大多数语言在书写的时候，一个一个词都是

---

① 即"北方拉丁化新文字"，详见本章第二节。

清晰分明的，而汉字却是一个连着一个，不会断开。汉语拼音作为注音工具，分词与否尚不大紧要，但作为拼写工具，则必须要分词连写。盲文作为独立的书面符号系统，分词连写是一个基本要求。再加上盲人是摸读，如果不分词，就要不间断地摸符，很难辨别词与词之间的界限。"分词"本身对汉语来说就是个难题，盲文的分词更是难上加难，"词形既不能过长，又不宜太散。词形过长，则缺少间隙，触觉连续受刺激的时间较长，容易产生疲劳，影响摸读效果。词形太散，又不便于迅速形成概念，影响摸读速度"（滕伟民、李伟洪，2008）。可见，制定出科学、规范、实用的盲文分词连写规则，的确不易。

鉴于"现行盲文"仍存在弊病，有责任感的盲文研究者们没有放弃探索盲文的优化方案。20世纪从70年代中期开始，产生了一批新的盲字方案。其中，黄乃、扶良文两位先生研究了1958年的《汉语拼音盲字方案》，分析它失败的原因和教训，总结其中可参考、借鉴的经验，1975年研制出了《带调双拼盲文方案》，在双拼条件下，在两方盲符之内全部标调，实行分词连写。应该说是一个比较理想、完善的方案，从而得到采纳和推广。

由于各方面的原因，目前在我们国家，"双拼盲文"和"现行盲文"同时存在，两者都是普通话的盲文。"现行盲文"虽是旧盲文，但使用的时间长，使用的人比较多。香港和澳门一直沿用过去的粤语盲字，近年来也在积极推行"现行盲文"。台湾至今仍使用经过略加修订的"心目克明"盲字，称作"国语点字"。

三、手语

手语跟盲文一样，都是为残疾人士所使用的，然而两者却有着本质的不同。盲文是汉语的一种阅读和书写系统，是人工制定出来的书写汉语的符号，眼盲者口头交流的语言仍然是有声汉语。而对于聋哑人来说，手语则就是他们用来沟通交流、表情达意的语言本身。跟其他有声语言一样，手语也是自然产生的，按照自身的语法规则表达信息。只不过前者用语音的形式,后者用手势动作的形式。

有盲人不一定有盲文,因为书面语不是语言的基本配备;而有聋哑人则一定会有手语,因为只要是社会人,便存在交流的需要。事实上,在有声语言产生之前,人类的祖先肯定也经历过以手势语进行沟通交流的阶段,从这点来说,手语甚至是比有声语言更为古老的自然语言。

(一)手语的性质

手语通过做手势来表达意思,但是要与我们在生活中使用的辅助性体态语中的手势区别开来。正如《聋人手语概论》中所下的定义:"聋人的手势语是聋人的一种语言交际工具,它是为所有聋人服务的,它是同人的生产活动直接联系,也是人们在长期社会实践中形成、发展起来的;聋人的手势语与他们的思维直接联系,有它的基本词和某些特殊的语法规则。"(傅逸亭、梅次开,1986)

然而,对于手语到底算不算是一种语言,一直都存在争议,"我国的语言学教材,迄今也无一认为手语是独立的语言"(张宁生、李玉影,2014)。这主要是因为手语确实跟一般意义上的语言有很大的区别。

首先,根据语言学家的定义,"语音"是语言的基本属性。而手语没有有声形式。第二,语言除了有声形式,还可以创制其相应的书面语。而手语受到形式的限制,无法形成书面语言。第三,手语在表达复杂抽象概念的深度上会有所局限。而且,自然手语的虚词系统不发达,有声语言的助词、介词、连词、叹词等词类在手语中很少见到。这就使人感觉手语还不是一种完全意义上的语言。第四,现代各手语中除了自然手语的部分,还包含规约成分。以中国手语为例,目前规范的中国手语并不等同于中国自然手语,前者包括后者,但除了自然手语句子表达方式和自然手势词汇,中国手语还使用汉语拼音字母手指语,以及一些汉字部件作为参照。举个例子[①],手

[①] 下面几例手语词条的说明均来自《中国手语》(修订版)(上、下册),中国残疾人联合会教育就业部、中国聋人协会编,华夏出版社,2005年。

语中表示身体部位的词，通常来说，就是直接用手指指向该事物。不能直接指向的事物，可以模拟出它的样子，比如"心"，就用双手拇指、食指搭成一个"♡"形。也可以模拟出它的相关位置或动作，比如："肺"，即双手指尖朝下，掌心贴于胸两边；"食道"，即手指模仿用筷子吃饭状，然后一拇指、食指捏成小圆圈，自喉部往下移。上述几例无疑是自然手语。然而，身体部位非常多，当要扩大更多的词汇，尤其是专业词汇时，手势表达有限，有时为了表达的精准和经济，也会直接借用自然口语中的元素作为补充。比如："肝"，即左手食、中指与右手食指搭成"干"字形，置于腹部肝脏部位；"胆"，即右手先打手指字母"D"的指式，然后拇指、食指捏成小圆圈，虎口向外，置于右肋下部位。在自然手语中加入规约成分，是为了完善手语而进行的一些改造和补充，它们确实不能反映自然手语语法，但却因为这个原因，手语常被误认为是健听人为满足聋哑人交流需要而制定出来的人造语言，需要依托口语语言而存在。

其实，之所以存在上述争议，主要在于对语言的定义。语言学家率先研究的是有声语言，自然就把有声语言当作了参照标准。这无疑是片面的。对于有声语言的界定并不能概括全部人类语言的特点。手语是听障及无法言语人群所使用的语言，是人类语言的重要组成部分。所幸，最近几十年的手语研究加深了人们对手语本质的了解，人们已经意识到手语并非一些有局限性的面部表情、手部动作和身体姿势，而是一套有规则的沟通系统，它能够在不同的社会环境和社会场合中顺利完成其语言的交际功能。更重要的是，手语也反映了人类语言的天赋，手语能够自然习得，就如同健康儿童获得口语一样。而且，对于先天聋儿和重度聋儿来说，手语是唯一伴随着儿童语言关键期发展起来的自然语言。

（二）中国手语的概况

我国有2000多万聋人，手语是他们表达思想、交流沟通的主要工具。中国手语跟汉语口语一样，有着非常复杂的面貌，主要体现在不同人群、不同地方的差异及发展的不平衡。

第一，手语的方言差异。由于地域和文化不同，我国各地的聋人手语也存在着地方手语，其中词汇的差异最为显著。正因为如此，国家一直重视通用手语的制定工作，先后组织制定和出版了作为通用手语词汇工具书的《聋哑人通用手语图》和《中国手语》（包括续集和修订版）。

第二，人群差异。中国聋哑人群数量较大，居住分散，生活背景和教育背景不一。王东（2003）发现，全国各地聋人学校的聋生中使用的手语处于自然手语和规约手语之间，即它有别于聋校教师使用的"规约手语"，也不像未受过教育的聋人使用的"自然手语"那样纯。从此可知，虽然有全国通用的手语，但是不同的聋哑人群掌握的程度并不一致，一些专业人士如聋校教师、手语播音员等使用"规约手语"，而一些未受过教育的聋人使用"自然手语"，其他大多数人使用介于两者之间的某种混合手语。这种客观现状也是造成电视上的手语新闻播报效果不佳的主要原因。

中国通用手语与地方手语的差异，以及地方手语之间的差异等，给特殊教育以及聋人之间的交流带来了不便。要解决这个问题，就必须加强通用手语的规范研究和推广工作。"手语的规范涉及我国2000多万听力残疾人士的切身利益，是残疾人文化大发展大繁荣的时代要求。"（刘艳虹等，2013）

手语语言学是在近年才发展壮大起来的一个学科。手语语言学家从音系学、语义学、形态学及句法学等角度来分析手语，并探索手语的语言获得。同欧美国家相比，我国的手语研究还相对落后，尤其是手语的语言学研究。其中手语语音学、音位学和形态学的研究已初见规模，但"手语语义学和句法学只有零散的研究，手语语用学的研究则几乎为零"（刘润楠，2005）。

令人欣慰的是，手语及手语研究已经越来越受到重视。国家语委、中国残联于2011年启动了年度重大科研项目"国家通用手语标准研制"。2012年12月，教育部、国家语委印发的《国家中长期教育改革和发展规划纲要

（2012—2020）》，首次将手语的规范和推广列入语委工作内容。2015年，我国第一个手语词汇语料库初步建成。"该语料库共采集了北京、上海、南京、武汉、烟台、哈尔滨、成都、广州、拉萨九个地区共六万多个手语词视频"（赵晓驰等，2017），必将大力推动我国的手语研究。

思考与练习

（1）汉语拼音在生活中有些什么功能？
（2）汉语拼音跟汉字是一种什么样的关系？请说说你的理解。
（3）汉语拼音作为注音工具和拼写工具，有什么区别？
（4）研制汉语盲文的时候，要解决哪些特殊的问题？
（5）说一说汉语盲文跟汉语、汉字、拼音之间的关系。
（6）你认为手语是不是独立的语言？

第三节　词典编纂

词典是语言应用不可缺少的工具。对一般人而言，"辞书""辞典""词典"等名称的用字分歧及其涵义区别需要查阅词典才能分清；而对语言研究者来说，这些工具书的编纂与语言学本体及应用研究均有着直接或间接的联系。

一、我国词典的历史源流

我国现存最早的词典是《尔雅》。它约成书于公元前2世纪，依词义类属为序，体例清晰，释义简明，已是一部严格意义上的辞书。随后，东汉许慎著《说文解字》，开创了部首编排形序的体例。《说文解字》不仅辑录了九千多个汉字字形及其意义详解，还传承了"六书"造字法并将之用来解释字形与词义之间的关系，成为我国研究汉字形体构造永远无法忽视的经典。我国音序辞书成书出现在反切注音法产生后。隋代陆法言的《切韵》虽不是最早产生的韵书（最早为魏李登《声类》，已佚），但它所开创的以音（韵目）系字的音韵体系分部为《广韵》《集韵》等传承了下来。特种专科百科辞书等也各有渊源和发展，如西汉扬雄的《方言》（《辀轩使者绝代语释别国方言》）是现存最早的方言词典；另如特种语文词典《经典释文》亦堪称"音义"类辞书的典范。

单语词典之外，我国的双语（多语）词典也有悠久的历史，它们主要沿着两条线路发展。一是汉语和少数民族语的汉少双语（多语）词典，一是汉语和外语的汉外双语词典。《汉语回鹘语对照语汇》约成书于公元1世纪，可认为是汉少双语词典的源头。后有唐宋年间所编藏汉对照分类词典《西番译语》（清《龙威秘书》存目）、宋代汉朝双语词集《鸡林类事》、西夏《番汉合时掌中珠》，都是以义为序汇编双语词汇。元有官修的《辽国语解》《金国语解》和非官修的《至元译语》（《蒙古译语》），明有四夷馆编纂的汉少双语《华夷译语》[①]。清时汉少多语词典有很大发展，有《大清全书》《御制四体清文鉴》《御制五体清文鉴》《清文总汇》等。《御制五体清文鉴》由《四体清文鉴》添加维语而成，共收词18000余条，分别按满、藏、蒙、维、汉次序收录五种文字，其中藏、维语下皆有满文注音，保留了珍贵的少数民族语料（季永海，2009：615）。

在另一条路线上，外来宗教译介诠释宗教经典，为我国汉外双语词典提供了重要的发展契机，至今学界大多认为唐释义净的《梵语千字文》为汉外双语词典源头，唐朝的《一切经音义》《慧琳音义》和宋代的《翻译名

---

① 上述为广义所指，国内的资料提到的《华夷译语》狭义多是指明洪武年间编成的汉蒙双语词典，但另有公元11世纪汉越双语百科词典性质的《华夷译语》（编者不详），参雍和明等（2010），第205页。

义集》等也都与佛教有关联。16世纪后欧洲的传教士们与汉外词典的发展也有密切关系，明末利玛窦的《中西字典》（独编）、《葡华字典》（合编）是他传教之余为沟通中西所做的努力。王建军（2011：5）认为，在双语词典编撰上，西人两大创新贡献最大：一是用拉丁字母标注汉字读音，二是以音序检字代传统的部首检字。叶尊孝的《汉字西译》基本奠定了汉语-欧洲语双语词典的模式，后马礼逊所编的《华英字典》是第一部汉英和英汉词典。

二、词典的类别和词典编纂研究

"词典"与"辞书""辞典"一般被看作同义异形词，有广狭义之分。杨祖希（1988a，1988b）分别做了如下界定：

（1）辞书。广义的辞书指的是一切种类的辞典（包括字典）、专科辞典、百科辞典、综合性辞典、双（多）语辞典、特种辞典等和百科全书的总称，狭义的辞书相当于"词典"。

（2）辞典。最广义的是指一切种类的辞典和百科全书的统称，与广义的辞书同义；广义的辞典指的是语文辞典和百科性辞典（不包括百科全书）的统称；狭义的辞典专指语文辞典。

（3）词典。广义的词典相当于广义的辞典，狭义的词典指语文辞典。

目前国内辞书分类以杨祖希（1991）拟定的框架为主。语种为第一层次，在语种标准下分单语和双语（多语）辞典，如单语下设语文辞典、专科辞典和综合性辞典三大类型，各类型再依对象内容为主标准展开分类。

主标准外可兼参以编纂目的、共时历时、规模、编排方式、地域范围、读者特征（年龄、职业、文化水平）之类进行组合分类。它们都可以再按次级标准进行组合分类，如可有《小学生规范字典》之类。

近几十年来，语言教学研究的深入和词典承载媒介的变革都让词典的分类得到进一步发展。我国现在区分纸质、电子和网络（或称在线）词典；也接受了按编纂宗旨和功用及用户特征为标准的词典分类，如采用共时性词典和历时性词典、积极型词典和消极型词典、编码型词典和解码型词典、学术词典与教学词典、母语学习词典和二语学习词典等名称表述。

当前语言学研究的多角度探索还在继续深化,科学技术的创新和发展日新月异,这些都会对词典编纂的实践产生影响,未来毫无疑问还会有新的词典类型产生。

不少学者都把词典学看作独立的交叉学科,认为未来它的研究将进一步超出应用语言学甚至是语言学的范围。但是,它和语言学之间的密切联系不会随着它的独立性增强而减弱,强调它与语言学的联系更有助于它对语言学研究成果的吸收和利用。反过来说,词典编纂的实践也可成为语言学各专题的理论正确与否的试验场,并为语言学研究的深入提供新的材料和线索。

我国词典学的研究对象主要包括三个方面:(1)理论(思路、分类、性质、功用等);(2)实践相关问题(宏微观的收编标准问题等);(3)编纂历史。当代海外词典学主要围绕的领域有:词与所指对象之间的关系,双语词典中语言和语言之间的关系,词典和用户、教学、词典编纂工具、市场的关系,词典和词典之间的关系,词典与其发展历史之间的关系(章宜华、雍和明,2007:26—28;352)。相比之下,当前海外词典学的研究对象显现出它对编者与用户之间的双向交流的重视,涉及的学科领域更广,突显其交叉学科特性,这种思路无疑将更有助于深化词典学和语言学的理论研究,提高词典的利用效率。

三、词典的结构

词典的结构可以从宏观和微观两个方面认识。

(一)词典的宏观结构

1. 收词

收词范围与编纂目的、词典类型定位、预期对象都有关系,需要一定的原则作为指导。章宜华、雍和明（2007：213）认为，除去收词量，词典收词要考虑九项原则，分别是现实性、普遍性、针对性、规范性、理据性、高频次、稳定性、能产性、经济性原则。这些原则概括性较强，适用面较广，类似从不同角度对备选条目的资格进行筛查。筛查原则之间有时互相关联，如高频次和稳定性；但有时也会互相矛盾，如理据性和经济性，现实性和规范性。实际上各原则的重要程度是不同的，其优先顺序在具体的词典编纂时会有变化，如当前二语学习词典基本上以高频次原则为首要原则，但无论以何原则为重，各原则间的个别协调都十分关键。

还有一种收词标准：收词时以一个类属为中心，其他相关类属参照与中心类属的关系，根据一些参数为依据或收或否。杨祖希（1986：116—117）为中型现代汉语详解语文词典的选条范围所拟的七条规定即采用此种思路。他的选词规定以第一条（收入现代汉语普通话的常用语词）为中心，其余六条涉及的语词斟酌选入，如方言词、专门术语和专有名词、俚语及谚语格言，这些词语若进入普通话范围则收，否则不收；另成语和典故若是经常出现在现代汉语著作中则收，少见或不见则不收；歇后语除极少数作用相当于成语的酌情收入外，一般不收。但是，按照这种规定弄清楚边界也比较困难。如方言词、专门术语和专有名词怎样才叫"进入普通话范围"，在实际选词时就有不同处理。

另外，随着中外交流的深入，现代汉语中的字母词大量出现并进入普通话，为了反映这种语言现实，《现代汉语词典》第5版和《现代汉语规范词典》（以下简称《规范词典》）第3版都附有字母词表。对于以后的词典编纂和修订工作来说，以何标准进行字母词的收词甄别也成了需要考虑的问题。

从整体上看，当代词典收目有两大明显趋势。一是收目范围扩大化。无论是现代电子技术的信息处理能力还是关联学科理论的影响，都促成了词典收目范围的扩大。二是频率原则适用领域扩大化。总量上的收目控制主要针对中小型词典特别是学习词典,审核待收入语言单位的资格时[①],同等条件下的频率优先原则就适用于绝大多数词典的收目。

2. 立目

汉语主要采用汉字来记录,由于汉语汉字的特点,词典立目普遍以单字条目带领由单字条目为首字构成的多字条目;又由于汉字在字形上有正异体问题,现当代的语文辞书基本确立了正体字立目,括注异体字的模式(徐时仪,2016:320),而影响词典条目分合与立目的主要是同音多义字、多音字、同音词、同形词、异形词等的判定区分。

我国词典对同音词的区分多是以意义为标准划立词目的,同样对意义相同的异读词也多按读音区分后独立立目,这也与牛津、朗文、柯林斯、罗贝尔等当代权威辞书的做法类似,即"同形词(音义不同,或音不同)分立条目"(张志毅、张庆云,2015:215)。

异形词的情况更为复杂,《现代汉语词典》(第7版)的立目分为三种情况:第一种是分别立目,如"词藻"与"辞藻"、"词章"与"辞章"都分别立目。第二种是主词形条后括注副词形,同时副词形另立条目如"糊涂"和"胡涂"、"蝴蝶"和"胡蝶",两组词中的后者括注于前者后,但又另立条目。第三种是合目,主词形条后括注副词形,副词形不另立条目,如"胡同"(衚衕)。当前学界对异形词的处理也多采用这三种方式。

3. 编排

词典收录的词目和立目的分合都决定了之后,接下来的工作就是按照一定的顺序将它们组织起来了。如我们在词典的历史源流所介绍的那样,词典编排的方式最主要的有三种:义序、形序和音序。这种排序三分法对于汉语言文字来说理解起来非常容易,它分别对应于文字的形音义三个方面。

[①] 受词汇控制理论影响,当代英语学习词典中频率原则也适用于词典微观释义元语言的收目。

义序法产生最早，它依词目意义为据，相当于以某一概念或义类为中心的语义场集合，虽分类不够细致，主观性明显，但若只考虑典型的范畴和核心成员则较为便利。音序方面，我国词典编排的规则相对统一，中古后用反切法主要依《切韵》体系，民国时《国语辞典》用注音符号顺序，这种排序方式在我国大陆地区一直延续到《汉语拼音方案》的实施，而台湾地区沿用至今。

随着汉语拼音方案的普及应用，当前我国的词典一般都是单字条目按拼音字母次序排列，同音字按笔画数由少到多排列；而多字条目按首字排在领头的单字条目下，若多字条目不止一条，则按第二个字的拼音字母次序排列，若第二字也同音则按笔画数由少到多排列，以下类推。

相形之下汉字形序的情况则较为复杂。汉字可依部首、笔形、笔画等进行编排，不过汉字数量较多，形序法中只以部首、笔形、笔画三者单一标准进行编排是无法实现顺利快速检索的，故汉字的形序往往先以部首、笔形、笔画三者中的其一为主标准再辅以其他另一项为次级编排标准。如我们熟知的"松"字，若用部首检字法则编入"木"字旁四画，按笔画、笔形则为八画，首笔横起，反之亦可。真正实现汉字形序单一标准编排，高效检索的是王云五开创的四角号码编码法。此法按左上、右上、左下、右下的顺序对汉字进行取码，检索效率较高，从1930年《王云五大辞典》出版以来一直沿用至当代。

无论何种编排都有其适应性和优缺点。按字母顺序倒是便于查检又无需任何额外的时间熟悉检索，但对汉语来说是不识读音无法使用，对西语来说则较难了解词的派生关系和同根词之间的语义联系。形序法中部首法有助于了解汉字形义之间的联系，可汉字部首的分类数量和归部习惯多变，无论是经典的《说文解字》还是《康熙字典》，再到现在词典部首归部依据的《GB13000.1字符集汉字部首归部规范》，部首分类归部都有可商议之处。笔形和笔画法虽不需要了解部首问题，但因汉字形体和书写习惯的差异变化众多而难以统一。相比之下四角号码法能克服上述形序法规则归部不统一的弊病,重码率也较小(草字头等特殊类属例外),检索速度较快,对收目数量宏富的大型辞书尤为适合,只是其检索表占用的篇幅较大,词典用户对编码原则的熟悉也需要一定的时间。

(二)词典的微观结构

词目和释文构成了词典的词条,即词典的微观结构。

1.立目单位信息

释文阐释的立目单位信息一般可分为基本信息和补充信息。

(1)基本信息。为便于理解,基本信息可分为形式信息(形、音)、语法信息、语义信息和语用信息。

形式信息包括词目的规范词形、读音及形或音方面的变体,西文词典还多包括派生词形、复合词形、屈折词形等;语法信息包括词类、句法搭配组合信息,如从构词到短语、句子、篇章等的组合限制和倾向信息;语义信息包括各义项义、各项陪义、语素义、同义或近义语义场、反义语义场、关联语义场等信息;语用信息包括语体语域归属信息、风格特征、例证、用法说明等。

当代词典编纂在立目单位信息方面呈现下列趋势:不断细化语义信息,丰富完善语法信息、语用信息,同时加大对例证的重要性(包括对其种类、标准、来源等)的强调。

(2)补充信息。补充信息包括词源、出处、历史典故、俚谚常识、百科知识、参见、辨析提示、使用频率、标签、插图、历史信息(如旧读、本字等)、导航标示、链接信息等。

2.义项的划分和排序

义项的划分是词的多义性带给词典编纂的一个难题,由于词义是一个连续统,它的下属义位有一定的模糊性,因而义项的划分确实存在一定的相对性。如《现代汉语词典》第2版和第7版中"【分别】[2]"的义项划分:

《现代汉语词典》(第2版)【分别】[2]

①辨别。

②不同。

③分头；各自。

《现代汉语词典》（第7版）【分别】²

①动 辨别。

②副 按不同方式；有区别地。

③副 分头；各自。

④名 不同；差别。

  7版明显比2版多了一个义项。从7版的词类标记中可以看出，词典中的义项划分主要是以语法功能为主，并综合参考词义区别。这也是传统义项划分中两个重要的划分依据，只是同是这两个因素，却在同一词典的不同版本中有了区别。其次，义项的划分还与词典类型和编纂目的等相关。一般大型高级详解词典的义项划分更细，最极端的例子如英语里的 take 在《牛津英语词典》中有 300 个义位。（张志毅、张庆云，2015：90）当然，义项划分并不是越细越多则词义越明，义项的排序对词义整体的揭示也非常重要。词典常见的是依逻辑为序、依义项义历时发展先后为序或依词频为序三大类。（黄建华、陈楚祥，2003：56—58）

  鉴于传统义项排序各有利弊，当前词义的微观序列结构有整合趋势，人们倾向于从一开始就同时考虑义项划分和排序。如章宜华（2015b：230）将词目所有义项"视作一个整体框架或语篇，然后用模式分析的方法，以意义为中心划分义群，以频率加经验确定义群及其义项的排序层次"。

3. 释义类型与模式

  词典释义可以分为详述型释义与直接释义两类。（于屏方，2007：198、200）我国词典释义传统偏好后者。直接释义常用的释义方式主要有如下三种：

  （1）用同义词解释词义。如《现代汉语词典》（第7版）对"饥"的释义是"饿"，"饥""饿"同义；当然，在同一本词典中，对"饿"的释义就不能再是"饥"了,那样会陷入"循环释义"。《现代汉语词典》(第7版)对"饿"的释义是"肚子空,想吃东西"。

另外,用同义词解释词义,还包括另外一种情况:即有一部分双音复合词,可按其所含语素次序用同义词对释,例如:"冷僻:冷落偏僻""吹捧:吹嘘捧场""创业:创办事业""真情:真实的情况"等等。

(2) 给词语下定义,又称"义界",即用词组或句子阐明词语所表概念的内涵和外延。这是现代辞书使用最广的方法。例如《现代汉语词典》(第7版)对"走""口"和"舒服"的解释:

走:人或鸟兽的脚交互向前移动。

口:人或动物进饮食的器官,有的也是发声器官的一部分。通称嘴。

舒服:身体或精神上感到轻松愉快。

(3) 描写、说明或比喻。有相当一部分词语,不仅找不到恰当的同义词进行释义,也很难用下定义的方法加以概括。在这种情况下,现代辞书往往采用描写、说明或比喻的方式进行释义。例如《现代汉语词典》(第7版)对如下词语的解释:

香蕉:多年生草本植物,叶子长而大,有长柄,花淡黄色。果实长形,稍弯,味香甜。(描写)

啊:表示惊异或赞叹。(说明)

黄:像丝瓜花或向日葵花的颜色。(比喻)

与直接释义相对的是详述型释义,符淮青(2006:67)在进行词义描写时归纳的动词释义模式就属此类。该模式以动词所表示的动作为核心,设立了原因、条件、数量、性状、施动者限制、动作限制、关系对象或关系事项限制、目的和结果等参数,为全面解释动词的相关语法搭配限制条件建立了一个框架,但对语域语体等信息的表现可能仍存在不足。

考虑到编码型转向对词典的影响,整合语义、语法、语用等信息为一体的综合释义模式渐受青睐。西方一些词典就采用了这类模式。如配合对例证语境提供作用的强调,产生了《柯林斯英语词典》的整句释义法(于屏方等,2016:153),它大量采用教师讲解时的"If you…""When you…"式的口语体句子进行释义,能显示立目单位的典型语境。

由于词典类型差异带来的编纂宗旨和词典功能等因素的影响,一部词典中的宏微观内容可能在另一部词典中会处于不同的层次。同一部词典的宏微观层次也会随着词汇语义的深入划分而调整。张志毅、张庆云(2015:352)曾讨论"口子"在《现代汉语词典》不同版本中从最初的一词一义到后来的二词四义,体现了立目分合及义项划分差异。

此外,词典的正文之外还可有其他内容,它们是词典的外部结构,或称为附属成分,具体可有前言、后记、凡例、目录、附录、词目索引、编纂者名单等。它们的类别、数量、篇幅和内容都没有统一的标准,但对大多数词典来说,凡例与词目索引是最重要的。

四、词典范式与词典使用

(一)词典范式

词典范式主要是指影响词典设计编纂的理论模式。视角、观点各异的语言学理论对词典功能的不同理解是词典范式差异的主要来源,下面讨论几种词典范式。

规范(或称规定)范式。它是词典指导语言使用功能的延伸,强调捍卫权势语言或民族共同语的纯洁性,并通过语言的纯洁化来维持标准用语的权威。主张词典应充当标准用语的示范,故对语言的各种变异包容性差,排斥抵触非标准变体和外来语等,限制词典对其排斥对象的收录与使用,例证方面更认同经典书面作品(如宗教文学名著等)而非现实口语语料。

历史主义范式。它奉行历史语言学的理论,重视历史文献语料反映的语言变化及其记录，尝试探讨语言历时纵向角度的音形义联系，反映在词典中主要表现为整体上的历时宗旨，强调收录体现语言历时变化的语言单位，例证青睐历史语料（但不限于经典作品），并尝试在语言的历时记录中表现出语言演变的规律和路径。

描写主义范式。受结构主义语言学影响，强调语言的客观性和系统性，不认为标准语与非标准语的表达功能存在本质上的高低级之分，认为应接受语言的变化，现实共时层面上正在使用的口语和书面语才是真正的语言素材，词典需要如实记录它们。该范式下的词典对待变体的态度有明显改变，在语法搭配共现信息和例证的具体选择上具有鲜明的客观现实性原则。

认知主义范式。认知主义把人类的语言能力当成人类内在认知能力的一部分，认知语言学的相关理论如原型范畴、概念整合、框架和脚本、理想化认知模型等都强调语言运用模式明显受到人类认知机制的制约，而此认知机制又建立在人类自身生活体验基础之上。这使得词典编纂者日益重视词典用户的生活经验和词典使用目的、习惯等要素在词典效用方面的影响。认知主义的词汇语义理论适用于词典后会更关注用情景系联各词目与词目义项，强调在编排中体现出词间、词目义项间和人类典型思维模式的联系。同时，认知语言学在语言教学领域带来的新思考也促进了词典释义的优化，更进一步激活了更新词典释义系统的构想。

功能主义范式。功能主义语言学强调从整体的社会文化、特定的动态语境中去理解语言的动态使用。它非常注意语用场景和主体背景的差异带来的变化，为词典语料库的分语域收录与标记提供了理论依据，间接地为词典的立目单位信息增添了很多细节内容，特别是强调对语域、语体等陪义进行具体标记。同时，它还强调系统性，推动了词典的微观释义系统和模式构想。

当前，认知语言学和系统功能语言学都还在不断发展，它们促成的词典范式有进一步发展的空间。与之相对的是，不管是过去、现在还是未来，词典编纂中都会受到规定主义的影响,因为"有关语言的一般用户(或未来用户)都把词典当作权威来查阅"(雍和明,2015:17)。

(二)词典范式对词典编写的影响

词典范式会影响词典的宏观收词原则和范围。早期规范范式一直占主导地位,强调语言的规范和纯洁,外来语、非标准体、专业科技用语、禁忌语、詈语等都被排除在外。编纂者向规范范式方向倾斜往往会在民族意识上有所增强,自然在词典的收词取向上有所反映,如贝茹安在对美国普通释义词典的特点进行说明时,认为"它们在收录来自其他英语变体的语词时并不慷慨大方,这大概是因为它们以创立语言示范为目标,排斥其他英语变体"(转引自雍和明,2015:248)。描写主义范式兴起后,词典收目对非标准体、外来语等的限制明显宽松。随后,在系统功能语言学的推动下,当代词典增收大量专业技术用语,并开始选择性地收录禁忌语和詈语。

词典范式的演变还促成了当代词典"用户中心"转向的产生与流行。认知主义和功能主义范式(特别是前者)对此贡献尤多。在宏微观结构的处理方面,用户特征明显的词典不可能与普通词典完全一样,这在学习词典中表现得更明显。如汉语儿童学习词典需要收入与儿童心理和生活场景相关的"极速""布丁"和"羊驼"而不是古旧罕用的"腒""荎""馎饦",另需限制词目变体,并尽可能避免使用直接释义法。若是华语学习词典,则需增收一定方言词、华人社区词,标注近义词、同形词的地域、社区使用差异,同时在词目形式上提供更多变体形式,而采用四角号码法会比音序法适用面更广。又如,比起单语词典,求解型的普通汉外词典收词面上也应"更广一些""更杂一些",多收新词,兼容原语,放宽外来词的收入,并增收词的特殊变形。(黄建华、陈楚祥,2003:41—42)此外,对外向型学习词典扩大立目范围,有必要将一些大于或小于词的语言单位如构词语素、话语标记语立目,另外兼类词也应该独立立目;考虑到外向型学习词典的使用者对目的语的了解不足,有必要将与词目相关的形态信息、语法信息、语用信息等详细补入,外向型学习词典就有必要标得更明确。《商务馆学汉语词典》对"一"和"不"的变调情况进行了全面的动态标注,《汉语教与学词典》为"巴不得"设同义辨析,分析它与"恨不得"在搭配对象语义特征上的区别,指出"巴不得"可与否定式连用,这些都是当代学习词典"用户友善原则"的体现。(于屏方等,2016:120;224)

"用户友善原则"还能从词典的版面视觉设计渗透到词目信息内容中去。早期词典的释文包含的信息范畴及相应的篇幅有限,查阅时无聚焦困难。而后来随着词典范式的演变对立目单位的语义、语法、语用等信息的分类越来越细,补充越来越多,释义也从词、短语变成了句子甚至语段,相应的篇幅激增,查阅时要准确聚焦到需要的内容上有困难,于是产生了多义词义项内部检索的要求。自从20世纪80年代出现义项菜单后,经过二十多年的实践探索,众多词典品牌如"朗文当代""剑桥高阶""牛津高阶""麦克米伦高阶"等都发展出了自己的义项检索导航菜单,并将其功能从辅助检索聚焦扩大到了词义的概要和整体理解上,被考伊(Cowie, A. P., 2002:44)列为英语学习词典的十大发展趋势之一。

(三)词典使用者的影响

词典用户的期许和使用反馈能促进词典在编纂思路、编排方法上的创新与词典内容的修订,也即词典使用倾向和习惯积累到一定程度上会对词典编纂产生反向影响。

从这个角度说,有关英语学习词典使用者的研究针对性非常明显。考伊(Cowie, A. P., 2002:177)指出关于学习词典使用者的研究内容主要包括:词目含有的不同语文信息范畴对词典使用者的重要性差异;使用者对词典的态度、期望与批评;使用者的学习活动环节与词典使用习惯;使用者利用词典查找信息能力研究;比较典型单语学习词典讨论双解学习词典的使用优势;使用者对单语学习词典、双语或双解学习词典的使用选择研究。上述研究内容体现出了当代英语学习词典的用户中心宗旨,词典使用的研究重点是使用者的实际词典使用经验与评价的直接反馈。调查与数据分析是最常用的方法,研究内容比较具体,研究思路是从词典内容本身去分析词典使用方式,并从语言教学的视角讨论词典使用方式与词典预设功能的完成之间的关系。

章宜华(2015a: 58—80)发现,尽管教师提倡用英语单语词典,中国学生却不喜欢,并对自身的查阅技能评价不高;"牛津""朗文"等著名词典品牌的学习词典编写虽然较国内的学习词典显得科学合理,但感觉满意度不高;调查对象认为英语学习词典缺少文化信息,特别是没有国别性考量。鉴于国内用户对"牛津""朗文"等释义的认可度太低(仅为15.77%和10.66%),章宜华(2015b)提出了基于论元结构构式的多维释义模式。

目前,我国词典学研究中对编纂历史的关注要远远多于对词典使用(包括词典使用史)问题的讨论,国内的词典使用情况调查较为全面的当属解海江等(2015)《语文辞书的状况与发展研究》,其中的专章《我国语文辞书的应用状态》从语文辞书使用态度情况等各方面具体展开,为我们提供了一份较为详细的汉语语文辞书用户调查研究。

未来词典用户友善倾向还将进一步加强,词典学跨学科特质将更为突出,语文词典向百科词典靠拢(张志毅,2007)的步伐还将继续,词目信息的增容和释文编排标注模式的整合趋势将泛化开来。语料深加工和词典数据库的建成(章宜华,2012)和高新科技的发展将为实现纸质、电子、网络的同系列异质整合式词典带来更多的惊喜和挑战。

思考与练习

(1)请对照两本自己最常用的中、英文单语纸质词典,分析对比它们在宏微观上的异同。
(2)请在你熟悉的长辈群体中展开一次词典使用情况调查(包括对词典

的态度),然后结合自身对词典的态度和使用情况总结分析两个年龄层次的异同,并结合前面章节学过的内容,尝试分析这些异同产生的原因。

(3) 请分别以国内小学中低年级同学和汉语中级水平的留学生为使用对象,尝试编写小型学习词典中的"极速"条,记得指明它和"急速"的区别。

(4) 请分别查阅兼有纸本及电子或网络版的单语和双语词典各一部,具体对比分析评论它们的释义模式,并针对自己的主体特征,说说它们的使用差异及优缺点。

参考文献

边燕杰、李路路、李煜、郝大海（2006）结构壁垒、体制转型与地位资源含量，《中国社会科学》，第5期。

薄守生、赖慧玲（2009）《当代中国语言规划研究》，中国社会科学出版社，北京。

（美）布龙菲尔德（1997）《语言论》，袁家骅、赵世开、甘世福译，钱晋华校，商务印书馆，北京。

曹文轩（2003）《中国八十年代文学现象研究》，作家出版社，北京。

曹贤文（2014）"继承语"理论视角下的海外华文教学再考察，《华文教学与研究》，第4期。

曹志耘（1987）语气词运用的性别差异，《语文研究》，第3期。

曹志耘（2009）论语言保存，《语言教学与研究》，第1期。

曹志耘（2017a）"语言资源保护研究"栏目主持人语，《语言学研究》，第1期。

曹志耘（2017b）关于语保工程和语保工作的几个问题，《语言战略研究》，第4期。

陈保亚（1996）《论语言接触与语言联盟》，语文出版社，北京。

陈炯（2005）《立法语言学导论》，贵州人民出版社，贵阳。

陈果安（2006）高考作文对文体应作适当的限制，《湖南教育》，第9期。

陈立伟（2005）《基于HMM和ANN的汉语语音识别》，哈尔滨工程大学博士学位论文。

陈鹏（2017）当代中国语言产业发展的三次浪潮，《语言战略研究》，第5期。

陈汝东(2008)论话语研究的现状与趋势,《浙江大学学报》,第6期。

陈寿江(2008)论话题作文的淡化文体与语文的读写教学,《毕节学院学报》,第6期。

陈松岑(1986)北京话"你""您"使用规律初探,《语文研究》,第8期。

陈松岑(1999)《语言变异研究》,广东教育出版社,广州。

陈　原(1985)《汉语拼音方案》具有强大的生命力,《辞书和信息》,上海辞书出版社,上海。

陈章太(1988)语言变异与社会及社会心理,《厦门大学学报》(哲学社会科学版),第1期。

陈章太(1994)语文生活调查刍议,《语言文字应用》,第1期。

陈章太(2005)《语言规划研究》,商务印书馆,北京。

陈章太(2008b)论语言资源,《语言文字应用》,第1期。

陈章太(2011)关注中国语言生活,《北华大学学报》(社会科学版),第5期。

陈章太(2014)新中国的语言政策、语言立法与语言规划,《国际汉语教育》,第3期。

陈章太(2015)《语言规划概论》,商务印书馆,北京。

崔启亮、张　玥(2016)语言服务行业的基本问题研究,《商务外语研究》,第2期。

代　红、陈　壮(2008)中文信息技术的基础标准与中文编码字符集的国际标准化,《信息技术与标准化》,第7期。

戴冬梅(2012)法国语言政策与其"文化多样性"主张的悖论,《北华大学学报》(社会科学版),第6期。

戴曼纯(2013)乌克兰语言政治及语言生活现状,《中国社会语言学》,第2期。

戴曼纯、贺战茹(2010)法国的语言政策与语言规划实践——由紧到松的政策变迁,《西安外国语大学学报》,第1期。

戴庆厦(2004)《社会语言学概论》,商务印书馆,北京。

戴庆厦(2010)语言关系与国家安全,《云南师范大学学报》(哲学社会科学版),第2期。

戴庆厦(2013)《语言调查教程》,商务印书馆,北京。

戴庆厦(2016)语言保护与中国少数民族语言,《民俗典籍文字研究》,第2期。

戴庆厦、何俊芳(1997)论"母语",《民族语文》,第2期。

戴炜栋(2007)《新编英汉语言学词典》,上海外语教育出版社,上海。

(英)戴维·克里斯特尔(2000)《现代语言学词典》,沈家煊译,商务印书馆,北京。

(英)戴维·克里斯特尔(2016)《英语的故事》,晏奎、杨炳钧译,商务印书馆,北京。

丁　沛(2003)《语音识别中的抗噪声技术》,清华大学博士学位论文。

丁金国(2004)语言运用的功能域,《烟台大学学报》(哲学社会科学版),第4期。

董晓波(2015)法律领域的语言规划研究:问题与方法,《外语教学理论与实践》,第4期。

董秀芳(2003)"的"字短语做后置关系小句的用法——兼评法律文献中"的"字短语的用法,《语言文字应用》,第4期。

都建颖(2013)《第二语言习得理论入门》,华中科技大学出版社,武汉。

杜　丁(2012)百余学者举报《现代汉语词典》违法,《新京报》,8月29日。

(美)杜　威(2015)《经验与自然》,傅统先译,商务印书馆,北京。

范俊军(2006)《联合国教科文组织关于保护语言与文化多样性文件汇编》,民族出版社,北京。

范俊军(2015)仙岛话的语言系属和地位问题,《中国语文》,第3期。

方夏婷(2016)《澳大利亚华裔中学生祖语学习与认同研究》,暨南大学博士学位论文。

方小兵（2015）《多语环境下"母语"概念的界定：困境与出路》，《语言文字应用》，第2期。

冯广艺（2013）论语言生态与语言国策，《中南民族大学学报》（人文社会科学版），第2期。

冯胜利（2003）书面语语法及教学的相对独立性，《语言教学与研究》，第2期。

冯胜利（2010）论语体的机制及其语法属性，《中国语文》，第5期。

冯志伟（1999）《应用语言学综论》，广东教育出版社，广州。

冯志伟（2000）论语言文字的地位规划和本体规划，《中国语文》，第4期。

符淮青（2006）《词义的分析和描写》，外语教学与研究出版社，北京。

付义荣（2008）社会流动：安徽无为傅村父亲称谓变化动因，《中国语文》，第2期。

傅逸亭、梅次开（1986）《聋人手语概论》，学林出版社，上海。

（美）盖苏珊、（英）塞林克（2011）第二语言习得（第3版），赵杨译，北京大学出版社，北京。

高　虹（2010）Heritage language 的由来及其中文译名，《中国科技术语》，第2期。

高万云（2001）《文学语言的多维视野》，山东文艺出版社，济南。

顾世民、赵玉峰（2015）语言学习策略研究回顾与思考——国外研究视角，《外语电化教学》，第5期。

桂诗春（1988）《应用语言学》，湖南教育出版社，长沙。

郭　骏（2009）系统内部调整：方言向普通话靠拢的演变模式，《语言科学》，第6期。

郭　熙（2002a）域内外汉语协调问题刍议，《语言文字应用》，第3期。

郭　熙（2002b）中国社会语言学研究的现状与前瞻，《江苏社会科学》，第5期。

郭　熙（2003）语言教育若干问题之管见，《语言教学与研究》，第3期。

郭　熙（2004a）论"华语"，《暨南大学华文学院学报》，第2期。

郭　熙（2004b）《中国社会语言学（增订本）》，浙江大学出版社，杭州。

郭　熙（2004c）"对外汉语学"说略，《汉语学习》，第3期。

郭　熙（2004d）海外华人社会汉语（华语）教学的若干问题：以新加坡为例，《世界汉语教学》，第3期。

郭　熙（2006）论华语视角下的中国语言规划，《语文研究》，第1期。

郭　熙（2007）《华文教学概论》，商务印书馆，北京。

郭　熙（2008）多元语言文化背景下母语维持问题：新加坡个案，《语言文字应用》，第4期。

郭　熙（2009）华语规划论略，《语言文字应用》，第3期。

郭　熙（2010a）华文课程B应该真正"外语化"，新加坡《联合早报》，3月26日。

郭　熙（2010b）新加坡中学生华语词语使用调查，《华文教学与研究》，第4期。

郭　熙（2011）华文教学在新加坡——目标和层次的讨论，《华文学刊》（新加坡），第1期。

郭　熙（2012）论海外华文教学的性质和地位，《华语研究录》，商务印书馆，北京。

郭　熙（2013a）语言规划的动因与效果——基于近百年中国语言规划实践的认识，《新疆师范大学学报》（哲学社会科学版），第1期。

郭　熙（2013b）华语传播和传承：现状和困境，《世界华文教育》，第1期。

郭　熙（2013c）《中国社会语言学》，商务印书馆，北京。

郭　熙（2015a）《中国语言生活状况报告》十年，《语言文字应用》，第3期。

郭　熙（2015b）论汉语教学的三大分野，《中国语文》，第5期。

郭　熙（2016a）语言生活研究十年，《语言战略研究》，第3期。

郭　熙（2016b）借力拼音，让汉语更快走向世界，《光明日报》，6月12日。

郭　熙（2017a）"汉语热"该如何延续，《光明日报》（语言文字版），6月18日。

郭　熙（2017b）论祖语与祖语传承，《语言战略研究》，第3期。

郭　熙（2017c）马来西亚华语概说，《全球华语》，第1期。

郭　熙、曾　炜、刘正文（2005）广州市语言文字使用情况报告，《中国社会语言学》，第2期。

郭晓勇（2010）中国语言服务行业发展状况、问题及对策——在2010中国国际语言服务行业大会上的主旨发言，《中国翻译》，第6期。

郭友旭（2010）《语言权利的法理》，云南大学出版社，昆明。

国少华（2009）《阿拉伯—伊斯兰文化研究：文化语言学视角》，时事出版社，北京。

（英）哈特曼·斯托克（1981），黄长著等译《语言与语言学词典》，上海辞书出版社，上海。

贺川生（2003）美国语言新产业调查报告：品牌命名，《当代语言学》，第1期。

贺宏志（2013）《语言产业引论》，语文出版社，北京。

（加）亨利·罗杰斯（2016）《文字系统：语言学的方法》，孙亚楠译，商务印书馆，北京。

洪　炜（2013）汉语作为第二语言的近义词教学实验研究，《世界汉语教学》，第3期。

侯精一（2002）《汉语方言概况》，上海教育出版社，上海。

胡　惮、何炎祥、郭婷婷（2009）论语言信息处理的四个层面，《长江学术》，第2期。

胡明扬（1987）北京话声母W的音值，《北京话初探》，商务印书馆，北京。

胡明扬（1988）北京话"女国音"调查，《语文建设》，第1期。

胡亚敏（2001）当今移民的新角色——论《喜福会》中华裔对其文化身份的新认知，《外国文学》，第3期。

胡壮麟(2017)从语言生态学到语言生活学,"语言文字政策研究"公众号,12月19日。

华尔庚等(1995)《法律语言概论》,中国政法大学出版社,北京。

华学诚(2003)《周秦汉晋方言研究史》,复旦大学出版社,上海。

黄和斌(2001)《外语教学理论与实践》,译林出版社,南京。

黄建华、陈楚祥(2003)《双语词典学导论》(修订本),商务印书馆,北京。

黄 翊(2007)《澳门语言研究》,商务印书馆,北京。

季永海(2009)关于新时期满语研究的几点意见,国家民族事务委员会文化宣传司编《建构多语和谐的社会语言生活》,民族出版社,北京。

(英)简·爱切生(1997)《语言的变化:进步还是退化?》,徐家祯译,语文出版社,北京。

江蓝生(2008)《古代白话说略》,见《近代汉语研究新论》,商务印书馆,北京。

江蓝生(2012)《现汉》收录字母词违法之说不值一驳,《中国社会科学报》9月5日。

江苏师范大学语言能力协同创新中心(2016)"中国母语和外语语言能力高端论坛"综述,《外语教学与研究》,第6期。

井晓阳、罗 飞、王亚棋(2012)汉语语音合成技术综述,《计算机科学》,第11A期。

(英)科林·贝克(2008)《双语与双语教育概论》,翁燕珩译,中央民族大学出版社,北京。

柯 平(1991)语言规划(一、二、三、四),《语言建设》,第7、8、9、10期。

黎锦熙(2011)《国语运动史纲》,商务印书馆,北京。

黎运汉(2000)《汉语风格学》,广东教育出版社,广州。

黎运汉、李剑云(1992)《秦牧作品语言艺术》,广西教育出版社,南宁。

黎运汉、盛永生（2006）《汉语修辞学》，广东教育出版社，广州。

李葆嘉（2002）论语言科学与语言技术的新思维，《南京师范大学文学院学报》，第1期。

李存葆（2002）《大河遗梦》，解放军文艺出版社，北京。

李德鹏、窦建民（2015）当前我国语言服务面临的困境及对策，《云南师范大学学报》（对外汉语教学与研究版），第2期。

李　方（1998）汉语母语基因的非母语教学——海外华文教育管见，《语言文字应用》，第3期。

李海燕（2012）关于"三百千"的用字问题，《同济大学学报》（社会科学版），第1期。

李海英（2015）《中国当代语言本体规划研究》，南京大学博士学位论文。

李　航（2012）《统计学习方法》，清华大学出版社，北京。

李建国（1994）《现代汉语词典》与词汇规范，《辞书研究》，第6期。

李锦芳（2006）中国濒危语言研究及保护策略，《中央民族大学学报》（哲学社会科学版），第3期。

李　丽、张东波、赵守辉（2013）新加坡华族儿童的家庭华语读写环境与词汇知识和阅读能力，《华语文教学研究》（台北），第10卷第4期。

李丽生（2005）英语的全球化与语言的多样性，《云南师范大学学报》，第1期。

李丽生、夏　娜（2017）少数民族地区城市语言景观中的语言使用状况——以丽江市古城区为例，《语言战略研究》，第2期。

李胜利（2008）《语言治疗学》，人民卫生出版社，北京。

李熙宗（2006）"功能域"及其划分与语体的分类，《语言研究集刊》（第三辑），上海辞书出版社，上海。

李现乐（2010a）语言资源与语言问题视角下的语言服务研究，《云南师范大学学报》，第5期。

李现乐（2010b）语言资源与语言经济研究，《经济问题》，第9期。

李现乐等(2014)医疗行业语言服务状况,《中国语言生活状况报告(2014)》,商务印书馆,北京。

李现乐、沈佩(2015)银行语言服务状况,《中国语言生活状况报告(2015)》,商务印书馆,北京。

李艳(2017)基于大语言产业观的语言培训业供给侧治理思考,《语言战略研究》,第5期。

李永燧(1999)论民族语、母语和第一语言,《民族研究》,第3期。

李英姿(2013)《美国语言政策研究》,南开大学出版社,天津。

李宇明(1993)语言学习异同论,《世界汉语教学》,第1期。

李宇明(2000)论语言运用和语言获得,《语言文字应用》,第3期。

李宇明(2003)论母语,《世界汉语教学》,第1期。

李宇明(2008a)语言资源观及中国语言普查,《郑州大学学报》(哲学社会科学版),第1期。

李宇明(2008b)提倡开展领域语言研究——序《领域语言研究丛书》,《江汉大学学报》(人文科学版),第6期。

李宇明(2008c)语言功能规划刍议,《语言文字应用》,第1期。

李宇明(2008d)当今人类三大语言话题,《云南师范大学学报》(哲学社会科学版),第4期。

李宇明(2009a)海外华文教学漫议,《华文教学与研究》,第4期。

李宇明(2009b)信息时代的语言文字标准化工作,《语言文字应用》,第2期。

李宇明(2011)《语言学概论》,高等教育出版社,北京。

李宇明(2012a)论语言生活的层级,《语言教学和研究》,第5期。

李宇明(2012b)中国语言生活的时代特征,《中国语文》,第4期。

李宇明(2012c)当代中国语言生活中的问题,《中国社会科学》,第9期。

李宇明(2014a)语言服务与语言消费,《教育导刊》,第7期。

李宇明(2014b)双言双语生活与双言双语政策,《中国语言生活状况报告

（2014）》，商务印书馆，北京。

李宇明（2016）语言生活与语言生活研究，《语言战略研究》，第3期。

李宇明（2017a）语言技术对语言生活及社会发展的影响，《中国社会科学》，第2期。

李宇明（2017b）迎接人与机器共处的时代，《光明日报》，8月6日。

李宇明（2018）语言学是一个学科群，《语言战略研究》，第1期。

联合国教科文组织濒危语言问题特别专家组（2003）语言活力与语言濒危，范俊军等译，《民族语文》，第3期。

梁丹丹、顾介鑫（2003）神经语言学研究方法与展望，《外语研究》，第1期。

廖令鹏（2015）小说语言岂能刻舟求剑——读刘火《小说迷失在网络语言》，《文学报》，1月29日。

廖美珍（2003）《法庭问答及其互动研究》，法律出版社，北京。

廖美珍（2009）刑事法庭语言规范问题，《中国语言生活状况报告（2008）》（上编），商务印书馆，北京。

林蒲田（1998）21世纪东南亚华文教育前景与中国的关系，《华侨大学学报》（哲学社会科学版），第1期。

林裕文（1957）《词汇、语法、修辞》，新知识出版社，上海。

刘大为（2015）论语体与语体变量，胡范铸、林华东主编《中国修辞2014》，学林出版社，上海。

刘德联、刘晓雨（2005）《汉语口语常用句式例解》，北京大学出版社，北京。

刘丹青（1995）《南京方言词典》，江苏教育出版社，南京。

刘海涛（2006）语言规划和语言政策——从定义变迁看学科发展，载陈章太等主编《语言规划的理论和实践》，语文出版社，北京。

刘海涛（2007）语言规划的动机分析，《北华大学学报》，第4期。

刘焕辉（1986）《言语交际学》，江西教育出版社，南昌。

刘　火（2015）小说迷失在网络语言——以获奖小说《你可以让百合生长》为例，《文学报》，1月1日。

刘黎平（2017）《新史记》，河北教育出版社，石家庄。

刘润楠（2005）中国大陆手语语言学研究现状，《中国特殊教育》，第5期。

刘润清、文　旭（2006）《新编语言学教程》，外语教学与研究出版社，北京。

刘颂浩（2008）《汉语听力教学理论与方法》，北京大学出版社，北京。

刘　珣（1998）语言教育学是一门重要的独立学科，《世界汉语教学》，第2期。

刘　珣（2007）《对外汉语教学引论》，北京语言大学出版社，北京。

刘　珣、张旺熹、施家炜（2008）对外汉语教学论文选评（上）（第2集）（1991—2004），北京语言大学出版社，北京。

刘艳春（2004）《电视广告语言——类型与创作》，中国经济出版社，北京。

刘艳虹、顾定倩、程　黎、魏　丹（2013）我国手语使用状况的调查研究，《语言文字应用》，第2期。

刘涌泉（1998）汉语拼音是我国语言学界的最大成就，《语文建设》，第4期。

刘涌泉、乔　毅（1991）《应用语言学》，上海外语教育出版社，上海。

刘玉屏、孙晓明（2010）《语言学与第二语言习得理论》，中央民族出版社，北京。

刘振平（2013）《汉语拼音经典方案选评》，北京语言大学出版社，北京。

刘知远、崔安颀等（2016）《大数据智能——互联网时代的机器学习和自然语言处理技术》，电子工业出版社，北京。

龙明慧、李光勤（2010）基于产业集群导向的翻译产业发展研究，《经济研究导刊》，第18期。

鲁国尧（1992）"方言"的涵义，《语言教学与研究》，第1期。

鲁国尧（2002）"颜之推谜题"及其半解（上），《中国语文》，第6期。

鲁国尧(2003)"颜之推谜题"及其半解(下),《中国语文》,第2期。

鲁健骥(1984)中介语理论与外国人学习汉语的语音偏误,《语言教学与研究》,第3期。

鲁健骥(1992)偏误分析与对外汉语教学,《语言文字应用》,创刊号。

鲁健骥(1993)中介语研究中的几个问题,《语言文字应用》,第1期。

陆学艺(2002)《当代中国社会阶层研究报告》,社会科学文献出版社,北京。

(澳)罗伯特·迪克森(2010)《语言兴衰论》,朱晓农等译,北京大学出版社,北京。

(英)罗德·埃利斯(2015)《第二语言习得概论》,牛毓梅译,商务印书馆,北京。

罗常培(2004)《语言与文化》,北京出版社,北京。

吕必松(1990)《对外汉语教学发展概要》,北京语言学院出版社,北京。

吕必松(1993)论汉语中介语的研究,《语言文字应用》,第2期。

吕叔湘(1944)文言和白话,《吕叔湘语文论集》(1983),商务印书馆,北京。

吕叔湘(1980)语言作为一种社会现象,《读书》,第4期。

吕叔湘(1988)语言和语言研究,《中国大百科全书·语言文字》,中国大百科全书出版社,北京。

马明艳(2017)汉语学习者书面语作文"口语化"倾向的语体表征,《汉语学习》,第1期。

马　跃(2003)学生语料库与第二语言习得研究,《暨南学报》,第5期。

(加)麦　凯、(西)西格恩(1989)《双语教育概论》,柳秀峰、严正译,光明日报出版社,北京。

牟　章(2005)广告语言研究综述,张公瑾、丁石庆主编《浑沌学与语言文化研究》,中央民族大学出版社,北京。

眸　子(李宇明)(1997)语言生活与精神文明,《语文建设》,第1期。

宁致远(1999)立法语言更应符合语言规范,《语言文字应用》,第3期。

(日)平田昌司(2016)《文化制度和汉语史》,北京大学出版社,北京。

戚雨村、董达武等(1993)《语言学百科词典》,上海辞书出版社,上海。

钱乃荣(2003)《北部吴语研究》,上海大学出版社,上海。

秦秀白(1986)《文体学概论》,湖南教育出版社,长沙。

秦　悦(2013)加拿大官方双语政策背景下的汉语教育,《国际汉语教育研究》,第1期。

覃业位(2016)汉语诗歌中介宾状语"在+NP"的后置及相关句法问题,《语言教学与研究》,第1期。

邱大任(1985)《语言识别》,群众出版社,北京。

邱质朴(1981)试论语言资源的开发——兼论汉语面向世界问题,《语言教学与研究》,第3期。

屈哨兵(2007)语言服务现状的个案分析及相关建议与思考——以产品说明书语言服务状况为例,《绍兴文理学院学报》(哲学社会科学版),第3期。

屈哨兵(2011)语言服务视角下的中国语言生活研究,《北华大学学报》,第5期。

屈哨兵(2012a)论广告语言的研究与数据库建设,徐大明主编《语言战略研究(第一辑)》,上海译文出版社,上海。

屈哨兵(2012b)语言服务的概念系统,《语言文字应用》,第1期。

屈哨兵(2014)《广告语言谱系研究》,暨南大学出版社,广州。

(美)萨里科科·S.穆夫温(2012)《语言演化生态学》,郭嘉、胡蓉、阿错译,商务印书馆,北京。

沙依然·沙都瓦哈斯(1999)试论影响哈萨克斯坦语言问题的几个因素,《东欧中亚研究》,第5期。

尚亚宁(2011)我国翻译产业发展:瓶颈与出路,《前沿》,第15期。

邵敬敏(1993)从新的角度研究广告语言,《语言学通讯》,第1、2期。

邵敬敏（2012）语言服务业与语言服务学，《北华大学学报》（社会科学版），第2期。

沈家煊（2017）《〈繁花〉语言札记》，二十一世纪出版社集团，南昌。

沈　骑（2016）"一带一路"建设中的语言安全战略，《语言战略研究》，第2期。

盛　建、刘　伟（2008）计算机文字识别的发展及应用，《科技信息》，第31期。

施光亨（2012）《汉语口语词词典》，商务印书馆，北京。

（英）施密特（2010）《应用语言学入门》，徐晶凝译，世界图书出版公司，北京。

施　旭（2012）话语研究方法的中国模式，《广东外语外贸大学学报》，第6期。

史　丹、夏杰长（2012）《中国语言服务业发展报告2012》，社会科学文献出版社，北京。

史皓元、石汝杰、顾　黔（2006）《江淮官话与吴语边界的方言地理学研究》，上海教育出版社，上海。

舒白梅（2005）《现代外语教育学》，上海外语教育出版社，上海。

宋北平（2012）《法律语言》，中国政法大学出版社，北京。

宋洪民（2017）元代蒙、汉语言接触在喉音声母和复元音韵母上的表现——论蒙语音系对《蒙古字韵》标音体系的影响，《中国语文》，第2期。

苏金智（1992）语言的声望计划，《语文建设》，第7期。

苏金智（2000）语言规划的连贯性与系统性，《学术研究》，第2期。

苏金智（2006）语言规划理论研究的五个重要方面，载《语言规划的理论和实践》，语文出版社，北京。

苏金智（2014）语言规划与文化建设，《文化学刊》，第4期。

苏培成（1994）现代汉字的"四定"，《逻辑与语言学习》，第2期。

苏培成(2010)《当代中国的语文改革和语文规范》,商务印书馆,北京。

孙德金(2012)《现代汉语书面语中的文言语法成分研究》,商务印书馆,北京。

孙宏开、胡增益、黄　行(2007)《中国的语言》,商务印书馆,北京。

孙晓萌(2013)《语言与权力——英国殖民统治时期豪萨语在北尼日利亚运用中的权力因素》,北京外国语大学博士学位论文。

(瑞士)索绪尔(1982)《普通语言学教程》,高名凯译,商务印书馆,北京。

谭学纯(2002)《修辞:审美与文化》序,《修辞学习》,第4期。

谭学纯(2008)《文学和语言:广义修辞学的学术空间》,三联书店,上海。

谭学纯、唐　跃(1995)小说语言的线状显象和面状显象,《当代文坛》,第3期。

汤先营(2017)美国"汉语热"背后的"中国热",《光明日报》,http://news.gmw.cn/2017-12/19/content_27129492.htm, 2019-05-23。

唐晓琳(2011)语言的权力——拉丁语对欧洲统一的影响与作用,《社会科学家》,第11期。

滕伟民、李伟洪(2008)《中国盲文》(第2版),华夏出版社,北京。

汪什代海·卓玛等(2016)《青藏高原文化与语言研究》,上海大学出版社,上海。

王爱娣(2007)《美国语文教育》,广西师范大学出版社,桂林。

王爱云(2013)中共与少数民族文字的创制和改革,《中国党史研究》,第7期。

王彬彬(2014)阿城小说的修辞艺术,《文学评论》,第4期。

王　东(2003)自然手语与规约手语之研究,《中国特殊教育》,第3期。

王福祥(1994)话语语言学的兴起与发展,《外语与外语教学》,第4期。

王洪君(2009)兼顾演变、推平和层次的汉语方言历史关系模型,《方言》,第3期。

王建军(2011)《汉语流传欧洲史》序,卡萨齐·莎丽达《汉语流传欧洲史》,学林出版社,上海。

王建勤(2009)《第二语言习得研究》,商务印书馆,北京。

王建勤(2011)语言问题安全化与国家安全对策研究,《语言教学与研究》,第6期。

王　洁(1997)《法律语言学教程》,法律出版社,北京。

王　均(2003)再论汉语拼音方案是最佳方案,《语言文字应用》,第2期。

王理嘉(2002)汉语拼音方案与汉语拼音运动——纪念"汉语拼音方案"发表四十四周年,《汉语学习》,第5期。

王　力(2014)《汉语音韵·音韵学初步》,中华书局,北京。

王　宁(2005)论母语与母语安全,《陕西师范大学学报》(哲学社会科学版),第6期。

王培基(2008)《文学语言专题研究》,青海人民出版社,西宁。

王双成(2015)西宁方言量词"个"的特殊用法,《中国语文》,第5期。

王文斌(2002)词及词义心理研究——对心理词典论的考察,《现代外语》,第4期。

温儒敏(2016)部编义务教育语文教科书的七个创新点,《小学语文》,第9期。

文贵良(2009)阿城的短句,《文学评论》,第3期。

文　军(2000)论翻译的定义与分类,《西安外国语学院学报》,第2期。

吴礼权(2009)《现代汉语修辞学》,复旦大学出版社,上海。

吴洁敏(2003)汉语拼音在语言教学中的应用,苏培成主编《信息网络时代的汉语拼音》,语文出版社,北京。

吴　文(2012)继承语研究:应用语言学界冉冉升起的新星,《西安外国语大学学报》,第1期。

吴　瑶(2017)法国语言政策中民族性的体现:从高卢罗马时期到法国大革命,《法国研究》,第1期。

吴义坚(2006)《基于隐马尔科夫模型的语音合成技术研究》,中国科学技术大学博士学位论文。

吴英成、邵洪亮(2014)华裔汉语学习者解读:新加坡视角,《世界汉语教学》,第2期。

吴友政(2006)《汉语问答系统关键技术研究》,中科院自动化研究所博士学位论文。

吴中伟(2014)《汉语作为第二语言教学:汉语技能教学》,外语教学与研究出版社,北京。

奚　宁(2013)《统计机器翻译中的中文分词策略研究》,南京大学博士学位论文。

夏中华(2011)新世纪我国社会语言学研究的发展趋势,《语言文字应用》,第3期。

肖奚强(2011)汉语中介语研究论略,《语言文字应用》,第2期。

谢纪锋(2012)《反切》,商务印书馆,北京。

谢俊英(2011)普通话普及情况调查分析,《语言文字应用》,第3期。

谢　英(2012)《现代汉语表达格式研究》,厦门大学出版社,厦门。

解海江、章黎平、王　敏(2015)《语文辞书的状况与发展研究》,商务印书馆,北京。

邢红兵(2016)学生母语能力的构成及其发展研究,《语言战略研究》,第5期。

邢　欣(2003)法律语言,于根元主编《应用语言学概论》,商务印书馆,北京。

徐大明(2006)《语言变异与变化》,上海教育出版社,上海。

徐大明(2008)语言资源管理规划及语言资源议题,《郑州大学学报》,第1期。

徐大明(2010a)《社会语言学实验教程》,北京大学出版社,北京。

徐大明(2010b)有关语言经济的七个问题,《云南师范大学学报》(哲学社会科学版),第5期。

徐大明、陶红印、谢天蔚(1997)《当代社会语言学》,中国社会科学出版社,北京。

徐　娟(2013)要重视电视剧语言,苏金智、夏中华主编《语言、民族与国家》,商务印书馆,北京。

徐时仪(2007)《汉语白话史》,北京大学出版社,北京。

徐时仪(2016)《汉语语文辞书发展史》,上海辞书出版社,上海。

许宝华等(1982)上海方音的共时差异,《中国语文》,第4期。

杨凤仙等(2008)当前中国司法语言生活状况分析,《中国社会语言学》第1期,商务印书馆,北京。

杨　南(2014)《基于神经网络学习的统计机器翻译研究》,中国科学技术大学博士学位论文。

杨延宁(2014)《应用语言学研究的质性研究方法》,商务印书馆,北京。

杨亦鸣(2016)"中国母语和外语语言能力高端论坛"综述,《外语教学与研究》,第6期。

杨亦鸣等(2002)名动分类:语法的还是语义的——汉语名动分类的神经语言学研究,《语言科学》,第1期。

杨亦鸣、刘　涛(2010)中国神经语言学研究回顾与展望,《语言文字应用》,第2期。

杨祖希(1986)辞书编纂过程中的宏观结构研究,《编辑之友》,第4期。

杨祖希(1988a)辞书学基本问题初探,《辞书研究》,第4期。

杨祖希(1988b)综合性词典研究,《辞书研究》,第5期。

杨祖希(1991)工具书的类型(上、下),《辞书研究》,第1、2期。

雍和明(2015)《英语词典史》,商务印书馆,北京。

雍和明、罗振跃、张相明(2010)《中国辞典3000年(从公元前1046年到公元1999年)》,上海外语教育出版社,上海。

游汝杰(2004)《汉语方言学教程》,上海教育出版社,上海。

于根元(1999)《应用语言学理论纲要》,华语教学出版社,北京。

于根元(2003)《应用语言学概论》,商务印书馆,北京。

于根元(2007)《广告语言概论》,中国广播电视出版社,北京。

于根元、刘一玲(1989)《王蒙小说语言研究》,大连出版社,大连。

于国栋(2011)《医患交际的会话分析研究》,外语教学与研究出版社,北京。

于屏方(2007)《动词义位释义的框架模式研究》,中国社会科学出版社,北京。

于屏方等(2016)《外向性学习词典研究》,商务印书馆,北京。

俞士汶、段慧明、朱学锋、孙斌(2002)北京大学现代汉语语料库基本加工规范,《中文信息学报》,第5期。

俞玮奇、杨璟琰(2016)近十五年来上海青少年方言使用与能力的变化态势及影响因素,《语言文字应用》,第4期。

袁博平(1995)第二语言习得研究的回顾和展望,《世界汉语教学》,第4期。

袁怀军(2012)《中国律师公证与仲裁法学》,西南交通大学出版社,成都。

袁晖、李熙宗(2005)《汉语语体概论》,商务印书馆,北京。

袁家骅(2001)《汉语方言概要》第2版,语文出版社,北京。

袁军(2012)语言服务:中国翻译行业的全新定位,《中国翻译》,第5期。

袁军(2014)语言服务的概念界定,《中国翻译》,第1期。

岳俊发(2007)《言语识别与鉴定》,中国人民公安大学出版社,北京。

张丹(2012)中文分词算法综述,《黑龙江科技信息》,第1期。

张弓(1963)《现代汉语修辞学》,天津人民出版社,天津。

张光宇(1999)东南方言关系综论,《方言》,第1期。

张广勇(2013)美国继承语教育对我国少数民族语言保护的启示,《贵州民族大学学报》(哲学社会科学版),第3期。

张广勇(2014)国外继承语习得研究新进展,《现代外语》,第1期。

张　军(2010)影视剧语言状况,《中国语言生活状况报告(2009)》(上编),商务印书馆,北京。

张力军(2004)语言运用功能域学术对话会综述,《修辞学习》,第6期。

张宁生、李玉影(2014)评我国近半个世纪关于手语语言性质的讨论——为第七届世界手语大会在中国召开而作,《中州大学学报》,第4期。

张　普(2012)《张普应用语言学论文集》,北京语言大学出版社,北京。

张　强、沈兴安、江　火(2005)我国神经语言学研究的理论和方法,《外语研究》,第6期。

张天伟(2014)美国祖籍传承语者英语提升项目:启示与思考,《语言政策与规划研究》,第2期。

张婷婷(2016)侦查取证语言规范化研究——隐性不当取证语言与冤案防范,《江汉学术》,第2期。

张武江(2015)《电视商业广告语体研究》,中国传媒大学出版社,北京。

张　兴、崔　静(2014)论新疆双语教学课程知识体系的建构,《双语教育研究》,第3期。

张　旭(2002)第二语言获得问题的理论思考,《天津师范大学学报》(社会科学版),第1期。

张旭桃(1999)法规语病例析,《语言文字应用》,第4期。

张延成、孙　婉(2015)当代语言技术研究前沿与发展趋势,《云南师范大学学报》(对外汉语教学与研究版),第4期。

张仰森(2017)《统计语言建模与中文文本自动校对技术》,科学出版社,北京。

张志公(1993)汉字不可废,拼音不可无,《中国教育报》3月30日。

张志毅(2007)理念演绎辞书,《辞书研究》,第5期。

张志毅、张庆云(2015)《理论词典学》,商务印书馆,北京。

张中行(1988)文言和白话,《张中行作品集》(1995),中国社会科学出版社,北京。

章宜华(2012)国际辞书现代化技术的新理念:辞书语料数据化,《辞书研究》,第2期。

章宜华(2015a)《二语习得与学习词典研究》,商务印书馆,北京。

章宜华(2015b)基于论元结构构式的多维释义探讨,《现代外语》,第5期。

章宜华、雍和明(2007)《当代词典学》,商务印书馆,北京。

赵丽明、宫哲兵(1990)《女书——一个惊人的发现》,华中师范大学出版社,武汉。

赵蓉晖(2003)《语言与性别——口语的社会语言学研究》,上海外语教育出版社,上海。

赵世举(2012)从服务内容看语言服务的界定和类型,《北华大学学报》,第3期。

赵守辉、尚国文(2014)全球语境下文字改革与规范化的经验——变与不变之间,《中国文字研究》,第19辑。

赵晓驰、丁媛媛、任 勇(2017)国家手语词汇语料库的建设与使用,《中国特殊教育》,第1期。

赵晓敏、邹玉华(2010)民族地区法庭审判中少数民族语言使用问题,《中国语言生活状况报告(2009)》(上编),商务印书馆,北京。

赵元任(2011)《现代吴语的研究》,商务印书馆,北京。

郑齐猛(2014)从新《刑事诉讼法》看立法语言的进一步规范,《中国语言生活状况报告(2013)》,商务印书馆,北京。

郑通涛(2011)社会语言学视角下的对外汉语教学改革,《海外华文教育》,第3期。

郑荣馨(2006)论功能域的概念,《毕节学院学报》,第1期。

郑 伟(2016)《边界方言语音与音系演论集》,世界图书出版公司,上海。

郑远汉(1998)《言语风格学》(修订本),湖北教育出版社,武汉。

中国社会科学院语言研究所词典编辑室(2016)《现代汉语词典》(第7版),商务印书馆,北京。

《中国社会语言学》特约评论员(2012)关于字母词风波的思考,《中国社会语言学》,第2期。

"中国语言生活状况报告"课题组(2007)《中国语言生活状况报告(2006)》(上编),商务印书馆,北京。

中华人民共和国教育部(2012)《义务教育语文课程标准(2011年版)》,北京师范大学出版社,北京。

仲伟合、许勉君(2016)国内语言服务研究的现状、问题和未来,《上海翻译》,第6期。

周光有(2013)《基于内容分析和行为建模的社区问答关键技术研究》,中科院自动化研究所博士学位论文。

周明朗(2014)语言认同与华语传承语教育,《华文教学与研究》,第1期。

周　盼(2014)《基于深层神经网络的语音识别声学建模研究》,中国科学技术大学博士学位论文。

周清海(2007)全球化环境下的华语文与东南亚华人的语言困境,《全球化环境下的华语文与华语文教学》,新加坡青年书局,新加坡。

周庆生(1994)语言立法在加拿大,《语文建设》,第4期。

周庆生(2007)语言生活与生活语言——《中国语言生活状况报告(2005)》(上编)编后,《语言文字应用》,第1期。

周庆生(2014)国家民族构成与语言政策,《语言政策与规划研究》第1卷,第2期。

周庆生(2017)中国语言文化传统与古代语言政策流变,《语言战略研究》,第2期。

周晓林(2002)行政法律语病例析,《语言文字应用》,第3期。

周晓林(2003)外文字母词应规范使用,《语言文字应用》,第3期。

周　毅(2006)《近代中西交往中的语言问题研究:作为文化现象的洋泾浜

英语》，四川大学出版社，成都。

周有光（2007）《汉语拼音，文化津梁》，三联书店，北京。

周振鹤、游汝杰（2006）《方言与中国文化》第2版，上海人民出版社，上海。

朱春敬（2003）汉语拼音是学习汉语和推广汉语的有效工具，苏培成主编《信息网络时代的汉语拼音》，语文出版社，北京。

朱曼殊（1990）《心理语言学》，华东师范大学出版社，上海。

朱晓农（2006）我看流派：语言学中的三大潮流，《语言科学》，第5期。

祝畹瑾（1985）《社会语言学译文集》，北京大学出版社，北京。

祝畹瑾（1992）《社会语言学导论》，湖南教育出版社，长沙。

祝畹瑾（2013）《新编社会语言学概论》，北京大学出版社，北京。

庄妙菁（2005）《"华语"一词的历史演变与发展》，马来西亚南方学院出版社，吉隆坡。

（美）佐伊基（1989）《社会语言学演讲录》，北京语言学院出版社，北京。

宗成庆（2013）《统计自然语言处理（第二版）》，清华大学出版社，北京。

邹玉华、杨　阳（2009）立法语言问题，《中国语言生活状况报告（2008）》（上编），商务印书馆，北京。

Ager, Dennis. 2001. *Motivation in Language Planning and Language Policy*. Clevedon: Multilingual Matters Ltd.

Austin, P. K. 2008. *1000 Languages: The Worldwide History of Living and Lost Tongues*. London: Thames & Hudson Ltd.

Beardsmore, H. B. 1982. *Bilingualism: Basic Principles*. Clevedon: Multilingual Matters.

Bernstein, B. 1962. Social class, linguistic codes, and grammatical elements. *Language and Speech*, 5: 31-46.

Bhatia, T. K. and Ritchie, W. C. 2013. *The Handbook of Bilingualism and Multilingualism*, Second Edition. Chichester: Blackwell Publishing Ltd.

参考文献

Blake, R. and Josey, M. 2003. The /ay/ diphthong in a Matha's Vineyard Community: What can we say 40 years after Labov, *Language in Society*, Vol.32,(4)451-485.

Bo Zheng, Wanxiang Che, Jiang Guo, et al. 2016. Chinese Grammatical Error Diagnosis with Long Short-Term Memory Networks, Proceedings of the 3rd Workshop on Natural Language. Processing Techniques for Educational Applications, 49-56, Osaka, Japan, Dec. 12.

Cenoz, J. 2013. Defining multilingualism. *Annual Review of Applied Linguistics* 33:3-18.

Chambers, J. K. 1995. *Sociolinguistic Theory: Linguistic Variation and Its Social Significance*, Oxford and Cambridge: Blackwell.

Chambers, J.K. and Trudgill, P. 2004. *Dialectology,* Second edition. Cambridge: Cambridge University Press.

Chambers, J. K., Trudgill, P., and Schilling-Estes, N. 2002. Introduction. In Chambers, J. K., P. Trudgill and N. Schilling-Estes(eds.) *The Handbook of Language Variation and Change*, Oxford: Blackwell.

Chamot, A.U. 1987. The learning strategies of ESL students. In Wendenm A. and Rubin, J., (eds.)*Learner Strategies for Second Language Acquisition*, NJ: Prentice Hall, Englewood Cliffs, 71-83.

Chomsky, N. 1965. *Aspects of the Theory of Syntax*. Cambridge, MA: MIT Press.

Chomsky, N. 1980. Rules and representation. *Behavioral and Brain Sciences*, 3:1-62.

Cohen, A.D. 1990. *Language Learning: Insights for Learners, Teachers, and Researchers*. New York: Newbury House/Harper & Row.

Cook, V. 2010. *Second Language Learning and Language Teaching*. 外语教学与研究出版社，北京。

Cooper, R. L. 1989. *Language Planning and Social Change*. Cambridge: Cambridge University Press.

Cooper, R. L. and Greenfield, L. 1969. Language use in a bilingual community. *The Modern Language Journal*, 53(3), 166-172.

Corder, S.P. 1971. Idiosyncratic dialects and error analysis. IRAL, 9:2.

Cowie, A.P. 2002. *English Dictionaries for Foreign Learners: A History*, 霍庆文导读，外语教学与研究出版社，北京。

Ellis, R. 1994. *The Study of Second Language Acquisition*. Oxford: Oxford University Press.

Ferguson, C. A. 1959. Diglossia. *Word*, 15(2): 325-340.

Ferrucci, D. A., Brown, E. W., Chu-Carroll J, et al. 2010. Building watson: An overview of the deep QA project. *AI Magazine*, 31(3):59-79.

Fishman, J. A. 1964. Language maintenance and language shift as a field of inquiry: A definition of the field and suggestions for its further development. *Linguistics* 2, 9:32-70.

Fishman, J. A. 1967. Bilingualism with and without diglossia; diglossia with and without bilingualism. *Journal of Social Issues* 2, 2:29-38.

Fishman, J. A. 1991. *Reversing Language Shift: Theoretical and Empirical Foundations of Assistance to Threatened Languages*. Clevedon (England) & Philadelphia: Multilingual Matters Ltd.

Fishman, J. A. 2001. 300-plus years of heritage language education in the United States. In Joy K. Peyton, Donald A. Ranard and Scott McGinnis (eds.) *Heritage Languages in America: Preserving a National Resource*. Washington, DC & McHenry, IL: Center for Applied Linguistics & Delta Systems, 81-89.

Gaoqi Rao, Baolin Zhang, and Endong Xun. 2017. IJCNLP-2017 Task 1: Chinese Grammatical Error Diagnosis Proceedings of the IJCNLP 2017,

Shared Tasks, 1-8.

Gómez, L., Freeman, D., and Freeman, Y. 2005. Dual language education: A promising 50-50 model. *Bilingual Research Journal Bilingual Research Journal*, 1:145-164.

Haarmann, H. 1986. Language in ethnicity: A view of basic ecological Relations. In J A. Fishman (ed.) *The Sociology of Language 44*. Berlin, New York, Amsterdam: Mouton de Cruyter.

Haarmann, H. 1990. Language planning in the light of a general theory of language: A methodological framework. *International Journal of Sociology and Language*, 86.

Halliday, M.A.K. 1978. *Language as Social Semiotic,* London: Edward Arnold.

Haugen, E. 1959. Planning for standard language in modern Norway. *Anthropologic Linguistics*(3): 8-12.

Haugen, E. 1962. Schizoglossia and the linguistic norm. *Monograph Series on Language and Linguistics*(15) : 63-69.

Haugen, E. 1966. Linguistics and language planning. In W. Bright(ed.) *Sociolinguistics: Proceedings of the UCLA Sociolinguistics Conference.* The Hague: Mouton.

Haugen, E. 1983. The implementation of corpus planning: Theory and practice. In J. Cobarrubias and J. A. Fishman(eds.) *Progress in Language Planning: International Perspectives.* Berlin: Mouton de Gruyter.

Hudson, A. 2002. Outline of a theory of diglossia. *International Journal of the Sociology of Language*, 1:1-48.

Kamp, H. 2006. Discourse representation. *Theory Encyclopedia of Language and Linguistics*, 15(2):660-668.

Kloss, Heinz. 1967. Abstand languages and Ausbau languages. *Anthropological Linguistics*, 9(7):29-41.

Kukich, K. 1992. *Techniques for Automatically Correcting Words in Text ACM Computing Surveys*, 24(4):377-439.

Labov, W. 1966. *The Social Stratification of English in New York City*. Washington, D. C.: Center for Applied Linguistics.

Lakoff, R. 1975. *Language and Woman's Place*. New York: Harper & Row.

Li Wei. 2014. *Applied Linguistics*. John Wiley & Sons, Ltd.

Luhn, H P. 1958. The automatic creation of literature abstracts. *IBM Journal of Research Development*, 2(2):159-165.

Macaulay, Ronald K. S. 1995. The adverbs of authority. *English World-Wide* 16:37-60.

Macaulay, Ronald K.S. 2002. Extremely interesting, very interesting, or only quite interesting? adverbs and social class. *Journal of Sociolinguistics*. 6(3): 398-417.

Mackey, W. F. 1962. The description of bilingualism. *Canadian Journal of Linguistics*, 2:51-85.

Mann, W.C. and Thompson, Sandy.A. 1988. Rhetorical structure theory: Toward a functional theory of text organization. *Text*, 8(3):243-281.

Marcu, D. 2000. Extending a Formal and Computational Model of Rhetorical Structure Theory with Intentional Structures à la Grosz and Sidner. The 18th International Conference on Computational Linguistics COLING'2000, Luxembourg, Jul. 31-Aug. 4.

Marschak, J. 1965. The economics of language. *Behavioral Science* 10:135-140.

Mitchell, M. T. 1997. *Machine Learning*. New York: McGraw Hill.

Nemser, W. 1971. Approximative system of foreign language learners. *International Review of Applied Linguistics*, 9:115-123.

Nie, J.Y. 2006. IR Models and Some Recent Trends, Presentation in Institute of Automation, Chinese Academy of Sciences.

Oxford, R.L. 1990. *Language Learning Strategies: What Every Teacher Should Know*. Boston: Heinle &Heinle.

Palmer, D. and Lynch, A. W. 2008. A bilingual education for a monolingual test? The pressure to prepare for TAKS and its influence on choices for language of instruction in Texas elementary bilingual classrooms. *Language Policy,* 3.

Pauwels, A. 1986. Diglossia, immigrant dialects and language maintenance in Australia: The case of Limburgs and Swabian. *Journal of Multilingual and Multicultural Development* , 1:13-30.

Poplack, S. 2001. Code-switching (linguistic). *International Encyclopedia of the Social and Behavioral Sciences*, 2062-2065.

Rees-Miller, J. 1993. A critical appraisal of learner training: Theoretical bases and teaching implications. *TESOL Quarterly* 4.

Renée, B. and Meredith, J. 2003. The /ay/ diphthong in a Martha's Vineyard Community: What can we say 40 years after Labor? *Language in Society*, 32:4.

Richards, J.C. and Rodgers, T.S. 2008. *Approaches and Methods in Language Teaching*, Second Edition. 外语教学与研究出版社，北京。

Rinsche, Andriane and Portera-Zanotti, Nadia. 2009. *The Size of the Language Industry in the EU*. 曾贞等译，2013，《欧洲语言产业规模之研究报告》，语文出版社，北京。

Selinker, L. 1972.Interlanguage.*IRAL*10/3.

Selinker, L. 1992. *Rediscovering Interlanguage*. London:Longman.

Thomason, S. G., and Kaufman, T. 1988. *Language contact, creolization, and genetic linguistics*. University of California Press Berkeley.

Trudgill, P. 1972. Sex, covert prestige and linguistic change in the Urban British English of Norwich. *Language in Society* 1:179-195.

Trudgill, P. 2003. *A Glossary of Socialinguistics*. Edinburgh: Edinburgh University Press.

UNESCO Bankok. 2007. Advocacy kit for promoting multilingual education: Including the excluded. United Nations Educational, Scienctific and Cultural Organization. http://www.ungei.org/resources/1612_1493.html /02/28/2018.

Weinreich, U. and W. Labov. 1968. Empirical foundations for a theory of language change. In W. Lehman and Y. Malkiel (eds.) *Directions for a Historical Linguistics*. Austin :University of Texas Press.

Yi Yang, Pengjun Xie, et al. 2017. Alibaba at IJCNLP-2017 Task 1: Embedding Grammatical Features into LSTMs for Chinese Grammatical Error Diagnosis Task. Proceedings of the 8th International Joint Conference on Natural Language Processing, Shared Tasks, 41–46, Taipei, Taiwan, Nov. 27-Dec. 1.

Yuen Ren Chao. 1976. The language problem of chinese children in america. *Aspects of Chinese Socio-linguisitcs*. CA: Stanford University Press, 229-236. 中译本见赵元任著、卢德平译（1987）美国华裔儿童的语言问题,《国外外语教学》, 第4期, 26-30。